Praktische Grammatik der japanischen Sprache

Martina Ebi

Praktische Grammatik der japanischen Sprache

4. Auflage

gottfried egert verlag
2020

Praktische Grammatik der japanischen Sprache

von
Dr. Martina Ebi, Eberhard Karls Universität Tübingen

Bibliografische Information der Deutschen Bibliothek
Die Deutsche Bibliothek verzeichnet diese Publikation in der Deutschen Nationalbibliografie; detaillierte bibliografische Daten sind im Internet über <http://dnb.ddb.de> abrufbar.

ISBN 978-3-936496-45-1 4., durchgesehene Auflage 2020
ISBN 978-3-936496-45-1 3., überarbeitete Auflage 2016
ISBN 978-3-936496-23-9 2. Auflage 2009
(ISBN 978-3-936496-23-9 Erstausgabe) 2008

Herstellung: Sonnendruck GmbH, Wiesloch
Printed in Germany

klimaneutral
natureOffice.com | DE-291-JPHFYGL
gedruckt

Vorwort

Die *Praktische Grammatik der japanischen Sprache* richtet sich an deutschsprachige Japanischlernende. Sie behandelt die Grammatik des Anfänger- und Mittelstufenniveaus und deckt somit die Bereiche ab, die in den unteren Stufen 5, 4 und 3 des weltweit durchgeführten New Japanese Language Proficiency Tests behandelt werden.

Die grammatischen Phänomene sind primär nach der involvierten Wortart thematisch zusammengefasst. In manchen Fällen fiel jedoch die Einordnung schwer. Es gibt nicht wenige Wörter, die sowohl in die eine als auch in die andere Kategorie fallen könnten. Ein Wort- und Sachregister am Ende ermöglicht daher das direkte Nachschlagen eines Grammatikproblems. Alle Phänomene werden durch zahlreiche Beispielsätze veranschaulicht. Die Beispielsätze sind größtenteils aus Sprachkorpora entnommen. Aus Platzgründen sowie zur Fokussierung auf das betrachtete sprachliche Phänomen wurden sie jedoch teilweise verkürzt und somit vereinfacht.

Die Beispielsätze sind sowohl in japanischer Schrift als auch in lateinischer Umschrift dargestellt, so dass das Verständnis der Grammatik nicht an der Schrift scheitert. Die Umschrift erfolgt nach dem Hepburn-System. Um Anfängern die korrekte Aussprache zu erleichtern, sind die nur ansatzweise ausgesprochenen Vokale durch Tieferstellung gekennzeichnet. In der japanischen Schrift werden Worte normalerweise nicht durch Leerzeichen getrennt. In der Umschrift sind jedoch zur Erhöhung der Leserlichkeit Leerzeichen gesetzt und somit Wortgrenzen eingeführt. Da es sich um eine lautliche Darstellung des Japanischen handelt, wurde bewusst auf die Großschreibung von Eigennamen verzichtet. Alle Beispielsätze sind ins Deutsche übersetzt.

Die vorliegende Grammatik ist aus einem Skript entstanden, das ich über mehrere Jahre im Grammatikunterricht für Studierende der Japanologie an der Eberhard Karls Universität Tübingen eingesetzt habe. Mein Dank gilt all den Studierenden, die durch kritische Nachfragen zur Verbesserung der Erklärungen beitrugen. Ferner möchte ich meinen Kolleginnen und Kollegen für Anregungen und Verbesserungsvorschläge danken. Herrn Professor Winkelmann sei für die redaktionelle Betreuung gedankt.

Tübingen, im Februar 2016 Martina Ebi

Inhaltsverzeichnis

Kapitel 1 Wörter und ihre Funktionen

Wortarten 1

1. **Substantive** (名詞 **meishi**) bezeichnen konkrete oder abstrakte Objekte der Welt (z.B. *Tisch* oder *Freude*). Japanische Substantive sind unveränderbar, d.h., Singular und Plural lauten gleich (im Unterschied zu deutsch *Haus – Häuser*). Es gibt keine Fälle wie Nominativ oder Genitiv (im Unterschied zu deutsch *das Kind – des Kindes*).

2. **Verben** (動詞 **dōshi**) drücken Zustände, Handlungen oder Ereignisse aus. Japanische Verben sind nicht für die Person markiert (im Gegensatz dazu im Deutschen *geht – gehst – gehen*). Die Zeiten, Höflichkeit, Verneinung etc. werden durch das Anhängen von so genannten Suffixen ausgedrückt.

3. **Adjektive** bezeichnen Eigenschaften (wie *rot*, *glücklich*). Im Japanischen gibt es zwei Sorten von Adjektiven, die sich nur morphologisch unterscheiden und je nach Stellung im Satz unterschiedliche Formen annehmen. Die 形容詞 **keiyōshi** (KY), die alle auf -い **-i** enden, teilen viele Eigenschaften mit den Verben. Die 形容動詞 **keiyōdōshi** (KYD) dagegen haben keine charakteristische Endung, sie ähneln den Substantiven.

4. **Adverbien** (副詞 **f$_u$kushi**) wie *gerne* oder *häufig* bestimmen Verben oder Adjektive näher. Sie beschreiben, wie eine Handlung vonstattengeht. Es gibt Adverbien der Zeit, der Art und Weise, des Ortes und des Grades.

5. Da japanische Substantive im Singular und Plural gleich lauten, verwendet man für ausdrückliche Mengenangaben so genannte **Zähleinheitswörter** (助数詞 **josūshi**). Mengenangaben bestehen aus einer Zahl und dem jeweiligen Zähleinheitswort. Je nach Beschaffenheit des zu zählenden Gegenstandes gibt es unterschiedliche Zähleinheitswörter, z. B.

-本 -**hon** für lange, schmale Gegenstände wie Bleistifte und Blumen oder -枚 -**mai** für flache Dinge wie Teller oder Papier.

6. **Partikeln** (助詞 **joshi**) sind kleine, unveränderbare Wörter, die weniger inhaltlichen als vielmehr funktionalen Charakter haben: Funktionspartikeln regeln im Japanischen die Funktion der Satzglieder im Satz – markieren also ein Substantiv als Subjekt, Objekt etc. Diskurspartikeln setzen die Satzglieder in Zusammenhang zum vorangehenden Text bzw. Gespräch. Satzendpartikeln geben die Funktion des Satzes (Aussage, Frage, Befehl) an sich an. Partikeln stehen immer nach dem Element, auf das sie sich beziehen, daher heißen sie in manchen Grammatiken auch Postpositionen.

7. **Suffixe** (助動詞 **jodōshi**) sind wie deutsch *-lich* oder *-ieren* Wortformen, die nicht alleine stehen können. Sie werden an Verben oder Adjektive angehängt und drücken die Zeiten, Verneinung, Höflichkeit, Passiv etc. aus.

8. **Konjunktionen** (接続詞 **setsuzok$_{u}$shi**) sind Wörter, die zwei Sätze miteinander verbinden und in einen Bedeutungszusammenhang (Grund, Bedingung etc.) stellen.

2 Satzfunktionen

Die verschiedenen Wortarten können unterschiedliche Funktionen im Satz erfüllen:

1. Ein minimaler Satz wie *Hans schläft.* besteht aus einem **Subjekt** *Hans*, dem Satzteil, über den eine Aussage gemacht wird, und einem Prädikat *schläft*, der Aussage. Als Subjekt kommen nur Substantive oder Substantivierungen in Frage.

2. **Prädikate** können aus einem Verb, einem Adjektiv + *sein* oder einem Substantiv + *sein* bestehen. *Sein* hat hier die Funktion der **Kopula** und kann nicht alleine stehen, ist also nicht mit dem Vollverb *sein* in der Bedeutung von *existieren* zu verwechseln.

3. Viele Verben können nicht alleine die Funktion als Prädikat übernehmen, sondern brauchen noch Mitspieler, damit der Satz wohlgeformt ist. *Schlafen* in *Hans schläft*. braucht keine Ergänzung. *Geben* in *Hans gibt dem Lehrer das Buch* braucht jedoch die beiden Mitspieler *dem Lehrer* und *das Buch*. Diese Mitspieler heißen **Objekte**. *Dem Lehrer* wird **indirektes Objekt** (Frage: wem?), *das Buch* wird **direktes Objekt** (Frage: wen oder was?) genannt. Die Funktion des Objekts wird von Substantiven oder Substantivierungen erfüllt.

4. Ein Substantiv kann durch zahlreiche **Attribute** näher bestimmt werden. Als Attribute können Adjektive (*die neue Tasche*), Genitivattribute (*die Tasche meiner Schwester*), Präpositionalattribute (*die Tasche aus Japan*) oder Relativsätze (*die Tasche, die aus Leder gemacht ist,*) fungieren. Im Japanischen stehen Attribute immer vor dem Substantiv, auf das sie sich beziehen.

5. Prädikate können von **Adverbien** näher bestimmt werden. Leider wird im Deutschen bei dem Begriff Adverb zwischen Wortart und Satzfunktion nicht unterschieden, was zu Verwirrung führt. *Oft* ist von der Wortart und von der Funktion her Adverb. Dagegen ist *schnell* von der Wortart her Adjektiv und kann zum einen wie in *der schnelle Hans* als Attribut ein Substantiv näher bestimmen oder aber wie in *Hans rennt schnell* als Adverb ein Verb.

Kapitel 2 Schrift, Umschrift und Aussprache

3 Das Schriftsystem

1. Als Mitte des 6. Jahrhunderts die chinesischen Schriftzeichen (漢字 **kanji**) zusammen mit dem Buddhismus von China über Korea nach Japan kamen, gab es zwar schon eine japanische Sprache, jedoch kein System, diese Laute niederzuschreiben. Daher übernahmen die Japaner die chinesischen Zeichen zur schriftlichen Darstellung ihrer Sprache. Kanji sind Ideogramme, d.h., jedes Zeichen stellt einen Gegenstand oder ein Konzept dar. In amtlichen Verordnungen dürfen heutzutage nur 2136 Kanji verwendet werden:

Kanji	Bedeutung
木	Baum
上	oben
下	unten

2. Es gab mehrere „Kanji-Importwellen", auch wurden sie aus unterschiedlichen Gegenden Chinas importiert. Daher kann ein Kanji mehrere ursprünglich chinesische Lesungen (音読み **onyomi**) haben. Zudem haben viele Zeichen noch eine rein japanische Lesung (訓読み **kunyomi**), d.h., die eigentliche japanische Lautung für den Gegenstand Baum wurde als weitere Aussprache für das Zeichen hinzugefügt:

	Sino-japanische Lesung	Japanische Lesung
木	**MOKU, BOKU**	**ki**
上	**JŌ, SHŌ**	**ue, kami, uwa, ...**
下	**KE, GE**	**shita, shimo, moto, ...**

Anmerkung: Die sino-japanische Aussprache wird in vielen Kanji-Wörterbüchern mit Großbuchstaben bzw. Katakana wiedergegeben, die rein japanische in Kleinbuchstaben bzw. Hiragana.

3. Die Kanji waren nur bedingt geeignet, die japanische Sprache wiederzugeben; denn im Unterschied zum Chinesischen gibt es bedeutungsarme Funktionswörter, die Partikeln und Suffixe, die man darstellen muss. Um deren lautliche Gestalt einfacher notieren zu können, wurden schon im 9. Jahrhundert die beiden Silbenschriften 平仮名 **hiragana** und 片仮名 **katakana** entwickelt.

4. Die Hiragana entstanden durch Vereinfachung einiger Kanji. Sie erwecken einen rundlichen Eindruck. Die Bedeutung des Kanji war bei der Vereinfachung irrelevant, nur die Aussprache wurde übernommen:

Kanji	Hiragana	Aussprache
安	あ	**a**
寸	す	**su**
利	り	**ri**

5. Heute sind von ursprünglich 50 Silbenschriftzeichen noch 46 in Gebrauch:

	w-	**r-**	**y-**	**m-**	**h-**	**n-**	**t-**	**s-**	**k-**		
ん **n**	わ **wa**	ら **ra**	や **ya**	ま **ma**	は **ha**	な **na**	た **ta**	さ **sa**	か **ka**	あ **a**	**a**
		り **ri**		み **mi**	ひ **hi**	に **ni**	ち **chi**	し **shi**	き **ki**	い **i**	**i**
		る **ru**	ゆ **yu**	む **mu**	ふ **fu**	ぬ **nu**	つ **tsu**	す **su**	く **ku**	う **u**	**u**
		れ **re**		め **me**	へ **he**	ね **ne**	て **te**	せ **se**	け **ke**	え **e**	**e**
	を **o**	ろ **ro**	よ **yo**	も **mo**	ほ **ho**	の **no**	と **to**	そ **so**	こ **ko**	お **o**	**o**

6. In den buddhistischen Klöstern entwickelten Mönche zeitgleich die Katakana, um die Aussprache der aus China überlieferten buddhistischen Schriften notieren zu können. Katakana greifen nur einen Bestandteil eines Kanji auf. Sie wirken kantiger:

Kanji	Katakana	Aussprache
阿	ア	**a**
宇	ウ	**u**
久	ク	**ku**
仁	ニ	**ni**
礼	レ	**re**

7. Heute sind von ursprünglich 50 Silbenschriftzeichen ebenfalls noch 46 in Gebrauch:

	w-	**r-**	**y-**	**m-**	**h-**	**n-**	**t-**	**s-**	**k-**		
ン **n**	ワ **wa**	ラ **ra**	ヤ **ya**	マ **ma**	ハ **ha**	ナ **na**	タ **ta**	サ **sa**	カ **ka**	ア **a**	**a**
		リ **ri**		ミ **mi**	ヒ **hi**	ニ **ni**	チ **chi**	シ **shi**	キ **ki**	イ **i**	**i**
		ル **ru**	ユ **yu**	ム **mu**	フ **fu**	ヌ **nu**	ツ **tsu**	ス **su**	ク **ku**	ウ **u**	**u**
		レ **re**		メ **me**	ヘ **he**	ネ **ne**	テ **te**	セ **se**	ケ **ke**	エ **e**	**e**
	ヲ **o**	ロ **ro**	ヨ **yo**	モ **mo**	ホ **ho**	ノ **no**	ト **to**	ソ **so**	コ **ko**	オ **o**	**o**

8. Durch zwei kleine Striche ゛ (濁り点 **nigoriten**) rechts oberhalb der Kana der **k-**, **s-**, **t-** bzw. **h-**Reihe werden die Konsonanten stimmhaft (濁音 **dakuon**). Der Kringel 。(丸 **maru**) ebenfalls rechts oberhalb der Kana der **h**-Reihe lässt den Konsonanten **h-** zu **p-** werden (半濁音 **handakuon**):

濁音 **dakuon**			
h- → b-	**t- → d-**	**s- → z-**	**k- → g-**
ば/バ **ba**	だ/ダ **da**	ざ/ザ **za**	が/ガ **ga**
び/ビ **bi**	ぢ/ヂ **ji**	じ/ジ **ji**	ぎ/ギ **gi**
ぶ/ブ **bu**	づ/ヅ **zu**	ず/ズ **zu**	ぐ/グ **gu**
べ/ベ **be**	で/デ **de**	ぜ/ゼ **ze**	げ/ゲ **ge**
ぼ/ボ **bo**	ど/ド **do**	ぞ/ゾ **zo**	ご/ゴ **go**

半濁音 **handakuon**
h- → p-
ぱ/パ **pa**
ぴ/ピ **pi**
ぷ/プ **pu**
ぺ/ペ **pe**
ぽ/ポ **po**

Anmerkung: Die Zeichen ぢ/ヂ und じ/ジ werden jeweils **ji** ausgesprochen. Meistens wird **ji** mit den Kana aus der **s**-Reihe じ/ジ geschrieben, es sei denn, es handelt sich um zusammengesetzte Wörter, deren zweites Wort eigentlich auf ち **chi** anlautet, das **ch** durch die Zusammensetzung jedoch stimmhaft wird. Auch づ/ヅ und ず/ズ werden jeweils gleich als **zu** ausgesprochen. Meistens wird **zu** mit ず/ズ geschrieben.

9. Die stimmlosen Konsonanten **k-**, **s-**, **t-** und **p-** können verdoppelt werden (促音 **sokuon**). Dies wird durch ein kleines Zeichen っ bzw. ッ **tsu** notiert:

きって	**k$_i$tte**	Briefmarke
いっかげつ	**ikkagetsu**	einen Monat lang
いっさい	**issai**	ein Jahr alt
はっぱ	**happa**	(Pflanzen)Blatt
インデックス	**indekk$_u$su**	Index
レッド	**reddo**	rot

Anmerkung: Bei Entlehnungen aus dem Englischen findet man auch verdoppelte stimmhafte Konsonanten. Die Verdoppelung wird ebenfalls durch ッ **tsu** notiert.

10. Ferner gibt es klein gedruckte Varianten von や/ヤ **ya**, ゆ/ユ **yu** und よ/ヨ **yo**, die nach auf **-i** auslautenden Kana stehen können. Das **-i** wird nicht ausgesprochen, beide Zeichen bilden eine Lauteinheit (拗音 **yōon**):

	+ ya	**+ yu**	**+ yo**
ki	きゃ/キャ **kya**	きゅ/キュ **kyu**	きょ/キョ **kyo**
shi	しゃ/シャ **sha**	しゅ/シュ **shu**	しょ/ショ **sho**
chi	ちゃ/チャ **cha**	ちゅ/チュ **chu**	ちょ/チョ **cho**
ni	にゃ/ニャ **nya**	にゅ/ニュ **nyu**	にょ/ニョ **nyo**
hi	ひゃ/ヒャ **hya**	ひゅ/ヒュ **hyu**	ひょ/ヒョ **hyo**
mi	みゃ/ミャ **mya**	みゅ/ミュ **myu**	みょ/ミョ **myo**
ri	りゃ/リャ **rya**	りゅ/リュ **ryu**	りょ/リョ **ryo**
gi	ぎゃ/ギャ **gya**	ぎゅ/ギュ **gyu**	ぎょ/ギョ **gyo**
ji	じゃ/ぢゃ ジャ/ヂャ **ja**	じゅ/ぢゅ ジュ/ヂュ **ju**	じょ/ぢょ ジョ/ヂョ **jo**
bi	びゃ/ビャ **bya**	びゅ/ビュ **byu**	びょ/ビョ **byo**
pi	ぴゃ/ピャ **pya**	ぴゅ/ピュ **pyu**	ぴょ/ピョ **pyo**

11. Alle Vokale können ferner auch noch gelängt werden (長音 **chōon**). Diese Längung wird in der Hiragana-Silbenschrift wie folgt dargestellt:

	Längung durch	Beispiel		
-a	+ あ **a**	おかあさん	**o-kāsan**	Mutter
-i	+ い **i**	おにいさん	**o-nīsan**	älterer Bruder
-u	+ う **u**	くうき	**kūki**	Luft
-e	+ い **i** oder	せんせい	**sensei**	Lehrer, Lehrerin
	+ え **e***	おねえさん	**o-nēsan**	ältere Schwester

-o	+ う **u** oder	おとうさん	**otōsan**	Vater
	+ お **o***	おおさか	**ōsaka**	Osaka

Anmerkung: Die mit * gekennzeichneten Darstellungen der Langvokale sind die irregulären und selteneren. Ob ein Vokal lang oder kurz ausgesprochen wird, kann für die Bedeutung entscheidend sein, wie das Beispielpaar おばあさん **obāsan** *Oma* und おばさん **obasan** *Tante* zeigt.

12. Die Längung in der Katakana-Schrift erfolgt bei allen Vokalen durch einen Längungsstrich ー:

-a	デザート	**dezāto**	Dessert
-i	チーズ	**chīzu**	Käse
-u	スープ	**sūpu**	Suppe
-e	ケーキ	**kēki**	Kuchen
-o	コーヒー	**kōhī**	Kaffee

13. Zur Wiedergabe von Fremdworten sind auch Kombinationen mit kleinen Varianten von ァ **a**, ィ **i**, ェ **e** und ォ **o** möglich:

イェ **ye**	イェーナ	**yēna**	Jena
ウィ **wi**	ウィーン	**wīn**	Wien
フィ **fi**	フィンランド	**finrando**	Finnland
ディ **di**	ディーゼル	**dīzeru**	Diesel

14. Den deutschen Laut [v], also den Buchstaben w, kann man mit ヴ **vu** und entsprechenden Kombinationen darstellen:

ヴァ **va**	ヴァーグナー	**vāgunā**	Wagner
ヴェ **ve**	ヴェルナー	**verunā**	Werner
ヴォ **vo**	ヴォルフスブルク	**vorufₙsuburuku**	Wolfsburg
ヴュ **vyu**	ヴュルテンベルク	**vyurutenberuku**	Württemberg

15. Heute werden alle drei Schriftsysteme – Kanji, Hiragana und Katakana – parallel verwendet. Die meisten Inhaltswörter, also Substantive,

Adjektive und Verben, werden mit Kanji geschrieben. Mit Hiragana werden Wörter, für die es kein Kanji gibt oder deren Kanji zu schwierig ist, geschrieben. Katakana werden für Lehnwörter aus westlichen Sprachen und botanische oder zoologische Fachbegriffe verwendet, oder einfach zur typografischen Hervorhebung.

16. Es werden die folgenden Satzzeichen verwendet:

。	Der Punkt (丸 **maru**) steht am Satzende.
、	Das Komma (点 **ten**) wird im Satz gesetzt, um das Leseverständnis zu erleichtern.
「...」	Die Anführungszeichen (かぎ括弧 **kagikakko**) werden bei direkter Rede verwendet. In senkrechter Schreibweise sind die Klammern um 90 Grad nach rechts gedreht.
(...)	Runde Klammern (括弧 **kakko**) werden wie im Deutschen verwendet.
・	Der Mittelpunkt (中点 **nakaten**) steht zwischen Aufzählungen mehrerer Substantive oder zwischen Vor- und Nachnamen bei westlichen Namen.
！ ？	Ausrufezeichen (感嘆符 **kantanfu**) und Fragezeichen (疑問符 **gimonfu**) existieren zwar mittlerweile in der japanischen Schrift, werden jedoch hauptsächlich bei der Wiedergabe gesprochener Sprache, z.B. in Comics oder Dialogen im Roman verwendet.

17. Die Schreibrichtung verlief ursprünglich von oben nach unten und von rechts nach links. Durch westlichen Einfluss und durch die Computerisierung der Kommunikation hat sich jedoch auch die waagrechte Schreibweise von links nach rechts eingebürgert. Ungeachtet der Schreibrichtung werden zwischen den einzelnen Wörtern normalerweise keine Leerzeichen eingeschoben.

Umschrift und Aussprache 4

Es gibt zwei gängige Systeme, das Japanische in lateinischen Buchstaben darzustellen. Neben der **kunreishiki**-Umschrift wird im Ausland – und auch in dieser Grammatik – hauptsächlich das Hepburn-System verwendet. Bei der Aussprache der Umschrift sollten deutsche Muttersprachler besonders auf die folgenden Laute achten:

y [j]	wird wie das **j** in Deutsch *Japan* ausgesprochen
z [ʒ]	wird stimmhaft ausgesprochen wie **z** in *zappen*
j [dʒ]	wird stimmhaft ausgesprochen wie **j** in Englisch *jazz*
r [ɾ]	ist eine Mischung aus Deutsch **l**, **d** und **r**
ei [e:]	wird als langes **e** ausgesprochen wie in *mehr*
ai [ai]	wird wie **ai** in Deutsch *Waise* ausgesprochen
chi [tçi]	wird ähnlich wie **tsch** in *klatschen* ausgesprochen
hi [çi]	wird leicht angehaucht gesprochen wie das **chi** in *brüchig*
sh [ʃ]	wird ähnlich wie Deutsch **sch** gesprochen, die Zunge liegt dabei jedoch flach unten im Mund
fu [ɸɯ]	bei dem **f** berühren sich Unterlippe und obere Zahnreihe nicht vollständig, sondern die Luft kann frei durch die Lippen durch, das Ganze ist also ein Laut zwischen **hu** und **fu**

Anmerkung: Die Umschrift verleitet Deutsche, **ei** gleich wie **ai** auszusprechen. Dies kann zu fatalen Missverständnissen führen, so bei **kirei** *schön* und **kirai** *hassen*.

Die Lautstruktur 5

1. Japanische Wörter können aus den folgenden Lauteinheiten bestehen:

a. Vokal	絵 **e** Bild
b. Vokal + Vokal	愛 **ai** Liebe
c. Konsonant + Vokal	歯 **ha** Zahn, 折り紙 **origami** Papierfalten
a. oder c. + ん **n**	運 **un** Schicksal, 晩 **ban** Abend

2. Die Vokale **i** [i] und **u** [ɯ] sind nicht sehr stabil. Zwischen zwei stimmlosen Konsonanten, also zwischen **s**, **k**, **t**, **h** bzw. **f** oder **p**, verschwinden sie bis zur Unhörbarkeit, was hier durch Tieferstellung angedeutet ist. Bei Wörtern, die auf einen stimmlosen Konsonanten + **i** [i] oder **u** [ɯ] enden, werden diese Vokale ebenfalls häufig nur andeutungsweise gesprochen:

音楽家	**ongak**$_{u}$**ka**	Musiker
一人	**h**$_{i}$**tori**	eine Person
です	**des**$_{u}$	sein

3. Für das Japanische hat sich die Silbe als Grundeinheit des Wortes nicht als sinnvoll erwiesen. Man zerlegt die Worte vielmehr in so genannte Moren. Eine Mora entspricht der Zeit, die man zur Aussprache einer Lauteinheit verwendet. In Silben aufgeteilt wären die folgenden Worte jeweils zweisilbig und gleich lang, in Moren dagegen haben sie unterschiedliche Länge. Beim Aussprechen der Worte kann man pro Mora einmal in die Hände klatschen und so die Aussprache kontrollieren:

2-morig	きて	**k**$_{i}$ **te**	komm!
3-morig	きいて	**ki i te**	hör!
	きって	**k**$_{i}$ **t te**	schneide!

4. Der Begriff der Mora ist nicht nur hinsichtlich der Zeit, die man für die Aussprache verwendet, wichtig, sondern auch für den Tonhöhenakzent, der sich beim Übergang von einer Mora zur anderen ändert. Der Tonhöhenakzent ist hier durch Hochstellung der Zeichen dargestellt:

先生	**se**$^{n\ se}$**i**	Lehrer
日本	**ni**^{ho}**n**	Japan

5. Der Tonhöhenakzent kann für die Bedeutung der Worte ausschlaggebend sein:

橋	**ha** ^{shi}	Brücke	箸	^{ha} **shi**	Essstäbchen
飴	**a** ^{me}	Bonbon	雨	^{a} **me**	Regen

Kapitel 3 Sprachstile

Vorbemerkung 6

1. Im Japanischen gibt es verschiedene Höflichkeitsstufen, die hauptsächlich am Prädikat markiert werden. Zum einen gilt, zwischen dem neutralen Stil, in dem man innerhalb der Familie und unter guten Freunden spricht, und dem höflichen Stil, in dem man mit Leuten redet, die man nicht gut kennt, die aber in einer sozial vergleichbaren Position stehen, zu unterscheiden. Beim Gespräch mit oder über eine älteren oder ranghöheren Person verwendet man zusätzlich zum höflichen Stil die Sprache der Ehrerbietung.

2. Vor allem in informellen Gesprächen verwenden Frauen und Männer verschiedene Wörter. Der Unterschied macht sich bei den Personalpronomina (vgl. § 37) und den Satzendpartikeln (vgl. §§ 89-96) bemerkbar. Frauen verwenden auch das Präfix お- **o-** (vgl. § 10.10) häufig nicht nur zur Ehrerbietung, sondern um das Gesagte zu verschönern.

Der neutrale Stil 7

1. Die Form der Verben und KY, wie sie im Lexikon steht, ist zugleich auch die Form des neutralen Stils:

行く	**iku**	ich gehe, du gehst ...
来る	**kuru**	ich komme, du kommst ...
分かる	**wakaru**	ich verstehe, du verstehst ...
する	**suru**	ich mache, du machst ...
おいしい	**oishii**	es ist lecker
すばらしい	**subarashii**	es ist großartig
早い	**hayai**	es ist früh

2. KYD und Substantive bilden zusammen mit der neutralen Form der Kopula だ **da** (vgl. § 98) das Prädikat:

きれいだ	**kirei da**	es ist schön
変だ	**hen da**	es ist seltsam
学生だ	**gak$_u$sei da**	ich bin Student, du bist ...
ドイツ人だ	**doitsujin da**	ich bin Deutsche, du bist ...

8 Der höfliche Stil

1. Im höflichen Stil (丁寧語 **teineigo**) wird das Hilfsverb -ます **-mas$_u$** an die **i**-Stufe der Verben (vgl. § 117) angehängt:

行きます	**ikimas$_u$**	ich gehe, du gehst, er geht ...
来ます	**kimas$_u$**	ich komme, du kommst ...
分かります	**wakarimas$_u$**	ich verstehe, du verstehst, ...
食べます	**tabemas$_u$**	ich esse, du isst ...

2. An die KY wird です **des$_u$** angehängt (vgl. § 99):

おいしいです	**oishii des$_u$**	es ist lecker
早いです	**hayai des$_u$**	es ist früh
高いです	**takai des$_u$**	es ist teuer
いいです	**ii des$_u$**	es ist gut

3. KYD und Substantive bilden zusammen mit der höflichen Form der Kopula です **des$_u$** das Prädikat (vgl. § 98):

きれいです	**kirei des$_u$**	es ist schön
変です	**hen des$_u$**	es ist seltsam
だめです	**dame des$_u$**	es geht nicht
学生です	**gak$_u$sei des$_u$**	ich bin Studentin, du bist ...
ドイツ人です	**doitsujin des$_u$**	ich bin Deutscher, du bist ...
東京駅です	**tōkyō eki des$_u$**	das ist der Bahnhof Tokio

4. ございます **gozaimas$_u$** ist eine spezielle höfliche Variante für ある **aru** *haben/sein*; ございます **gozaimas$_u$** kann auch ある **aru** in der formellen Variante der Kopula である **de aru** ersetzen:

お時間がございますか。 **O-jikan ga gozaimas$_u$ ka.**	Haben Sie Zeit?
もしもし、入野でございます。 **Moshimoshi, irino de gozaimas$_u$.**	Hallo, Irino (am Apparat).

Die Sprache der Ehrerbietung 9

Höher gestellten und älteren Personen gegenüber benutzt man die Sprache der Ehrerbietung. Es gibt zwei Möglichkeiten, jemandem sprachlich Ehre zu erweisen: Entweder man erhöht den Gesprächspartner und alles in seinem Umkreis (尊敬語 **sonkeigo**). Oder man spricht von sich und den Seinen bescheiden (謙譲語 **kenjōgo**).

Sonkeigo 10

1. Die gängigsten Verben haben spezielle Sonkeigo-Varianten:

	neutrale Form	Sonkeigo-Variante [höflich]
gehen/kommen	行く/来る **iku/kuru**	いらっしゃいます **irasshaimas$_u$**
sein, sich befinden	いる **iru**	いらっしゃいます **irasshaimas$_u$**
essen/trinken	食べる/飲む **taberu/nomu**	召し上がります **meshiagarimas$_u$**
sagen	言う **iu**	おっしゃいます **osshaimas$_u$**
sehen	見る **miru**	ご覧になります **goran ni narimas$_u$**

machen	する **suru**	なさいます **nasaimas$_u$**
jemand gibt mir	くれる **kureru**	下さいます **kudasaimas$_u$**

2. Von allen anderen Verben kann man durch die grammatische Umformung **o** + Verb $_{\text{i-Stufe}}$ + **ni naru** die Sonkeigo-Form bilden:

お帰りになります **o-kaeri ni narimas$_u$**	nach Hause gehen
お書きになります **o-kaki ni narimas$_u$**	schreiben
お分かりになります **o-wakari ni narimas$_u$**	verstehen

3. Durch die grammatische Umformung **o** + Verb $_{\text{i-Stufe}}$ + **des$_u$** erhält man ebenfalls die Sonkeigo-Form:

お出掛けですか。 **O-dekake des$_u$ ka.**	Gehen Sie aus?
鍵はお持ちですか。 **Kagi wa o-mochi des$_u$ ka.**	Haben Sie den Schlüssel bei sich?
住所はお分かりですか。 **Jūsho wa o-wakari des$_u$ ka.**	Kennen Sie die Adresse?

Anmerkung: Die Konstruktion beschreibt andauernde Handlungen oder anhaltende Nachzustände. Dieser Aspekt kann auch durch ていらっしゃる **te irassharu** ausgedrückt werden.

4. Hängt man die eigentliche Passivendung （ら）れる **(ra)reru** (vgl. § 137) an ein Verb in der **a**-Stufe an, kann man ebenfalls Respekt ausdrücken. Am Satzbau ändert sich im Unterschied zum Passiv nichts:

先生は英語を話されます。 **Sensei wa eigo o hanasaremas$_u$.**	Der Lehrer spricht Englisch.

山田先生が歌われます。 **Yamada-sensei ga utawaremas**$_u$**.**	Herr Yamada singt.
先生の書かれた本 **sensei no kakareta hon**	das Buch, das der Lehrer geschrieben hat

5. Aufforderungen bildet man mit **o** + Verb $_{\text{i-Stufe}}$ + **kudasai** oder mit **go** + Verbalsubstantiv + **kudasai**:

お入りください。 **O-hairi kudasai.**	Bitte treten Sie ein!
ご注意ください。 **Go-chūi kudasai.**	Bitte geben Sie Acht!

6. Die Sonkeigo-Form von KY bildet man, indem man das Präfix お- **o-** der Höflichkeit davor stellt:

まだお若いです。 **Mada o-wakai des**$_u$**.**	Sie sind noch jung.
お忙しいところをすみませんが、 **O-isogashii tokoro o sumimasen ga.**	Entschuldigen Sie die Störung, aber ...

7. KYD bilden ihre Sonkeigo-Form zusammen mit der Kopulavariante でいらっしゃる **de irassharu**:

お元気でいらっしゃいますか。 **O-genki de irasshaimas**$_u$ **ka.**	Wie geht es Ihnen?
娘さんは真面目でいらっしゃいます。 **Musume-san wa majime de irasshaimas**$_u$**.**	Ihre Tochter ist fleißig.

8. Für viele Orts- und Personenbezeichnungen sowie Fragewörter gibt es respektvolle Varianten:

	neutral	respektvoll
hier	ここ **koko**	こちら **kochira**
Person	人 **h**$_i$**to**	方 **kata**

	neutral	respektvoll
wo	どこ **doko**	どちら **dochira**
wie	どう **dō**	いかが **ikaga**
wer	誰 **dare**	どなた **donata**

9. Für die Bezeichnung der Familienmitglieder des Gesprächspartners gibt es spezielle Wörter:

家族 **kazoku**	meine Familie	ご家族 **go-kazoku**	deine/Ihre Familie
父 **ch$_{i}$chi**	mein Vater	*お父さん **o-tōsan**	dein/Ihr Vater
母 **haha**	meine Mutter	*お母さん **o-kāsan**	deine/Ihre Mutter
祖母 **sobo**	meine Großmutter	*おばあさん **o-bāsan**	deine/Ihre Großmutter
祖父 **sofu**	mein Großvater	*おじいさん **o-jīsan**	dein/Ihr Großvater
姉 **ane**	meine ältere Schwester	*お姉さん **o-nēsan**	deine/Ihre ältere Schwester
兄 **ani**	mein älterer Bruder	*お兄さん **o-nīsan**	dein/Ihr älterer Bruder
妹 **imōto**	meine jüngere Schwester	妹さん **imōtosan**	deine/Ihre jüngere Schwester
弟 **otōto**	mein jüngerer Bruder	弟さん **otōtosan**	dein/Ihr jüngerer Bruder
両親 **ryōshin**	meine Eltern	ご両親 **go-ryōshin**	deine/Ihre Eltern
家内/妻 **kanai/tsuma**	meine Frau	奥さん **ok$_{u}$san**	deine/Ihre Frau

主人 /夫 mein Mann **shujin/otto**	ご主人 dein/Ihr Mann **go-shujin**

Anmerkung: Die mit * gekennzeichneten Wörter verwendet man auch zur Anrede der eigenen Familienmitglieder.

10. Respekt gegenüber dem Gesprächspartner kann man auch ausdrücken, indem man das Präfix お- **o-** einem Substantiv oder Adjektiv voranstellt. お- **o-** verwendet man vor rein japanischen Wörtern, es gibt jedoch einige Ausnahmen:

お名前	**o-namae**	Ihr Name
お仕事	**o-shigoto**	Ihre Arbeit
お宅	**o-taku**	Ihr Haus, Sie
お電話です。	**O-denwa des$_u$.**	Ein Anruf für Sie.
お元気ですか。	**O-genki des$_u$ ka.**	Wie geht es Ihnen?

Anmerkung: Im heutigen Japanisch ist die Verwendung von お- **o-** vor allem bei Frauen recht populär, お- **o-** verschönert die Sprache. Daher gibt es einige Worte, die ungeachtet aller Ehrerbietung häufig mit お- **o-** versehen werden. Der unschöne Gegenstand des Gesprächs wird dadurch verschönert, so z.B. お金 **o-kane** *Geld*, お手洗い **o-tearai** *Toilette*, お腹 **o-naka** *Bauch, Magen*.

11. Das höfliche Präfix 御/ご- **go-** verwendet man tendenziell vor sino-japanischen Substantiven oder Adjektiven. Aber auch hier gibt es Ausnahmen:

ご住所	**go-jūsho**	Ihre Adresse
御意見	**go-iken**	Ihre Meinung
ご不満	**go-fuman**	Ihre Unzufriedenheit
ご親切	**go-shinsetsu**	Ihre Freundlichkeit
ごゆっくりどうぞ。	**go-yukkuri dōzo.**	Bitte lassen Sie sich Zeit.

11 Kenjōgo

1. Auch für **kenjōgo**, die bescheidene Variante, gibt es spezielle Verben:

	neutrale Form	Kenjōgo-Variante [höflich]
gehen/kommen	行く/来る **iku/kuru**	参ります **mairimas**$_u$
sein, sich befinden	いる **iru**	おります **orimas**$_u$
essen/trinken	食べる/飲む **taberu/nomu**	頂きます **itadakimas**$_u$
sagen	言う **iu**	申します **mōshimas**$_u$
sehen	見る **miru**	拝見します **haiken shimas**$_u$
machen	する **suru**	いたします **itashimas**$_u$
ich gebe jemandem	上げる **ageru**	差し上げます **sashiagemas**$_u$
ich bekomme	もらう **morau**	頂きます **itadakimas**$_u$

2. Die Kenjōgo-Form der Verben bildet man mit **o** + Verb $_{\text{i-Stufe}}$ + **shimas**$_u$:

お送りします。 **O-okuri shimas**$_u$**.**	Ich schicke es Ihnen.
お待たせしました。 **O-matase shimash**$_i$**ta.**	Ich habe Sie warten lassen.
お願いします。 **O-negai shimas**$_u$**.**	Ich bitte darum.

3. Noch bescheidener ist die Form **o** + Verb $_{\text{i-Stufe}}$ **+ itashimas**$_u$:

お送りいたします。	Ich schicke es Ihnen.
O-okuri itashimas$_u$**.**	
お待たせいたしました。	Ich habe Sie warten lassen.
O-matase itashimash$_i$**ta.**	
お願いいたします。	Ich bitte darum.
O-negai itashimas$_u$**.**	

Anredeformen 12

1. Eine Entsprechung für *du* und *Sie* gibt es im Japanischen zwar (あなた **anata**), allerdings wird sie selten gebraucht – hauptsächlich zwischen Eheleuten.

2. Außerhalb der Familie redet man seinen Gesprächspartner mit dem (Nach)Namen an und hängt -さん **-san** daran. -さん **-san** kann für Frauen und Männer verwendet werden. Spricht man von sich selbst, lässt man -さん **-san** selbstverständlich weg:

田中さんですか。	Sind Sie Herr/Frau Tana-
Tanaka-san des$_u$ **ka.**	ka?
はい、田中です。	Ja, ich bin Herr/Frau Tana-
Hai, tanaka des$_u$**.**	ka.

3. Noch höflicher als -さん **-san** ist die Endung -様 **-sama**. Auch Berufsbezeichnungen wie 先生 **sensei** *Lehrer*, *Arzt* kann man bei der Anrede verwenden oder an den Nachnamen anhängen:

西田様がいらっしゃいますか。	Ist Herr/Frau Nishida da?
Nishida-sama ga irasshaimas$_u$ **ka.**	
小山先生ですか。	Sind Sie Frau Koyama?
Koyama-sensei des$_u$ **ka.**	

4. Bei Babys und Mädchen kann man -ちゃん **-chan**, bei Jungen -くん **-kun** an den Vornamen anhängen:

明日は由実ちゃんの誕生日です。 **Ashita wa yumi-chan no tanjōbi desu.**	Morgen hat Yumi Geburtstag.
その頃、聡君はまだ小学生だった。 **Sono koro, satoshi-kun wa mada shōgakusei datta.**	Damals war Satoshi noch Grundschüler.

Anmerkung: Männer können rangniedrigere Kollegen auch mit dem Nachnamen + -くん **-kun** anreden.

5. Wenn man den Namen des Gesprächspartners nicht kennt, kann man die Anrede durch die Verwendung des Pronomens そちら **sochira** *diese Richtung da* umgehen:

おかげさまで、元気にしています。そちらは。 **O-kage sama de, genki ni shite imasu.** **Sochira wa.**	Danke, mir geht es gut. Und Ihnen?
そちらはどう思いますか。 **Sochira wa dō omoimasu ka.**	Wie denken Sie darüber?

6. Man kann auch Verben und Substantive der Sprache der Ehrerbietung benutzen, um die Anrede zu umgehen:

お仕事は何ですか。 **O-shigoto wa nan desu ka.**	Was sind Sie von Beruf?
ご出身はどちらですか。 **Go-shusshin wa dochira desu ka.**	Woher kommen Sie?
明日いらっしゃいますか。 **Ashita irasshaimasu ka.**	Sind Sie morgen da?
写真をもうお渡ししましたか。 **Shashin o mō o-watashi shimashita ka.**	Habe ich Ihnen die Fotos schon gegeben?

Kapitel 4 Die Struktur des einfachen Satzes

Der Aussagesatz 13

Die Abfolge der einzelnen Satzglieder ist Subjekt – (Objekt) – Prädikat. Das Prädikat steht im Satz immer an letzter Stelle:

(私は) ピアノを弾きます。 **(Watashi wa) piano o hikimas$_{u}$.**	Ich spiele Klavier.
林さんは先生です。 **Hayashi-san wa sensei des$_{u}$.**	Herr Hayashi ist Lehrer.
この絵はきれいです。 **Kono e wa kirei des$_{u}$.**	Das Bild ist schön.
この本は面白い。 **Kono hon wa omoshiroi.**	Dieses Buch ist interessant.

Anmerkung: Bis auf das Prädikat kann man alle Satzteile weglassen, wenn sie aus dem Kontext verständlich sind. Besonders 私 **watashi** *ich* und あなた **anata** *du, Sie* in Subjektposition werden vermieden.

Der Fragesatz 14

1. Um einen Aussagesatz in eine Frage zu verwandeln, hängt man die Partikel か **ka** an das Satzende an. Die Wortstellung des Satzes ändert sich nicht. Bei einer Frage steigt die Intonation:

あの人は林さんですか。 **Ano h$_{i}$to wa hayashi-san des$_{u}$ ka.**	Ist diese Person Herr Haya- shi?
お元気ですか。 **O-genki des$_{u}$ ka.**	Wie geht es Ihnen?
お時間がありますか。 **O-jikan ga arimas$_{u}$ ka.**	Haben Sie Zeit?

2. Enthält der Fragesatz ein Fragepronomen, so steht dieses an der Stelle des erfragten Satzteiles:

あの人は誰ですか。	Wer ist diese Person?
Ano h$_{i}$to wa dare des$_{u}$ ka.	
あの人は林さんです。	Diese Person ist Frau
Ano h$_{i}$to wa hayashi-san des$_{u}$.	Hayashi.
あしたどこへ行きますか。	Wohin fährst du mor-
Ash$_{i}$ta doko e ikimas$_{u}$ ka.	gen?
あした東京へ行きます。	Morgen fahre ich nach
Ash$_{i}$ta tōkyō e ikimas$_{u}$.	Tokio.
今何時ですか。	Wie viel Uhr ist es jetzt?
Ima nanji des$_{u}$ ka.	
今六時半です。	Jetzt ist es 30 Minuten
Ima rokuji han des$_{u}$.	nach 6.

3. なぜ **naze** bzw. どうして **dōsh$_{i}$te** *warum* stehen direkt nach dem Thema des Satzes. Wird dieses ausgelassen, stehen sie am Satzanfang:

太郎はなぜ遅刻したんですか。	Warum hat sich Tarō
Tarō wa naze ch$_{i}$koku sh$_{i}$ta n des$_{u}$ ka.	verspätet?
どうして来られないんですか？	Warum können Sie nicht
Dōsh$_{i}$te korarenai n des$_{u}$ ka.	kommen?

4. Wenn zwei Fragesätze dasselbe Thema haben, kann man sie zu einer Alternativfrage verbinden. Das gemeinsame Thema steht am Satzanfang:

これはりんごですか、なしですか。	Ist das ein Apfel oder
Kore wa ringo des$_{u}$ ka, nashi des$_{u}$ ka.	eine Birne?
（あなたは）車で行きますか、バスで行きますか。	Fahren Sie mit dem Au-
(Anata wa) Kuruma de ikimas$_{u}$ ka, basu de ikimas$_{u}$ ka.	to oder mit dem Bus?

Ja-Nein-Fragen und ihre Antworten 15

1. Im Japanischen gibt es die Antwortpartikeln はい **hai** *ja* und いいえ **iie** *nein*. Im Gegensatz zu westlichen Sprachen wird はい **hai** oft nicht wirklich zum Ausdruck des Einverständnisses benutzt, sondern um dem Gesprächspartner seine Aufmerksamkeit zu signalisieren:

森：山田くん	Mori: Herr Yamada
山田：はい	Yamada: Ja
森：来週の日曜日にはね	Mori: Nächsten Sonntag, nicht wahr?
山田：はい	Yamada: Ja
Mori: Yamada-kun	
Yamada: Hai	
Mori: Raishū no nichiyōbi ni wa ne	
Yamada: Hai	

2. Bei der Antwort auf verneinte Informationsfragen verwendet man die Antwortpartikeln genau umgekehrt wie im Deutschen. D.h., はい **hai** und いいえ **iie** beziehen sich nicht auf den Satzinhalt, sondern auf den Sprecher. はい **hai** kann man mit *ja, du hast recht* und いいえ **iie** mit *nein, du hast nicht recht* paraphrasieren:

A:	ここには電話がありませんか。	A:	Gibt es hier kein Telefon?
B:	はい、ありません。	B:	Nein, es gibt kein Telefon.
A:	**Koko ni wa denwa ga arimasen ka.**		
B:	**Hai, arimasen.**		
A:	ここには電話がありませんか。	A:	Gibt es hier kein Telefon?
B:	いいえ、あります。	B:	Doch, es gibt eines.
A:	**Koko ni wa denwa ga arimasen ka.**		
B:	**Iie, arimas**$_{u}$**.**		

Anmerkung: Umgangssprachliche, weniger höfliche Varianten für はい **hai** sind ええ **ee** und うん **un**. Statt いいえ **iie** hört man oft ううん **uun**.

Kapitel 5 Substantive

16 Die Pluralbildung

1. Ob ein Substantiv im Singular oder Plural steht, wird im Japanischen normalerweise nicht gesondert angezeigt. Ob es sich um einen Gegenstand oder um mehrere handelt, muss man aus dem Kontext – anhand von Verben oder vorangestellten Adjektiven – oder aufgrund des eigenen Weltwissens erschließen:

先生はプリントを配りました。	Der Lehrer hat Kopien verteilt.
Sensei wa purinto o kubarimash$_i$ta.	
いろいろな問題があります。	Es gibt verschiedene Pro-
Iroiro na mondai ga arimas$_u$.	bleme.
ここにゴキブリがいます。	Hier gibt es eine Kakerlake.
Koko ni gokiburi ga imas$_u$.	Hier gibt es Kakerlaken.

2. Es gibt einige wenige Pluralendungen, die man an Personenbezeichnungen anhängen kann. Es handelt sich nicht um eine Pluralkennzeichnung wie in europäischen Sprachen, vielmehr wird eine Person aus einer Gruppe herausgegriffen – wie z.B. Herr Mori – und mit -達 **-tachi** die Gruppe um diese Person bezeichnet. 森さん達 **mori-san-tachi** kann also je nach Kontext *Herr Mori und seine Familie*, *Herr Mori und seine Kollegen* oder *Herr Mori und seine Freunde* bedeuten.

3. -達 **-tachi** wird an Personennamen und -bezeichnungen angehängt:

森さん達	**mori-san-tachi**	Herr Mori und die Seinen
お母さん達	**o-kāsan-tachi**	die Mutter und die Ihren
子供達	**kodomo-tachi**	Kinder
私達	**watashi-tachi**	wir
彼女達	**kanojo-tachi**	sie und ihre Gruppe

4. -方 **-gata** ist die höfliche Variante von -達 **-tachi** und wird an das Personalpronomen der zweiten Person oder Bezeichnungen für respektable Personen angehängt:

あなた方	**anata-gata**	ihr
先生方	**sensei-gata**	die Lehrer, die Lehrerinnen
ご婦人方	**go-fujin-gata**	die Frauen

5. -等 **-ra** wird an Demonstrativ- und Personalpronomina oder an Personenbezeichnungen angehängt, mit denen man auf rangniederere Personen verweist:

これら	**kore-ra**	diese
彼ら	**kare-ra**	er und seine Gruppe, sie
僕ら	**boku-ra**	wir [Männersprache vgl. § 6.2]
子供等	**kodomo-ra**	Kinder

6. Von einigen rein japanischen Substantiven kann man durch Verdoppelung die Pluralform bilden. Die Verdopplung wird schriftlich mittels des Zeichens 々 realisiert. Sie führt zu lautlichen Veränderungen, der Konsonant im Anlaut der Wiederholung wird stimmhaft:

島	**shima**	Insel	島々	**shimajima**	Inseln
国	**kuni**	Land	国々	**kuniguni**	Länder
人	**h$_i$to**	Mensch	人々	**h$_i$tobito**	Menschen
神	**kami**	Gott	神々	**kamigami**	Gottheiten

Anmerkung: Diese Pluralformen sind jedoch nicht mit genauen Zahlenangaben kombinierbar, sondern bedeuten *viele* ....

Die Funktion der Substantive im Satz 17

1. Substantive können im Satz als Subjekt, direktes oder indirektes Objekt vorkommen. Sie können auch als adverbiale Bestimmungen den Ort oder die Zeit eines Ereignisses näher bestimmen. Die Funktion eines

Substantivs im Satz markiert man, indem man die entsprechende Funktionspartikel (vgl. § 51) hinter das Substantiv stellt. So markiert が **ga** beispielsweise das vorangehende Substantiv als Subjekt, を **o** dagegen kennzeichnet das direkte Objekt und に **ni** unter anderem das Ziel einer Bewegung:

学生が映画を見ました。	Ein Student sah einen Film.
Gak$_u$sei ga eiga o mimash$_i$ta.	
京都に行きますか。	Fahren Sie nach Kyoto?
Kyōto ni ikimas$_u$ ka.	
六時に本屋の前で会いましょう。	Lass uns uns um 6 Uhr vor
Rokuji ni honya no mae de aimashō.	der Buchhandlung treffen.

2. Nur hinter Substantiven, die als Prädikatsnomen zusammen mit der Kopula だ **da** (vgl. § 98) oder einer Variante davon das Prädikat bilden, steht keine Funktionspartikel:

(私は)ドイツ人だ。	Ich bin Deutscher.
(Watashi wa) doitsujin da.	
(私は)学生ではない。	Ich bin kein Student.
(Watashi wa) gak$_u$sei dewa nai.	
これは本です。	Das ist ein Buch.
Kore wa hon des$_u$.	
それは何ですか。	Was ist das?
Sore wa nan des$_u$ ka.	

Die Aufzählung von Substantiven

Substantive werden mithilfe von Partikeln aneinandergereiht. Die Partikel steht jeweils hinter den Substantiven. Das letzte Substantiv der Aufzählung muss zusätzlich mit einer Funktionspartikel markiert werden. Damit kennzeichnet man die Funktion (Subjekt, Objekt, ...) der Aufzählung im ganzen Satz.

や ya und とか toka 18

や **ya** und とか **toka** dienen zur beispielhaften Aufzählung von Substantiven, d.h., es müssen nicht alle Elemente aufgezählt werden. Um den beispielhaften Charakter zu unterstreichen, kann man hinter das letzte Substantiv der Aufzählung など **nado** *und anderes* anhängen. とか **toka** wird hauptsächlich in der gesprochenen Sprache benutzt:

寿司や刺身（など）を食べました。	Ich habe Sushi und Sa-
Sushi ya sashimi (nado) o tabemash$_{i}$ta.	shimi etc. gegessen.
お花とかお菓子を持っていく。	Ich werde Blumen und
O-hana toka o-kashi o motte iku.	Süßes mitnehmen.
哲学や文学などに興味があります。	Ich interessiere mich für
Tetsugaku ya bungaku nado ni kyōmi ga	Philosophie und Literatur
arimas$_{u}$.	und anderes.

と to 19

と **to** *und* dient zur vollständigen Aufzählung von Substantiven. Hinter dem letzten Element der Aufzählung kann と **to** wegfallen:

肉と野菜（と）を買いました。	Ich habe Fleisch und Ge-
Niku to yasai (to) o kaimash$_{i}$ta.	müse gekauft.
鉛筆とボールペン（と）がある。	Es gibt Bleistifte und Ku-
Enp$_{i}$tsu to bōrupen (to) ga aru.	gelschreiber.
日本語と中国語の違いは何ですか。	Was ist der Unterschied
Nihongo to chūgokugo no chigai wa nan	zwischen Japanisch und
des$_{u}$ ka.	Chinesisch?

Anmerkung: と **to** kann nicht verwendet werden, wenn die Substantive zusammen mit der Kopula das Prädikat bilden. In diesem Fall muss man die Prädikatsnomen mit で **de**, der **te**-Form der Kopula, aneinander reihen (vgl. § 125).

20 か ka

か **ka** dient dazu, Alternativen aufzuzählen (vgl. § 14.4) und bedeutet *entweder ... oder ....* Das か **ka** hinter dem letzten Substantiv der Aufzählung kann man weglassen:

バスか電車（か）で行く。 **Basu ka densha (ka) de iku.**	Ich komme entweder mit dem Bus oder der Bahn.
和菓子かチョコレート（か）を買います。 **Wagashi ka chokorēto (ka) o kaimasu.**	Ich werde japanische Süßigkeiten oder Schokolade kaufen.
ホッとかアイスかどっちにする。 **Hotto ka aisu ka dotchi ni suru.**	Nimmst Du heißen oder kalten (Kaffee)?

21 Weitere Konjunktionen zur Aufzählung

または	**mata wa**	oder
あるいは	**arui wa**	oder aber
および	**oyobi**	und
それから	**sore kara**	und
...にしても...にしても	**... ni shite mo ... ni shite mo**	sei es … sei es …
...やら...やら	**... yara ...yara**	sei es … sei es …

Erweiterungen des Substantivs

Ein Substantiv kann durch so genannte Attribute – Adjektive, Relativsätze und andere Substantive – näher bestimmt werden. Im Deutschen stehen die Attribute teils vor, teils nach dem Substantiv, das sie näher bestimmen. Im Japanischen stehen Attribute immer vor dem Substantiv, auf das sie sich beziehen.

Adjektivattribute 22

1. Adjektive, die ein Substantiv näher bestimmen, stehen immer vor dem Substantiv und nehmen die Attributivform (連体形 **rentaikei** vgl. § 166) an.

2. Soll ein Substantiv durch mehrere Adjektive näher bestimmt werden, so hängt ihre Stellung und Wortform von der Bedeutung der Adjektive ab. Es gilt die folgende Reihenfolge:

<Mengenadjektive vor Wertungsadjektiven vor Eigenschaftsadjektiven>

3. Wird ein Substantiv durch Adjektive aus unterschiedlichen Gruppen näher bestimmt, stehen alle Adjektive in der Attributivform:

色々な面白い経験	**iroiro na omoshiroi keiken**	verschiedene interessante Erfahrungen
すばらしい大きい写真	**subarashii ōkii shashin**	ein wunderbares großes Foto

4. Werden mehrere Eigenschaftsadjektive einem Substantiv vorangestellt, so werden sie mit der **te**-Form verbunden (vgl. § 125 für KYD und § 127 für KY). Das letzte Adjektiv der Aufzählung steht in der Attributivform:

大きくて赤い鞄	**ōkik$_{u}$te akai kaban**	eine große rote Tasche
静かで広い公園	**shizuka de hiroi kōen**	ein ruhiger, großer Park
広くて静かな公園	**hirok$_{u}$te shizuka na kōen**	ein großer, ruhiger Park

Substantivattribute 23

1. Soll ein Substantiv ein anderes Substantiv näher bestimmen, wird an das erste, das bestimmende Substantiv die Partikel の **no** angehängt.

Dies ist die Attributivform der Substantive. Das näher bestimmte Substantiv steht an zweiter Stelle, das bestimmende geht ihm voraus.

2. Das bestimmende, erste Substantiv kann den Besitzer, die Herkunft, das Material, eine Alters- oder Zahlenangabe oder sonst eine Eigenschaft des zweiten Substantivs angeben:

明子さんの鞄	**akiko-san no kaban**	Akikos Tasche
ドイツのハム	**doitsu no hamu**	deutscher Schinken
コンクリートの家	**konkurīto no ie**	ein Haus aus Beton
5歳の子供	**gosai no kodomo**	ein fünfjähriges Kind
三人の旅行者	**sannin no ryokōsha**	drei Reisende
日本人の友達	**nihonjin no tomodachi**	japanische Freunde
日本語の学生	**nihongo no gak$_u$sei**	Japanischstudenten
友達の昭	**tomodachi no akira**	mein Freund Akira

Anmerkung: Die Partikel の **no** entspricht in vielen Fällen dem deutschen Genitiv.

3. Spezielle Relationen wie Ursprung, Richtung oder Ort können zusätzlich mit den entsprechenden Funktionspartikeln (vgl. §§ 51-74) plus の **no** ausgedrückt werden:

京都からの電車	**kyōto kara no densha**	der Zug aus Kyoto
京都への電車	**kyōto e no densha**	der Zug nach Kyoto
日本での生活	**nihon de no seikatsu**	das Leben in Japan
一時までの時間	**ichiji made no jikan**	die Zeit bis 1 Uhr

4. Auch Personal- und Fragepronomina können zusammen mit の **no** andere Substantive bestimmen:

私の本	**watashi no hon**	mein Buch
彼女の好み	**kanojo no konomi**	ihre Vorlieben
何の本	**nan no hon**	was für ein Buch
誰の本	**dare no hon**	wessen Buch
何時の電車	**nanji no densha**	welcher Zug (Uhrzeit)

5. Manche Substantiverweiterungen sind zu festen Ausdrücken erstarrt:

女の人	**onna no hito**	Frau
男の人	**otoko no hito**	Mann
床の間	**toko no ma**	japanischer Alkoven

6. Auf diese Weise kann man, soweit es das menschliche Gedächtnis erlaubt, beliebig viele Erweiterungen aneinander reihen. Welches Substantiv sich auf welches bezieht, geht aus dem Kontext hervor:

私の日本語の先生	**watashi no nihongo no sensei**	mein Japanischlehrer
ドイツの大学の卒業	**doitsu no daigaku no sotsugyō**	Abschluss (an) einer deutschen Universität
白髪の男性の姿	**shiraga no dansei no sugata**	die Gestalt eines weißhaarigen Mannes

Relativsätze 24

1. Der Relativsatz steht im Unterschied zum Deutschen vor dem Substantiv, auf das er sich bezieht. Ferner gibt es kein Relativpronomen, das den Relativsatz einleitet. Die Wortstellung im Relativsatz ist Subjekt – Objekt – Prädikat, also mit der des Hauptsatzes identisch. Das Prädikat steht immer in der Attributivform (連体形 **rentaikei** vgl. § 111 für Verben und § 166 für Adjektive). In den folgenden Beispielen ist der Relativsatz unterstrichen:

間もなく来る電車は大阪行きです。 **Mamonaku kuru densha wa ōsaka yuki desu.**	Der Zug, der demnächst eintrifft, fährt weiter nach Osaka.
あそこで待っている人はだれですか。 **Asoko de matte iru hito wa dare desu ka.**	Wer ist die Person, die dort drüben wartet?

弟は台所にあったケーキを全部食べちゃった。 **Otōto wa daidokoro ni atta kēki o zenbu tabechatta.**	Mein jüngerer Bruder hat den Kuchen, der in der Küche stand, ganz aufgegessen.
自分で作った料理が一番おいしい。 **Jibun de tsukutta ryōri ga ichiban oishii.**	Essen, das man selbst gekocht hat, schmeckt am besten.
森先生はよくできる学生に優しい先生だ。 **Mori-sensei wa yoku dekiru gakusei ni yasashii sensei da.**	Herr Mori ist ein Lehrer, der zu den Studenten, die gut sind, freundlich ist.

Anmerkung: Wie das letzte Beispiel zeigt, können auch mehrere Relativsätze ineinander geschachtelt werden.

2. Das Subjekt des Relativsatzes wird – wenn vorhanden – mit が **ga** oder mit の **no** gekennzeichnet. の **no** wird bevorzugt dann verwendet, wenn Subjekt und Verb des Relativsatzes nicht weit voneinander entfernt stehen. Innerhalb eines Relativsatzes kann nie die Themapartikel は **wa** stehen:

母は川端が１９３７年に書いた本を読みました。 **Haha wa kawabata ga senkyūhyaku sanjūnana-nen ni kaita hon o yomimashita.**	Meine Mutter hat ein Buch gelesen, das Kawabata 1937 geschrieben hat.
母は川端の書いた本を読みました。 **Haha wa kawabata no kaita hon o yomimashita.**	Meine Mutter hat ein Buch gelesen, das Kawabata geschrieben hat.

3. Wo ein Relativsatz anfängt, kann man – da es kein einleitendes Relativpronomen gibt – nicht eindeutig erkennen. In den obigen Beispielen ist klar, dass der Relativsatz mit 川端 **kawabata** anfängt, da die vorausgehende Themapartikel は **wa** nicht im Relativsatz stehen kann. Manchmal

sind jedoch mehrere Interpretationen möglich und der Kontext ist entscheidend:

きのう銀座で買った本を読みました。 **Kinō ginza de katta hon o yomimash$_{i}$ta.**	a. Ich habe das Buch gelesen, das ich gestern auf der Ginza gekauft habe.
	b. Ich habe gestern das Buch gelesen, das ich auf der Ginza gekauft habe.
	c. Ich habe gestern auf der Ginza das Buch gelesen, das ich gekauft habe.

4. Auch Substantive des Sagens und Denkens können durch einen Relativsatz, der den Gedankeninhalt ausdrückt, bestimmt werden. Der Relativsatz wird mit という **to iu** eingebettet:

家を売るという噂を聞いた。 **Ie o uru to iu uwasa o kiita.**	Ich habe das Gerücht gehört, dass sie ihr Haus verkaufen.
たいした問題ではないという意見もあった。 **Taish$_{i}$ta mondai dewa nai to iu iken mo atta.**	Es gab auch die Meinung, dass es kein besonderes Problem sei.
豆がアレルギーを引き起したという話は本当ですか。 **Mame ga arerugī o hikiokosh$_{i}$ta to iu hanashi wa hontō des$_{u}$ ka.**	Stimmt die Geschichte, dass Bohnen die Allergie ausgelöst haben?

Anmerkung: Das Prädikat vor という **to iu** steht wie alle Aussagen der indirekten Rede (vgl. § 235) in der neutralen Satzendform.

5. Einige japanische Relativsätze müssen durch andere Konstruktionen übersetzt werden:

車の走る音が聞こえる。 **Kuruma no hashiru oto ga kikoeru.**	Man hört den Lärm der fahrenden Autos.
入学した翌年、戦争が始まった。 **Nyūgaku shita yokunen, sensō ga hajimatta.**	Ein Jahr, nachdem ich in die Schule gekommen war, begann der Krieg.
魚を焼く匂いがします。 **Sakana o yaku nioi ga shimasu.**	Es riecht nach gebratenem Fisch.
欠席した理由を教えて下さい。 **Kesseki shita riyū o oshiete kudasai.**	Nennen Sie mir den Grund, warum Sie gefehlt haben.

Besondere Substantive

25 Verbale Substantive

1. Im Japanischen gibt es etliche Substantive, die eine Handlung beschreiben, also verbalen Charakter haben. Sie können zusammen mit dem Verb する **suru** *machen* ein Prädikat bilden:

勉強する **benkyō suru**	studieren, lernen
喧嘩する **kenka suru**	streiten
連絡する **renraku suru**	kontaktieren

2. In der ursprünglichen Verwendungsweise wird das verbale Substantiv als direktes Objekt von する **suru** mit der Partikel を **o** angeschlossen. Das verbale Substantiv kann dann seinerseits durch ein weiteres Substantiv + の **no** näher bestimmt werden:

日本語の勉強をする。 **Nihongo no benkyō o suru.**	Ich werde Japanisch studieren.
部屋の掃除をしています。 **Heya no sōji o shite imasu.**	Ich putze gerade mein Zimmer.

人の真似をする **hito no mane o suru**	jemanden nachahmen

3. Bei der neueren Verwendungsweise bilden das verbale Substantiv und する **suru** ein komplexes Verb – ähnlich wie deutsch *staubsaugen*. Dieses neue Verb kann ein direktes Objekt, das mit を **o** markiert wird, zu sich nehmen:

日本語を勉強する。 **Nihongo o benkyō suru.**	Ich werde Japanisch studieren.
部屋を掃除しています。 **Heya o sōji shite imasu.**	Ich putze gerade mein Zimmer.
人を真似する **hito o mane suru**	jemanden nachahmen

Relationssubstantive 26

1. Räumliche Beziehungen, wie sie in den deutschen Präpositionen *auf*, *unter* etc. enthalten sind, werden im Japanischen durch Substantive ausgedrückt. Zusammen mit der Funktionspartikel に **ni** bzw. で **de** für Ortsangaben (vgl. § 57 bzw. § 63) können diese Substantive wie die Präpositionen im Deutschen räumliche Beziehungen ausdrücken:

上 **ue**	Oberseite, Oberraum	上に **ue ni**	auf, über
下 **shita**	Unterseite, Unterraum	下に **shita ni**	unter
中 **naka**	Innenraum	中に **naka ni**	in
横 **yoko**	Seite	横に **yoko ni**	neben
左 **hidari**	Linke	左に **hidari ni**	links
右 **migi**	Rechte	右に **migi ni**	rechts
前 **mae**	Vorderraum	前に **mae ni**	vor
後ろ **ushiro**	Rückraum	後ろに **ushiro ni**	hinter
表 **omote**	Vorderseite	表に **omote ni**	vor

裏 **ura**	Rückseite	裏に **ura ni**	hinter
奥 **oku**	Hinterraum	奥に **oku ni**	hinter
隣 **tonari**	Nachbarschaft	隣に **tonari ni**	neben
側 **soba**	unmittelbare Nähe	側に **soba ni**	bei, an
間 **aida**	Zwischenraum	間に **aida ni**	zwischen

Anmerkung: Statt に **ni** kann auch で **de** stehen. Die Wahl der Partikel hängt von der Bedeutung des Verbs, das den ganzen Ausdruck zu sich nimmt, ab.

2. Worauf, worunter bzw. woneben sich etwas befindet, also ein Bezugsgegenstand wie 机 **ts$_{u}$kue** *Tisch*, wird durch ein Substantiv ausgedrückt. Dieses Substantiv wird vor das Relationssubstantiv gestellt und die beiden Substantive werden mit der Partikel の **no** (vgl. § 23) verbunden:

机の上に/で **ts$_{u}$kue no ue ni/de**	auf, über dem Tisch
椅子の下に/で **isu no sh$_{i}$ta ni/de**	unter dem Stuhl
冷蔵庫の中に/で **reizōko no naka ni/de**	im Kühlschrank
テレビと冷蔵庫の間に/で **terebi to reizōko no aida ni/de**	zwischen dem Fernseher und dem Kühlschrank
目の前に/で **me no mae ni/de**	vor den Augen

3. Die Konstruktionen werden wie Ortsangaben in den Satz eingebettet. Welche Partikel verwendet wird, hängt von der Verbbedeutung ab (vgl. §§ 57 und 63):

携帯は机の上にありますよ。 **Keitai wa ts$_{u}$kue no ue ni arimas$_{u}$ yo.**	Das Handy liegt auf dem Tisch!
猫は椅子の下で寝ている。 **Neko wa isu no sh$_{i}$ta de nete iru.**	Die Katze schläft unter dem Stuhl.

Kapitel 6 Die Formalsubstantive

Vorbemerkung 27

1. Im Japanischen gibt es etliche Wörter (形式名詞 **keishiki meishi**), die formal – aufgrund ihres Verhaltens im Satz – zu den Substantiven zu zählen sind. Ihre ursprüngliche, substantivische Bedeutung ist jedoch verblasst. Sie werden daher heutzutage meist in Hiragana geschrieben.

2. Sie können im Gegensatz zu normalen Substantiven nicht mehr allein im Satz stehen, sondern müssen durch ein Attribut – ein Adjektiv, ein anderes Substantiv oder einen Relativsatz – näher bestimmt werden. Folglich steht das Wort vor den Formalsubstantiven immer in der Attributivform.

3. Einige Formalsubstantive haben sich hin zu Konjunktionen (vgl. § 188) entwickelt, andere kommen häufig in festen Konstruktionen vor.

の no 28

Durch Anhängen von の **no** kann man aus einem Verb oder aus einem ganzen Satz ein Substantiv machen. Eine Substantivierung mit の **no** drückt eine konkrete, einmalige Handlung aus. Man verwendet diese Substantivierung also vor Wahrnehmungsverben und Verben mit hohem Handlungscharakter:

父が帰ってくるのを見た。 **Chichi ga kaette kuru no o mita.**	Ich sah, wie mein Vater nach Hause kam.
コピーするのを手伝った。 **Kopī suru no o tetsudatta.**	Er half beim Kopieren.
金がなくなっているのを見つけた。 **Kane ga nakunatte iru no o mitsuketa.**	Ich entdeckte, dass das Geld verschwunden war.

母が出掛けるのを待っていた。 **Haha ga dekakeru no o matte ita.**	Ich wartete, bis meine Mutter wegging.

Anmerkung: Vor Gefühls- und Einstellungsverben wie 感じる **kanjiru** *fühlen* oder 喜ぶ **yorokobu** *sich freuen* kann man sowohl こと **koto** (vgl. § 29.1) als auch の **no** verwenden.

29 こと koto

1. こと **koto** bedeutet *Sache* und wird dazu verwendet, um aus einem Verb oder Adjektiv bzw. einem ganzen Satz ein Substantiv zu bilden. こと **koto** wird verwendet, wenn die Substantivierung einen abstrakten, nicht sichtbaren Sachverhalt ausdrückt. Die Substantivierung hat allgemein gültigen Charakter (vgl. の **no** § 28):

その国との関係が改善することを期待しています。 **Sono kuni to no kankei ga kaizen suru koto o kitai shite imasu.**	Ich hoffe, dass die Beziehungen zu diesem Land besser werden.
私の言っていることを信じてください。 **Watashi no itte iru koto o shinjite kudasai.**	Bitte glauben Sie, was ich sage.

2. Man verwendet こと **koto** vor Verben des Denkens, des Wissens und der Mitteilung:

日本へ留学することを考えている。 **Nihon e ryūgaku suru koto o kangaete iru.**	Ich denke über ein Auslandsstudium in Japan nach.
あの人を見たことを思い出した。 **Ano hito o mita koto o omoidashita.**	Ich erinnerte mich, dass ich ihn schon einmal gesehen hatte.

3. ことがある **koto ga aru** *es kommt vor, dass ...* wird verwendet, um über ab und zu eintretende Ereignisse oder Handlungen zu berichten.

Diese werden als Relativsatz vor こと **koto** eingebettet. Das Verb steht in der Nicht-Abgeschlossenheitsform. Verneint wird die Konstruktion am Verb ある **aru**, が **ga** kann dann durch は **wa** ersetzt werden:

財布を忘れることがあります。 **Saifu o wasureru koto ga arimasu.**	Es kommt vor, dass ich meinen Geldbeutel vergesse.
同僚と飲みに行くことがあるの？ **Dōryō to nomi ni iku koto ga aru no.**	Gehst du manchmal mit den Kollegen etwas trinken?
家で勉強することはない。 **Ie de benkyō suru koto wa nai.**	Es kommt nicht vor, dass ich zu Hause lerne.
夜眠れないことがありますか。 **Yoru nemurenai koto ga arimasu ka.**	Kommt es vor, dass Sie nachts nicht schlafen können?

4. ことがある **koto ga aru** *schon einmal ... gemacht haben* wird benutzt, um über Erfahrungen zu berichten. Diese werden als Relativsatz vor こと **koto** eingebettet. Da es sich um vergangene Erfahrungen handelt, steht das Verb vor こと **koto** in der Abgeschlossenheitsform (vgl. § 120). Verneint wird die Konstruktion am Verb ある **aru**. が **ga** kann dann durch は **wa** ersetzt werden:

お寿司を食べたことがありますか。 **O-sushi o tabeta koto ga arimasu ka.**	Haben Sie schon einmal Sushi gegessen?
お酒を飲んだことがある。 **O-sake o nonda koto ga aru.**	Ich habe schon einmal Sake getrunken.
失敗したことはありませんか？ **Shippai shita koto wa arimasen ka.**	Haben Sie denn noch nie einen Fehler gemacht?
日本に行ったことはない。 **Nihon ni itta koto wa nai.**	Ich war noch nie in Japan.

5. ことにする **koto ni suru** *sich entscheiden für ...* verwendet man, um die eigene Entscheidung zu einer Handlung kundzutun. Diese Handlung steht im Relativsatz vor こと **koto** in der Nicht-Abgeschlossenheitsform.

Ob die Entscheidung in der Gegenwart, Zukunft oder Vergangenheit gefällt wird bzw. wurde, ist an der Zeit von する **suru** zu ersehen:

早めに帰ることにした。 **Hayame ni kaeru koto ni sh$_i$ta.**	Ich entschloss mich, vorzeitig nach Hause zu gehen.
借金を返すことにしました。 **Shakkin o kaesu koto ni shimash$_i$ta.**	Ich habe beschlossen, die Schulden zurückzuzahlen.
全部は読まないことにする。 **Zenbu wa yomanai koto ni suru.**	Ich werde nicht alles lesen.

6. ことになる **koto ni naru** *es wurde beschlossen, dass ...* benutzt man, um von einer Veränderung, die von anderen Personen beschlossen wurde, zu berichten. Was beschlossen wurde, steht im Relativsatz vor こと **koto**, in der Nicht-Abgeschlossenheitsform. Der Sprecher distanziert sich mit dieser Konstruktion von der Entscheidung. Ob die Entscheidung in der Gegenwart, Zukunft oder Vergangenheit gefällt wird bzw. wurde, ist an der Zeit von なる **naru** zu ersehen:

最悪の場合、抜歯することになる。 **Saiaku no baai, hasshi suru koto ni naru.**	Schlimmstenfalls wird der Zahn gezogen.
留学することになりました。 **Ryūgaku suru koto ni narimash$_i$ta.**	Es ist dazu gekommen, dass ich im Ausland studiere.
転勤で引っ越すことになるだろう。 **Tenkin de h$_i$kkosu koto ni naru darō.**	Wahrscheinlich ziehe ich wegen meiner Versetzung um.

7. ことができる **koto ga dekiru** ist eine Form, die Möglichkeit oder Fähigkeit zu einer Handlung auszudrücken (vgl. Potentialis §§ 130-133):

漢字を書くことができますか。 **Kanji o kaku koto ga dekimas$_u$ ka.**	Können Sie Kanji schreiben?
雰囲気を楽しむことができた。 **Funiki o tanoshimu koto ga dek$_i$ta.**	Ich konnte die Stimmung genießen.

有名な大学に入ることができた。 **Yūmei na daigaku ni hairu koto ga dekita.**	Ich konnte an einer berühmten Universität studieren.

8. Eine Substantivierung mit こと **koto** kann zusammen mit der Kopula das Prädikat bilden:

私の趣味は切手を集めることだ。 **Watashi no shumi wa kitte o atsumeru koto da.**	Mein Hobby ist es, Briefmarken zu sammeln.
問題は基準が分からないことです。 **Mondai wa kijun ga wakaranai koto desu.**	Das Problem ist, dass ich die Kriterien nicht kenne.
成績が上がる唯一の方法は、勉強することです。 **Seiseki ga agaru yūitsu no hōhō wa, benkyō suru koto desu.**	Die einzige Methode, die Noten zu verbessern, ist zu lernen.

9. ことだ **koto da** bedeutet *müssen*, *man sollte besser*, *es ist wichtig*:

疲れたら、きちんと休むことだ。 **Tsukaretara, kichin to yasumu koto da.**	Wenn man erschöpft ist, muss man sich richtig ausruhen.
時間が欲しければ自分で作ることだ。 **Jikan ga hoshikereba jibun de tsukuru koto da.**	Wenn man Zeit haben will, dann muss man sie sich nehmen.

10. X というのは ... ことだ **X toiu no wa ... koto da** *ein X ist ein ...* oder *X bedeutet ...* verwendet man, wenn man X definieren will:

スパムメールとは、不要な広告などの迷惑メールのことです。 **Supamu mēru to wa, fuyō na kōkoku nado no meiwaku mēru no koto desu.**	Spam-Mails sind lästige Mails mit unnützer Werbung.

二日酔いというのは、お酒を飲み過ぎたことだ。 **Futsukayoi to iu no wa, o-sake o nomisugita koto da.**	Ein Kater ist, wenn man zu viel getrunken hat.
気象用語とは、天気予報などに使用する用語のことです。 **Kishō yōgo to wa, tenki yohō nado ni shiyō suru yōgo no koto desu.**	Meteorologisches Vokabular sind Fachwörter, die man für die Wettervorhersage etc. verwendet.

30 ほう hō

1. ほう **hō** leitet sich ursprünglich von 方 **hō** *Richtung* ab.

2. Mit der Konstruktion AのほうがBより **A no hō ga B yori** *A ist verglichen mit B* bildet man den Komparativ von Adjektiven und Adverbien. ほう **hō** markiert bei einem Vergleich den Gegenstand A, der mit B verglichen werden soll. Das Prädikat darf nicht verneint sein (vgl. § 184):

日本語のほうが中国語より難しいと思います。 **Nihongo no hō ga chūgokugo yori muzukashii to omoimasu.**	Ich glaube, Japanisch ist schwieriger als Chinesisch.
クラッシックよりロックのほうが好きだ。 **Kurasshiku yori rokku no hō ga suki da.**	Ich mag Rock lieber als Klassik.

3. Man verwendet ほう **hō** in der Konstruktion ほうがいい **hō ga ii**, um einen Ratschlag zu geben. Der Inhalt des Ratschlags steht als Relativsatz vor ほう **hō**. Bei einem positiven Ratschlag steht das vorangehende Verb meistens in der Abgeschlossenheitsform (vgl. § 120):

速く帰ったほうがいいです。 **Hayaku kaetta hō ga ii desu.**	Sie sollten besser schnell zurückkehren.
薬を飲んだほうがいいよ。 **Kusuri o nonda hō ga ii yo.**	Du solltest Medikamente einnehmen.
少し勉強したほうがいいです。 **Sukoshi benkyō shita hō ga ii desu.**	Sie sollten besser ein bisschen lernen.

4. Rät man von etwas ab, verwendet man vor ほうがいい **hō ga ii** ein verneintes Verb in der Nicht-Abgeschlossenheitsform (vgl. § 119):

一人で行かないほうがいいよ。 **Hitori de ikanai hō ga ii yo.**	Du solltest besser nicht alleine hingehen.
こんなくさい魚は食べないほうがいいです。 **Konna kusai sakana wa tabenai hō ga ii desu.**	Einen so stinkenden Fisch sollten Sie besser nicht essen.
今はまだ買わないほうがいいです。 **Ima wa mada kawanai hō ga ii desu.**	Man sollte es jetzt wohl besser noch nicht kaufen?

よう **yō** 31

1. よう **yō** kommt ursprünglich von 様 **yō** *Zustand*.

2. ようだ **yō da** am Satzende dient dazu, eine Vermutung zu äußern (vgl. § 246).

3. よう **yō** beschreibt in der Konstruktion ようになる **yō ni naru** den End- oder Zielzustand einer Entwicklung oder eines Lernprozesses. Der erreichte Zustand wird in einem Relativsatz vor よう **yō** ausgedrückt. Das Verb des Relativsatzes steht immer in der Nicht-Abgeschlossenheitsform. Bejahte und verneinte Verben sowie die Potentialform sind möglich. Wann die Entwicklung stattfand bzw. stattfindet, ist an der Zeit von なる **naru** zu ersehen:

ジムに通うようになった。 **Jimu ni kayou yō ni natta.**	Ich habe mir angewöhnt, ins Sportstudio zu gehen.
どこでも寝られるようになった。 **Doko demo nerareru yō ni natta.**	Ich kann (mittlerweile) überall schlafen.
本音が言えないようになっちゃった。 **Honne ga ienai yō ni natchatta.**	Ich kann meine wahren Gefühle nicht mehr sagen.

4. よう **yō** markiert in der Konstruktion ようにする **yō ni suru** den End- oder Zielzustand einer Bemühung. Der erreichte Zustand wird in einem Relativsatz vor よう **yō** ausgedrückt. Das Verb des Relativsatzes steht immer in der Nicht-Abgeschlossenheitsform. Es sind bejahte und verneinte Verben möglich. Wann die Bemühung stattfand bzw. stattfindet ist an der Zeit von する **suru** zu ersehen:

間に合うようにしてください。 **Ma ni au yō ni shite kudasai.**	Kommen Sie bitte rechtzeitig.
順番を間違えないようにしている。 **Junban o machigaenai yō ni shite iru.**	Ich bemühe mich, bei der Reihenfolge keinen Fehler zu machen.
迷惑をかけないようにしました。 **Meiwaku o kakenai yō ni shimashita.**	Ich versuchte, nicht zur Last zu fallen.

5. In der Konstruktion Aのよう **A no yō** *gleich wie A* markiert よう **yō** einen Vergleichsgegenstand A. Die Konstruktion kann prädikativ, zusammen mit な **na** attributiv oder mit に **ni** adverbial verwendet werden:

彼はまだ子供のようです。 **Kare wa mada kodomo no yō desu.**	Er ist noch wie ein Kind.
こんな日が来るなんて夢のようです。 **Konna hi ga kuru nante yume no yō desu.**	Dass ein solcher Tag kommt, ist wie ein Traum.

ドイツには東京のような都市はない。 **Doitsu ni wa tōkyō no yō na toshi wa nai.**	In Deutschland gibt es keine Stadt wie Tokio.
くるみのような味です。 **Kurumi no yō na aji des$_u$.**	Es schmeckt wie Walnüsse.
先生のようになりたい。 **Sensei no yō ni naritai.**	Ich möchte so wie mein Lehrer werden.

Anmerkung 1: Obwohl よう **yō** ein Formalsubstantiv ist, verhält es sich vor einem anderen Substantiv wie ein KYD und nimmt -な **-na** zu sich.

Anmerkung 2: Statt よう **yō** kann man in dieser Bedeutung auch みたい **mitai** verwenden (vgl. § 247). みたい **mitai** verhält sich ebenfalls wie ein KYD.

ところ tokoro 32

1. ところ **tokoro** bedeutet ursprünglich *Ort*.

2. Mit ところだ **tokoro da** *gerade* wird der augenblickliche Zeitpunkt, zu dem eine Handlung ausgeführt wird, hervorgehoben. Diese Handlung wird als Relativsatz vor ところ **tokoro** eingebettet. Ob die Handlung bereits stattfand, gerade stattfindet oder man gerade im Begriff ist, sie auszuführen, wird an dem zeitlichen Aspekt (Abgeschlossenheitsform, **te iru** oder Nicht-Abgeschlossenheitsform) des eingebetteten Verbs angezeigt:

今帰ったところです。 **Ima kaetta tokoro des$_u$.**	Ich bin gerade erst nach Hause gekommen.
今書類を片付けているところです。 **Ima shorui o katazukete iru tokoro des$_u$.**	Ich bin gerade dabei, die Unterlagen aufzuräumen.
これから出かけるところです。 **Kore kara dekakeru tokoro des$_u$.**	Ich bin gerade im Begriff, wegzugehen.

Anmerkung: Die Konstruktion Verb -たところだ **Verb -ta tokoro da** ist gleichbedeutend mit Verb -たばかりだ **Verb -ta bakari da**.

3. Auch in der Konstruktion ところを **tokoro o** bzw. ところへ/に **tokoro e/ni** *gerade als ..., ...* wird ein Zeitpunkt X, zu dem eine andere Handlung Y einsetzt, hervorgehoben. Y wird oft als störend empfunden:

寝ているところへ電話が鳴りました。 **Nete iru tokoro e denwa ga narimashita.**	Als ich schlief, klingelte das Telefon.
たばこを吸っているところを見られた。 **Tabako o sutte iru tokoro o mirareta.**	Ich wurde gesehen, als ich eine Zigarette rauchte.

33 はず hazu

1. はずだ **hazu da** dient dazu, eine Annahme, Überzeugung bzw. Erwartung, die auf logischen Überlegungen beruht, zu äußern:

田中さんはそれを知っているはずです。 **Tanaka-san wa sore o shitte iru hazu desu.**	Herr Tanaka sollte das eigentlich wissen.
森さんは一時間前に電話をくれたから、そろそろ来るはずです。 **Mori-san wa ichijikan mae ni denwa o kureta kara, sorosoro kuru hazu desu.**	Frau Mori hat vor einer Stunde angerufen, sie müsste also allmählich hier eintreffen.
月曜日だから店が開いているはずだ。 **Getsuyōbi da kara mise ga aite iru hazu da.**	Da Montag ist, sollten die Geschäfte geöffnet haben.

2. はずがない **hazu ga nai** ist die Verneinung von はずだ **hazu da** und wird dazu verwendet, eine negative Annahme oder Überzeugung kundzutun:

人の気持ちが分かるはずがない。 **Hito no kimochi ga wakaru hazu ga nai.**	Die Gefühle der Menschen kann man nicht verstehen.
そんなはずはありません。 **Sonna hazu wa arimasen.**	Das sollte eigentlich nicht der Fall sein.

電気がついているから、留守なはずがない。 **Denki ga tsuite iru kara, rusu na hazu ga nai.**	Da Licht brennt, ist es nicht anzunehmen, dass sie nicht zu Hause ist.

わけ wake 34

1. わけ **wake** bedeutet ursprünglich *Grund*.

2. Mit der Konstruktion わけにはいかない **wake ni wa ikanai** *es geht nicht an, dass ...* oder *man kann nicht ...* drückt man aus, dass eine Handlung unumgänglich ist. Diese Handlung wird als Relativsatz vor わけ **wake** eingebettet. Bejahte und verneinte Verben in der Nicht-Abgeschlossenheitsform sind möglich:

それを忘れるわけにはいかない。 **Sore o wasureru wake ni wa ikanai.**	Ich kann das nicht vergessen.
何も言わないわけにはいきません。 **Nani mo iwanai wake ni wa ikimasen.**	Es geht nicht an, dass ich nichts sage.

3. わけがない **wake ga nai** bedeutet *es ist nicht anzunehmen, dass ..., es ist unmöglich, dass ...* Vor わけ **wake** können Verben, Adjektive oder Substantive in der Nicht-Abgeschlossenheitsform stehen:

最初からうまくいくわけがない。 **Saishō kara umaku iku wake ga nai.**	Es kann nicht gleich von Anfang an gut laufen.
すべての計画は成功するわけがありません。 **Subete no keikaku wa seikō suru wake ga arimasen.**	Es ist nicht anzunehmen, dass alle Pläne ein Erfolg werden.
雨など降るわけがありません。 **Ame nado furu wake ga arimasen.**	Es kann unmöglich regnen.

Anmerkung 1: Die Konstruktion kann durch はずがない **hazu ga nai** (vgl. § 33.2) ersetzt werden.

Anmerkung 2: Vor わけ **wake** nehmen Substantive -な **-na** oder である **de aru** zu sich.

4. Mit わけだ **wake da** wird eine Begründung nachgeschoben. Vor わけ **wake** sind Adjektive, Verben oder Substantive in allen Zeitformen möglich:

大学の交付金が毎年減らされていきます。政府にお金がないわけです。 **Daigaku no kōf$_u$kin ga maitoshi herasarete ikimas$_u$. Seifu ni o-kane ga nai wake des$_u$.**	Die Subventionen für Universitäten werden jährlich gekürzt. Denn die Regierung hat kein Geld.
今、停電だそうだ。コンピューターがつかないわけだ。 **Ima, teiden da sō da. Konpyūtā ga tsukanai wake da.**	Wir haben einen Stromausfall. Der Computer geht nicht an.

Anmerkung: Substantive vor わけ **wake** nehmen -な **-na** oder である **de aru** zu sich.

5. Mit わけだ **wake da** kann man Umformulierungen einbetten:

中学校は同じで、つまり、同級生だったわけだ。 **Chūgakkō wa onaji de, tsumari, dōkyūsei datta wake da.**	Wir waren auf der gleichen Mittelschule, mit anderen Worten, er war mein Mitschüler.
先生の予言した「その時」は，まさに今であったというわけです。 **Sensei no yogen sh$_i$ta „sono toki“ wa masani ima de atta to iu wake des$_u$.**	Was unser Lehrer mit den Worten „dann“ prophezeit hatte, war genau dieser Moment.

6. Mit わけだ **wake da** wird eine natürliche Schlussfolgerung eingebettet. Das vorangehende Prädikat kann aus Adjektiven oder Verben bestehen, alle Zeiten sind möglich:

そんな事は誰でも分かるわけです。 **Sonna koto wa dare demo wakaru wake des$_u$.**	Das versteht doch jeder

数年もイギリスに住んでいるから、英語が上手なわけだ。 **Sūnen mo igirisu ni sunde iru kara, eigo ga jōzu na wake da.**	Da er schon mehrere Jahre in England wohnt, liegt es nahe, dass er sehr gut Englisch spricht.
時差は８時間なので、日本は今朝の６時なわけです。 **Jisa wa hachijikan na node, nihon wa ima asa no rokuji na wake desu.**	Der Zeitunterschied beträgt 8 Stunden, in Japan ist es jetzt also 6 Uhr morgens.

Anmerkung: Substantive vor わけ **wake** nehmen -な **-na** oder である **de aru** zu sich.

7. Mit der verneinten Konstruktion わけではない **wake dewa nai** *das heißt (noch lange) nicht, dass ...* wird eine Schlussfolgerung ausgeschlossen:

専門家といっても、全部を知っているわけではない。 **Senmonka to itte mo, zenbu o shitte iru wake de wa nai.**	Auch wenn er Experte ist, heißt das noch lange nicht, dass er alles weiß.
技術的にはすぐできるわけではないけど不可能ではない。 **Gijutsuteki ni wa sugu dekiru wake dewa nai kedo fukanō dewa nai.**	Technisch kann es nicht sofort realisiert werden, aber es ist nicht unmöglich.
日本人だからといって、和食ばかり食べているわけではありません。 **Nihonjin da kara to itte, washoku bakari tabete iru wake dewa arimasen.**	Nur weil ich Japaner bin, heißt das noch lange nicht, dass ich nur japanisches Essen esse.

ほど hodo 35

1. ほど **hodo** kommt von 程 und bedeutet ursprünglich *Grad, Maß.*

2. X は Y ほど. . . ない X **wa** Y **hodo ... nai** dient dazu, den verneinten Komparativ von Adjektiven und Adverbien zu bilden:

英語は日本語ほど難しくない。 **Eigo wa nihongo hodo muzukash$_{i}$ku nai.**	Englisch ist nicht so schwierig wie Japanisch.
その映画は思っていたほど面白くはなかった。 **Sono eiga wa omotte ita hodo omoshiroku wa nakatta.**	Der Film war nicht so interessant wie ich dachte.
東京の水は地方の水ほどきれいではありません。 **Tōkyō no mizu wa ch$_{i}$hō no mizu hodo kirei dewa arimasen.**	Das Wasser in Tokio ist nicht so sauber wie das auf dem Lande.

3. Prädikat-ば Prädikat ほど... Prädikat**-ba** Prädikat **hodo** .... *je mehr ... desto ...* . Das Prädikat vor -ば **-ba** steht in der **e**-Stufe (vgl. §222), vor ほど **hodo** in der Attributivform (vgl. § 111). Substantive und KYD bilden das Prädikat mit der schriftsprachlichen Kopulavariante である **de aru**:

早ければ早いほどいいです。 **Hayakereba hayai hodo ii des$_{u}$.**	Je früher desto besser.
勉強すればするほど面白くなります。 **Benkyō sureba suru hodo omoshiroku narimas$_{u}$.**	Je mehr man lernt, desto interessanter wird es.
静かであればあるほどいい。 **Shizuka de areba aru hodo ii.**	Je ruhiger desto besser.

4. Mit ほどだ **hodo da** gibt man ein extremes Ausmaß an, *dass beinahe ... der Fall ist*. Der drohende Sachverhalt steht als Relativsatz vor ほど **hodo**. Die Konstruktion kann auch adverbial – als ほど（に） **hodo (ni)** – gebraucht oder verneint werden:

死ぬほどあなたが好きだ。 **Shinu hodo anata ga s$_{u}$ki da.**	Ich mag dich so sehr, ich könnte sterben.

台風は心配したほどではなかった。 **Taifū wa shinpai sh$_i$ta hodo dewa nakatta.**	Der Taifun war nicht so schlimm wie befürchtet.

もの mono 36

1. もの **mono** bedeutet ursprünglich *Ding*, *etwas*:

鞄には色々なものが入れてあった。 **Kaban ni wa iroiro na mono ga irete atta.**	In der Tasche waren verschiedene Dinge.
日本人はなぜはっきりものを言わないのか。 **Nihonjin wa naze hakkiri mono o iwanai no ka.**	Warum drücken sich Japaner nicht klar und deutlich aus?

2. というもの **to iu mono** nach einem Substantiv dient dazu, generalisierende Aussagen zu machen oder Gegenstände zu definieren:

母というものは、子供をどんな時も愛している。 **Haha to iu mono wa, kodomo o donna toki mo ai sh$_i$te iru.**	Eine Mutter hat ihr Kind immer lieb.
時間というものは何ですか？ **Jikan to iu mono wa nan des$_u$ ka.**	Was ist denn eigentlich Zeit?
時計というものは、時間の経過を教えてくれるものです。 **Tokei to iu mono wa, jikan no keika o oshiete kureru mono des$_u$.**	Eine Uhr informiert uns über den Verlauf der Zeit.
そういうもんです。 **Sō iu mon des$_u$.**	So ist das halt.

Anmerkung 1: というもの **to iu mono** ist durch というの **to iu no** ersetzbar.

Anmerkung 2: もの **mono** wird in der Umgangssprache もん **mon** verkürzt.

3. Vor ものだ **mono da** stehen nach allgemeinem Menschenverstand anerkannte Aussagen. Die Aussage steht in der Nicht-Abgeschlossenheitsform:

赤ちゃんは泣くものだ。 **Akachan wa naku mono da.**	Kinder weinen nun mal.
人の悪口を言うものではない。 **Hito no waruguchi o iu mono dewa nai.**	Man lästert nicht über andere Leute.

4. Steht vor ものだ **mono da** ein Satz in der Abgeschlossenheitsform, so drückt man damit die Erinnerung an frühere Aktivitäten aus:

以前はテレビを結構見たものだ。 **Izen wa terebi o kekkō mita mono da.**	Früher habe ich ziemlich viel ferngesehen.
小さい頃はよく川で遊んだものだ。 **Chiisai koro wa yoku kawa de asonda mono da.**	Als ich klein war, spielte ich oft am Fluss.

5. ものだ **mono da** benutzt man nach einem Verb in der **i**-Stufe + -たい **-tai** (vgl. § 142), um lang gehegte Wünsche auszudrücken:

日本語が上手になりたいものだ。 **Nihongo ga jōzu ni naritai mono da.**	Ich möchte gut Japanisch können.
自分の弱みは、人に知られたくないものだ。 **Jibun no yowami wa, hito ni shiraretaku nai mono da.**	Man möchte die eigenen Schwächen anderen nicht preisgeben.

Kapitel 7 Die Pronomina

Die Personalpronomina 37

1. Personalpronomina (人称代名詞 **ninshō daimeishi**) wie *ich*, *du*, *er* oder *sie* gibt es im Japanischen recht viele: Für die Pronomina der ersten und zweiten Person gibt es verschiedene Varianten, je nachdem ob eine Frau oder ein Mann spricht und ob die Pronomina in formellen oder informellen Situationen verwendet werden:

Frauensprache	ich	du
formell	私 **watashi**	
informell		あなた **anata**
familiär	あたし **atashi**	あんた **anta**

Männersprache	ich	du
formell	私 **watak$_u$shi**	
informell	僕 **boku**	君 **kimi**
familiär	俺 **ore**	お前 **omae**

2. Die syntaktische Funktion der Pronomina im Satz wird mithilfe der Funktionspartikeln (vgl. §§ 51-75) markiert:

私が	**watashi ga**	ich
私の	**watashi no**	mein
私を	**watashi o**	mich
私に	**watashi ni**	mir

あなたが	**anata ga**	du
あなたの	**anata no**	dein
あなたを	**anata o**	dich
あなたに	**anata ni**	dir

3. Ist im Gespräch klar, dass von der ersten Person, also 私 **watashi** *ich*, die Rede ist, dann wird das Pronomen weggelassen:

私は学生です。(私は) 日本語を勉強しています。 **Watashi wa gak$_u$sei des$_u$. (Watashi wa) nihongo o benkyō sh$_i$te imas$_u$.**	Ich bin Student. Ich lerne Japanisch.

初めまして。（私は）鈴木です。 **Hajimemash$_i$te. (Watashi wa) suzuki des$_u$.**	Freut mich Sie kennen zu lernen. Ich bin Herr Suzuki.

4. Dasselbe gilt auch für das Pronomen der zweiten Person. In Fragen an den Gesprächspartner wird あなた **anata** *du*, *Sie* daher weggelassen:

（あなたは）今、お時間がありますか。 **(Anata wa) ima, o-jiikan ga arimas$_u$ ka.**	Haben Sie jetzt Zeit?
道子さん、何してるの。（あなたは）ご飯の準備をしてるの。 **Michiko-san, nani sh$_i$teru no. (Anata wa) gohan no junbi o sh$_i$teru no.**	Michiko, was machst du? Bereitest du das Essen vor?

Anmerkung: Generell sollte man das Pronomen あなた **anata** zur Anrede des Gesprächpartners vermeiden, denn es wird hauptsächlich von Frauen zur Anrede des eigenen Ehemanns verwendet. Es gibt viele Alternativstrategien, wie man den Gesprächspartner ansprechen kann. (vgl. § 12).

5. Auch die Pronomina der dritten Person 彼 **kare** *er* und 彼女 **kanojo** *sie* werden selten benutzt, da sie gleichzeitig auch die Bedeutung *mein Freund* bzw. *meine Freundin* haben. Da dies zu unerwünschten Interpretationen führen kann, verwendet man その人 **sono h$_i$to** *diese Person* und ähnliche Formulierungen oder Eigennamen, um auf eine dritte Person zu verweisen. Ist klar, von wem die Rede ist, kann ein Verweis auf die dritte Person im weiteren Gespräch weggelassen werden:

A:	森さんを知っていますか。	A:	Kennen Sie Herrn Mori?
B:	いいえ、その人は知りません。どこで知り合いましたか。	B:	Nein ich kenne ihn nicht. Wo haben Sie ihn kennen gelernt?
A:	**Mori-san o sh$_i$tte imas$_u$ ka.**		
B:	**Iie. Sono h$_i$to wa shirimasen. Doko de shiriaimash$_i$ta ka.**		

Fragepronomina 38

1. Hier die wichtigsten Fragepronomina (疑問詞 **gimonshi**):

何	**nani**	was
誰	**dare**	wer
どなた	**donata**	wer [höflich]
どれ	**dore**	welches (von den vorhandenen)
どちら	**dochira**	welches (von den beiden)
いつ	**itsu**	wann
どこ	**doko**	wo
どちら	**dochira**	welche Richtung
幾ら	**ikura**	wie viel / wie teuer
幾つ	**ikutsu**	wie viele / wie alt
なぜ	**naze**	warum
どうして	**dōshite**	warum
どう	**dō**	wie
いかが	**ikaga**	wie [höflich]

2. Die Rolle eines Fragepronomens im Satz wird wie bei allen Substantiven durch die nachfolgende Funktionspartikel (vgl. §§ 51-75) angezeigt:

誰が **dare ga**	wer	何が **nani ga**	was
誰を **dare o**	wen	何で **nani de**	womit
誰の **dare no**	wessen	どこから **doko kara**	woher
誰に **dare ni**	wem	どこまで **doko made**	bis wo

3. Mit 何 **nani** wird nach Dingen und Tieren gefragt:

椅子の下に何がいますか。 **Isu no shita ni nani ga imasu ka.**	Was (für ein Tier) ist unter dem Stuhl?
椅子の下に何がありますか。 **Isu no shita ni nani ga arimasu ka.**	Was (für ein Gegenstand) ist unter dem Stuhl?

Anmerkung: Ob es sich um ein Ding oder um ein Tier handelt, ist in diesen Beispielen am Verb zu erkennen (vgl. § 106).

4. 何 **nani** wird als **nan** ausgesprochen, wenn das im Satz folgende Wort mit den Konsonanten **d-**, **t-** oder **n-** beginnt:

これは何ですか。 **Kore wa nan des$_u$ ka.**	Was ist das?
何の意味がありますか。 **Nan no imi ga arimas$_u$ ka.**	Was hat das für einen Zweck?
何と言ってきたか、覚えている？ **Nan to itte k$_i$ta ka, oboete iru?**	Erinnerst du dich, was er sagte?

5. 何 **nan** bildet zusammen mit Zähleinheitswörtern (vgl. § 48) Fragewörter für Mengenangaben:

何回	**nankai**	wie viele Male	何歳	**nansai**	wie alt
何階	**nangai**	welche Etage	何枚	**nanmai**	wie viele ...
何人	**nannin**	wie viele Leute	何度	**nando**	wie viele Male
何時	**nanji**	wie viel Uhr	何本	**nanbon**	wie viele ...

39 か ka nach Fragepronomina

1. Hängt man die Partikel か **ka** an ein Fragepronomen an, so verliert es seinen Fragecharakter und erhält die Bedeutung *irgend-* :

誰か	**dare ka**	irgendjemand
何か	**nani ka**	irgendetwas
どこか	**doko ka**	irgendwo
いつか	**itsu ka**	irgendwann
幾つか	**ik$_u$tsu ka**	einige

2. Wird か **ka** angehängt, können die Funktionspartikeln が **ga** und を **o** ausfallen. Alle anderen Partikeln werden an den komplexen Ausdruck Fragepronomen + か **ka** angehängt:

誰か（が）行きますか。 **Dare ka (ga) ikimas$_u$ ka.**	Wird jemand hingehen?

どこかで昼ご飯を食べましょうか。	Sollen wir irgendwo zu
Doko ka de hirugohan o tabemashō ka.	Mittag essen?
何か言いたいことはありませんか。	Wollen Sie etwas sagen?
Nani ka iitai koto wa arimasen ka.	

も mo nach Fragepronomina 40

1. Wenn man も **mo** nach einem Fragepronomen verwendet, verliert dieses seinen fragenden, offenen Charakter. Es erhält eine verallgemeinernde Bedeutung:

どこも	**doko mo**	überall
いつも	**itsu mo**	immer
いくつも	**ik$_u$tsu mo**	viele

2. Im verneinten Satz bedeuten die Fragewörter + も **mo** dann das Gegenteil:

誰も...ない	**dare mo ... nai**	niemand
何も...ない	**nani mo ... nai**	nichts
どこも...ない	**doko mo ... nai**	nirgends

Anmerkung: 誰 **dare** und 何 **nani** können zusammen mit も **mo** nur im verneinten Satz vorkommen (vgl. § 40.3).

3. Wird も **mo** angehängt, fallen die Partikeln が **ga** und を **o** aus. Bei allen anderen Funktionspartikeln wird も **mo** hinter das Fragepronomen + Funktionspartikel gestellt:

何もありません。	Es ist nichts./Es gibt
Nani mo arimasen.	nichts.
どこにも 行かない。	Ich gehe nirgendwo hin.
Doko ni mo ikanai.	
あの人はいつも遅い。	Es kommt immer (zu) spät.
Ano h$_i$to wa itsu mo osoi.	

41 でも demo nach Fragepronomina

1. Wenn man でも **demo** nach einem Fragepronomen verwendet, verliert es seinen Fragecharakter. Man kann でも **demo** mit *egal* ... oder ... *auch immer* übersetzen:

誰でも	**dare demo**	wer auch immer
何でも	**nan demo**	was auch immer
どこでも	**doko demo**	wo auch immer
いつでも	**Itsu demo**	wann auch immer
どうでも	**dō demo**	wie auch immer

2. Die Partikeln が **ga** und を **o** fallen in der Regel aus, alle anderen Funktionspartikeln stehen zwischen Fragepronomen und でも **demo**:

あの人は誰にでも優しい。 **Ano hito wa dare ni demo yasashii.**	Er ist zu allen (egal wem) freundlich.
私はどちらでもいいです。 **Watashi wa dochira demo ii desu.**	Mir ist das egal.
何でも聞いてください。 **Nan demo kiite kudasai.**	Bitte fragen Sie alles (egal was).

42 Das Pronomen の no

1. Durch das Pronomen の **no** kann man ein Substantiv ersetzen, das einen Gegenstand bezeichnet, wenn dieses zum zweiten Mal im Text vorkommen würde und wenn es durch ein Attribut näher bestimmt ist:

このセーターは色がいいのですが、サイズはちょっと。もっと大きいのはありませんか。 **Kono sētā wa iro ga ii no desu ga, saizu wa chotto. Motto ōkii no wa arimasen ka.**	Dieser Pullover hat eine schöne Farbe, nur die Größe ist ein bisschen …. Haben Sie nicht noch einen größeren?

赤いシャツはありますが、白いのはありません。 **Akai shats$_u$ wa arimas$_u$ ga, shiroi no wa arimasen.**	Ein rotes Hemd haben wir, aber ein weißes nicht.

Anmerkung: の **no** entspricht dem englischen *one*.

2. Handelt es sich bei dem Attribut um ein Substantiv, würden bei einer Ersetzung die Partikel の **no** (vgl. §§ 23 oder 52) und das Pronomen の **no** aufeinander treffen. Da dies zu unschönen Wiederholungen führt, wird の **no** nur einmal verwendet:

これは明子さんの時計です。私のではありません。 **Kore wa akiko-san no tokei des$_u$.** **Watashi no dewa arimasen.**	Dies ist Akikos Uhr. Meine ist es nicht.
鞄が同じなので、妹のを間違えて持って来ちゃった。 **Kaban ga onaji na node, imōto no o machigaete motte k$_i$chatta.**	Wir haben die gleichen Taschen, daher habe ich aus Versehen die meiner jüngeren Schwester mitgenommen.
このボールペンはだれのですか。 **Kono bōrupen wa dare no des$_u$ ka.**	Wessen Kuli ist das?

Kapitel 8 Die Demonstrativa

43 Übersicht über die Demonstrativa

Demonstrativa (指示詞 **shijishi**) sind Wörter, mit denen der Sprecher auf Personen und Dinge in der Gesprächssituation sprachlich zeigen kann. Das Japanische verfügt über ein dreigliedriges System von Zeigewörtern:

verweist auf	nah beim Sprecher こ- **ko-**	nah beim Hörer そ- **so-**	entfernt あ- **a-**	Frage ど- **do-**
Gegenstand -れ **-re** *dieser, jener ...*	これ **kore**	それ **sore**	あれ **are**	どれ **dore**
Ort -こ **-ko** *hier, da, dort*	ここ **koko**	そこ **soko**	あそこ **asoko**	どこ **doko**
Richtung -ちら **-chira** *hierhin*	こちら **kochira**	そちら **sochira**	あちら **achira**	どちら **dochira**
Richtung [ugs.] っち **-tchi** *hierhin*	こっち **kotchi**	そっち **sotchi**	あっち **atchi**	どっち **dotchi**
Person [ugs., Männersprache] -いつ **-itsu** *dieser Typ*	こいつ **koitsu**	そいつ **soitsu**	あいつ **aitsu**	どいつ **doitsu**
Adjektiv -の **-no** *dieses ... hier*	この **kono**	その **sono**	あの **ano**	どの **dono**
Adjektiv -んな **-nna** *ein ... solches, derartig*	こんな **konna**	そんな **sonna**	あんな **anna**	どんな **donna**
Adverb *so (wie hier)*	こう **kō**	そう **sō**	ああ **ā**	どう **dō**

Anmerkung 1: Adjektive auf -の **-no** kann man nur attributiv verwenden.

Anmerkung 2: Die Adjektive auf -んな **-nna** können zusammen mit der Partikel に **ni** auch adverbial in der Bedeutung von *dermaßen* verwendet werden.

Die situative Verwendung

1. Um auf einen Gegenstand in der räumlichen Nähe des Sprechers zu verweisen, verwendet dieser die Demonstrativa der **ko**-Reihe:

この鉛筆をください。 **Kono enp$_{i}$tsu o kudasai.**	Ich hätte gerne diesen Bleistift hier.
こちらへどうぞ。 **Kochira e dōzo.**	Bitte hier entlang!
ここはどこですか。 **Koko wa doko des$_{u}$ ka.**	Wo bin ich hier?

2. Befindet sich der Gegenstand in der Nähe des Hörers, verwendet der Sprecher ein Demonstrativum der **so**-Reihe:

それを回してください。 **Sore o mawash$_{i}$te kudasai.**	Bitte geben Sie das (bei Ihnen) weiter herum.
その花はきれいですね。 **Sono hana wa kirei des$_{u}$ ne.**	Diese Blumen (bei Ihnen) sind schön.
そこの机の下にあります。 **Soko no ts$_{u}$kue no sh$_{i}$ta ni arimas$_{u}$.**	Es liegt unter dem Tisch da.

3. Auf einen Gegenstand, der weder beim Sprecher noch beim Hörer ist, wird mit einem Demonstrativum der **a**-Reihe verwiesen:

あそこを見てください。 **Asoko o mite kudasai.**	Schauen Sie bitte dorthin!
あの人は誰ですか。 **Ano h$_{i}$to wa dare des$_{u}$ ka.**	Wer ist diese Person dort?
あちらに行きましょう。 **Achira ni ikimashō.**	Lassen Sie uns dorthin gehen.

45 Die textuelle Verwendung

1. Demonstrativa auf こ- **ko-** können innerhalb eines Textes oder Gesprächs auf etwas verweisen, das in der Folge erwähnt wird:

教師にこんなことを言われた。「いいか、お兄さんみたいになるなよ！」 **Kyōshi ni konna koto o iwareta. "Ii ka, o-nīsan mitai ni naru na yo!"**	Vom meinem Lehrer wurde mir folgendes gesagt: „Werde ja nicht so wie dein älterer Bruder, verstanden?“

2. Demonstrativa, die auf あ- **a-** anlauten, verwendet man, um auf einen Gesprächsgegenstand zu verweisen, der beiden Gesprächspartnern aus gemeinsamen Erfahrungen vertraut ist:

同級生の佐藤武を覚えているよね。あの人はサッカー選手になって、ワールドカップに出るらしい。 **Dōkyūsei no satō takeshi o oboete iru yo ne. Ano hito wa sakkā senshu ni natte, wārudokappu ni deru rashii.**	Du erinnerst dich doch noch an unseren Mitschüler Takeshi Satō. Er ist Fußballspieler geworden und soll angeblich bei der WM mitspielen.

3. Demonstrativa, die auf こ- **ko-** anlauten, verwendet man, um auf einen thematisch wichtigen Gegenstand zu verweisen, der also mit der Themapartikel は **wa** markiert ist:

コーヒーにはカフェインというのが入っている。これは眠気を取る働きがある。 **Kōhī ni wa kafein to iu no ga haitte iru. Kore wa nemuke o toru hataraki ga aru.**	Kaffee enthält Koffein. Dieses hat die Funktion, die Müdigkeit zu nehmen.

4. Ist der Gesprächsgegenstand thematisch nicht wichtig, verwendet man ein Demonstrativum, das auf そ- **so-** anlautet:

日本の作品も展示されました。実はそれを見てショックでした。 **Nihon no sak$_u$hin mo tenji saremash$_i$ta. Jitsu wa, sore o mite shokku desh$_i$ta.**	Auch japanische Werke waren ausgestellt. Ehrlich gesagt war ich geschockt, als ich sie sah.
建物の裏に駐車場があるのでそこに止めてください。 **Tatemono no ura ni chūshajō ga aru no de soko ni tomete kudasai.**	Hinter dem Gebäude gibt es einen Parkplatz, bitte parken Sie dort.

5. その **sono** wird vor Substantiven verwendet, die eine Zugehörigkeit ausdrücken. Es ersetzt den vorerwähnten Bezugsgegenstand:

会員とその家族 **kaiin to sono kazoku**	die Mitglieder und ihre Familien
大徳寺とその周りを観光した。 **Daitokuji to sono mawari o kankō sh$_i$ta.**	Ich habe den Daitoku-Tempel und seine Umgebung besichtigt.
理事長の任期が満了するので、その後任者を選任しなければならない。 **Rijichō no ńinki ga manryō suru node, sono kōninsha o sennin shinakereba naranai.**	Da die Amtszeit des Vorsitzenden abläuft, müssen wir seinen Nachfolger wählen.

Anmerkung: その **sono** kann hier oft mit einem Possesivpronomen wie *sein/ihr/sein* übersetzt werden.

Kapitel 9 Zahlen und Mengenangaben

Es gibt im Japanischen zwei Zahlensysteme, ein rein japanisch und ein sino-japanisch gelesenes.

46 Die rein japanische Zählweise

1. Für abstrakte Dinge wie Methoden, Untersuchungen, Gründe oder konkrete Gegenstände, die man keiner Klasse von Zähleinheitswörtern (vgl. § 48) zuordnen kann, verwendet man die rein japanische Zählweise, die allerdings nur bis 10 geht. Das entsprechende Fragepronomen ist いくつ **ik$_u$tsu** *wie viele*:

1	一つ	**h$_i$totsu**	6	六つ	**muttsu**
2	二つ	**f$_u$tatsu**	7	七つ	**nanatsu**
3	三つ	**mittsu**	8	八つ	**yattsu**
4	四つ	**yottsu**	9	九つ	**kokonotsu**
5	五つ	**its$_u$tsu**	10	十	**tō**

Anmerkung 1: Das japanische System besteht eigentlich schon aus der japanischen Lesung der Zahlen und dem Zähleinheitswort つ **tsu**.

Anmerkung 2: Diese Zählweise kann man zur Not auch verwenden, wenn einem das Zähleinheitswort für das zu zählende Objekt entfallen ist.

2. Im Satz sieht das wie folgt aus (vgl. auch § 48):

小さい窓が二つある。 **Chiisai mado ga f$_u$tatsu aru.**	Es gibt zwei kleine Fenster.

3. Bei Mengenangaben über 10 verwendet man das sino-japanische System (vgl. § 47):

部屋は十四もある。 **Heya wa jūyon mo aru.**	Es gibt sogar 14 Zimmer.

Die sino-japanische Zählweise 47

1. Für das rein mathematische Zählen (Durchzählen) und bei der Angabe von Telefonnummern benutzt man das sino-japanische System:

1	一	**ichi**	8	八	**hachi**
2	二	**ni**	9	九	**kyū, ku**
3	三	**san**	10	十	**jū**
4	四	**shi**	...		
5	五	**go**	100	百	**hyaku**
6	六	**roku**	1000	千	**sen**
7	七	**shichi**	10000	一万	**ichiman**

Anmerkung: Zahlen können mit Kanji oder mit arabischen Ziffern geschrieben werden.

2. Aus den Zahlen 1-10 kann man alle höheren Zahlen kombinieren:

11	= 10 + 1	十一	**jūichi**
12	= 10 + 2	十二	**jūni**
20	= 2 x 10	二十	**nijū**
30	= 3 x 10	三十	**sanjū**
43	= 4 x 10 + 3	四十三	**yonjūsan**
125	= 100 + 2 x 10 + 5	百二十五	**hyaku nijūgo**
269	= 2 x 100 + 6 x 10 + 9	二百六十九	**nihyaku rokujūkyū**

3. Aufpassen sollte man bei den Zahlen 4 und 7, bei denen häufig die rein japanische Lesung よ/よん **yo/yon** bzw. なな **nana** verwendet wird. Für 9 existiert neben きゅう **kyū** auch die lautliche Variante く **ku**:

14	**jūyon**	17	**jūnana**	19	**jūkyū, jūku**
40	**yonjū**	70	**nanajū**	90	**kyūjū**
400	**yonhyaku**	700	**nanahyaku**	900	**kyūhyaku**

Anmerkung: Die sino-japanische Lesung für 4, **shi**, kann auch *Tod* bedeuten und wird daher vermieden.

48 Zeit- und Mengenangaben

1. Wenn man Gegenstände zählen will, so muss man zum einen den jeweiligen Gegenstand aufgrund seiner Form oder Beschaffenheit einer Klasse zuordnen, für die es ein Zähleinheitswort (助数詞 **josūshi**) gibt. Hier die gängigsten Zähleinheitswörter:

Mengenangaben		
-人	**-nin**	für Personen
-本	**-hon**	für lange, dünne Gegenstände wie Schirme, Kulis, Schlüssel oder Flaschen
-枚	**-mai**	für flache Gegenstände wie Blätter, Fotos, Kopien oder Teller
-冊	**-satsu**	für Bücher
-頭	**-tō**	für größere Tiere
-匹	**-hiki**	für (kleine) Tiere wie Hunde, Fische, Insekten
-羽	**-wa**	für Vögel und Kaninchen
-杯	**-hai**	für Getränke: *Tassen, Gläser voll ..*
-足	**-soku**	für Schuhe und Strümpfe: *... Paar*
-台	**-dai**	für Autos, Elektroartikel und Maschinen
-個	**-ko**	für kleine runde Gegenstände wie Äpfel, Tabletten
-階	**-kai**	für Etagen
-回	**-kai**	für Häufigkeit: ... *Mal*
-度	**-do**	für Häufigkeit: ... *Mal*
-歳/-才	**-sai**	für Altersangaben ... *Jahre alt*
-泊	**-haku**	für Übernachtungen

Anmerkung 1: Es soll im Buddhismus verboten gewesen sein, das Fleisch von Vierfüßlern zu essen. Daher zählte man Kaninchen zu den Vögeln und umging das Problem somit elegant.

Anmerkung 2: Ausnahmen bilden 一人 **hitori** *eine Person* und 二人 **futari** *2 Personen*. Ab 3 wird die sino-japanische Zählweise verwendet und das Zeichen 人 als **nin** gelesen.

2. Die Zähleinheitswörter für Zeitangaben lauten:

Zeitangaben		
-秒	**-byō**	Sekunden
-分	**-fun**	Minuten
-時	**-ji**	Uhr
-時間	**-jikan**	Stunden (lang)
-日	**-nichi**	Tageszählung
-週間	**-shūkan**	Wochen (lang)
-月	**-gatsu**	Monatsnamen (z.B. 一月 **ichigatsu** Januar)
-ヶ月	**-kagetsu**	Monate (lang)
-年	**-nen**	Jahr(eszahlen)
-年間	**-nenkan**	Jahre lang

3. Die Tageszählung bis zum 10. Tag und für den 14., 20., und 24. ist sehr unregelmäßig. Für alle übrigen Tage verwendet man die sino-japanische Zählweise zusammen mit dem Zähleinheitswort -日 **-nichi**:

一日	**tsuitachi**	der 1. (eines Monats)
二日	**f$_{u}$ts$_{u}$ka**	der 2.
三日	**mikka**	der 3.
四日	**yokka**	der 4.
五日	**its$_{u}$ka**	der 5.
六日	**muika**	der 6.
七日	**nanoka**	der 7.
八日	**yōka**	der 8.
九日	**kokonoka**	der 9.
十日	**tōka**	der 10.
十四日	**jūyokka**	der 14.
二十日	**hats$_{u}$ka**	der 20.
二十四日	**nijūyokka**	der 24.

4. Zahl und Zähleinheitswort bilden ein einziges Wort. Treffen die Zahlen 1, 3, 6, 8 oder 10 bzw. das Fragepronomen 何 **nan** auf ein Zähleinheitswort, das auf **k-**, **s-**, **t-** oder **h-**, **f-** bzw. **p-** anlautet, so kommt es zu lautlichen Veränderungen. Es gelten die folgenden Regeln:

	+ k-	**+ s-**	**+ t-**	**+ h-/f-/p-**
1 **ichi**	**ikk-**	**iss-**	**itt-**	**ipp-**
3 **san**				**sanb-**
6 **roku**	**rokk-**			**ropp-**
8 **hachi**	**hakk-**	**hass-**	**hatt-**	**happ-**
10 **jū**	**jukk-**	**juss-**	**jutt-**	**jupp-**
何 **nani**				**nanb-**

Anmerkung: Bei den Zahlen mit 10 gibt es statt **ju** auch die Lesung **ji**.

5. Am konkreten Beispiel sieht das wie folgt aus:

	-個 **-ko** Stück	-歳/-才 **-sai** Alter	-分 **-fun** Minuten
1 **ichi**	一個 **ikko**	一才 **issai**	一分 **ippun**
2 **ni**	二個 **niko**	二才 **nisai**	二分 **nifun**
3 **san**	三個 **sanko**	三才 **sansai**	三分 **sanpun**
4 **yo/yon**	四個 **yonko**	四才 **yonsai**	四分 **yonpun**
5 **go**	五個 **goko**	五才 **gosai**	五分 **gofun**
6 **roku**	六個 **rokko**	六才 **rok$_u$sai**	六分 **roppun**
7 **nana**	七個 **nanako**	七才 **nanasai**	七分 **nanafun**
8 **hachi**	八個 **hach$_i$ko/** **hakko**	八才**hassai**	八分 **happun**
9 **kyū/ku**	九個 **kyūko**	九才 **kyūsai**	九分 **kyūfun**
10 **jū**	十個 **jukko**	十才 **jussai**	十分 **juppun**
何 **nani**	何個 **nanko**	何才 **nansai**	何分 **nanpun**

Anmerkung: 何 wird vor stimmlosen Konsonanten als **nan** ausgesprochen.

6. Eine Mengenangabe ist formal ein Substantiv. Um einen Gegenstand zu zählen, bestimmt man das Substantiv, das den Gegenstand beschreibt, mit der Mengenangabe näher. Man stellt die Mengenangabe also vor das Substantiv, auf das sie sich bezieht, und verbindet beide Substantive mit の **no**:

七人の侍 **shichinin no samurai**	die sieben Samurai
やがて二台のバスがきた。 **Yagate nidai no basu ga kita.**	Bald darauf kamen zwei Busse.
千人の患者がいるようだ。 **Sennin no kanja ga iru yō da.**	Es gibt vermutlich 1000 Patienten.

7. Ist das Substantiv, auf das sich die Mengenangabe bezieht, Subjekt oder direktes Objekt eines Satzes, so kann die Mengenangabe auch dahinter stehen. Sie wird dann mit keiner Partikel versehen:

椅子が二つ置いてある。 **Isu ga futatsu oite aru.**	Es gibt zwei Stühle.
本を三冊読みました。 **Hon o san-satsu yomimashita.**	Ich habe 3 Bücher gelesen.
大人の切符を二枚下さい。 **Otona no kippu o ni-mai kudasai.**	Bitte zwei Fahrscheine für Erwachsene.

Ungefähre Angaben 49

1. Ungefähre Mengen- und Zeitdauerangaben macht man, indem man くらい **kurai** oder ほど **hodo** dahinter stellt:

はがきは 200枚ほどあります。 **Hagaki wa nihyaku-mai hodo arimasu.**	Es sind ungefähr 200 Postkarten.
一時間くらいかかります。 **Ichi-jikan kurai kakarimasu.**	Es dauert circa 1 Stunde.

Anmerkung: ぐらい **gurai** ist die lautliche Variante von くらい **kurai**.

2. Man kann auch およそ **oyoso** oder 約 **yaku** davor stellen:

約200人が集まった。 **Yaku nihyaku-nin ga atsumatta.**	Es versammelten sich ungefähr 200 Leute.
およそ2万円が必要です。 **Oyoso nimanen ga hitsuyō desu.**	Wir brauchen circa 20.000 Yen.

3. Für ungefähre Zeitpunktangaben verwendet man ごろ **goro**:

何時ごろに行きますか。 **Nanji goro ni ikimasu ka.**	Um circa wie viel Uhr fährst du?
四時ごろでしょう。 **Yoji goro deshō.**	Es wird ungefähr 4 Uhr sein.

50 Ordinalzahlen

1. Ordinalzahlen bildet man, indem man -目 **-me** hinter die japanische Zahl bzw. die Mengenangabe stellt:

三つ目	**mittsume**	der dritte
２人目	**futari-me**	die zweite Person
三回目	**sankai-me**	das dritte Mal
一日目	**ichinichi-me**	der erste Tag
五枚目	**gomai-me**	das fünfte (Papier, Foto)
２台目	**nidai-me**	das zweite (Gerät)

2. Man kann auch 第- **dai**- vor sino-japanische Mengenangaben stellen. 第- **dai**- ist formeller:

第一回	**dai-ikkai**	das erste Mal
第一番	**dai-ichiban**	der/die/das erste
第二課	**dai-nika**	die zweite Lektion
第１次世界大戦	**dai-ichiji sekai taisen**	der erste Weltkrieg
第１５回大会	**dai-jūgokai taikai**	die 15. Jahrestagung

Kapitel 10 Die Funktionspartikeln

Vorbemerkung 51

1. Funktionspartikeln (格助詞 **kakujoshi**) sind unveränderbare Wörter, die weniger inhaltlichen, als vielmehr funktionalen Charakter haben. Funktionspartikeln regeln im Japanischen die Funktion der Satzglieder im Satz – markieren also ein Substantiv als Subjekt oder Objekt. Partikeln stehen immer nach dem Substantiv, auf das sie sich beziehen. Daher werden sie auch Postpositionen genannt.

2. Man kann zwei Sorten von Funktionspartikeln unterscheiden: Zum einen が **ga** und を **o**, die dem vorangehenden Substantiv die syntaktischen Funktionen Subjekt bzw. Objekt zuweisen. Die beiden Partikeln sind die „Schwächlinge“, d.h., sie werden vor den Diskurspartikeln gerne weggelassen.

3. Zum anderen gibt es die Partikeln に **ni**, で **de**, から **kara**, まで **made** und へ **e**, deren Bedeutung sich je nach dem vorangehenden Substantiv ändert. An diese Funktionspartikeln werden die Diskurspartikeln hinten angehängt.

の no 52

Die Partikel の **no** zeigt an, dass das vorangehende Substantiv das nachfolgende näher bestimmt (vgl. ausführlicher § 23):

父の時計	**ch$_i$chi no tokei**	die Uhr meines Vaters
先生の鉛筆	**sensei no enp$_i$tsu**	der Bleistift des Lehrers
私の教科書	**watashi no kyōkasho**	mein Lehrbuch
日本語の本	**nihongo no hon**	ein japanisches Buch
ドイツのチーズ	**doitsu no chīzu**	deutscher Käse
机の上	**ts$_u$kue no ue**	die Oberseite des Tisches

が **ga**

53 Subjekt

Die Partikel が **ga** wird verwendet,

1. um das Subjekt eines Hauptsatzes zu markieren, wenn dieses noch nicht bekannt ist, also zum ersten Mal erwähnt wird:

さっき、学生が来ました。 **Sakki, gakusei ga kimashita.**	Eben ist ein Student gekommen.
この近くに電話がありますか。 **Kono chikaku ni denwa ga arimasu ka.**	Gibt es hier in der Nähe ein Telefon?
事故が起こりました。 **Jiko ga okorimashita.**	Es ist ein Unfall passiert.

Anmerkung 1: Die Funktion von が **ga**, etwas als unbekannt zu kennzeichnen, enspricht dem deutschen unbestimmten Artikel *ein /eine /einer*.

Anmerkung 2: Ist im weiteren Gesprächsverlauf von demselben Subjekt die Rede, wird es zum Thema, zur zentralen Information, und mit は **wa** (vgl. § 77) markiert.

2. um das Subjekt von Wetterausdrücken zu markieren:

雨が降っています。 **Ame ga futte imasu.**	Es regnet.
風が吹いています。 **Kaze ga fuite imasu.**	Es windet.
雪が降っています。 **Yuki ga futte imasu.**	Es schneit.

3. um ein Fragepronomen in Subjektposition bzw. das Subjekt im Antwortsatz zu kennzeichnen:

誰が来ましたか。 **Dare ga kimashita ka.**	Wer ist gekommen?

何時がいいですか。 **Nanji ga ii des$_u$ ka.** A: あそこには何がありますか。. B:ピアノがあります。 A: **Asoko ni wa nani ga arimas$_u$ ka** B: **Piano ga arimas$_u$.**	Welche Uhrzeit passt Ihnen? A: Was gibt es dort? B: Es gibt ein Klavier.

Anmerkung: Dass Fragepronomina in Subjektposition mit が **ga** gekennzeichnet werden müssen, liegt in ihrer Natur: Mit Fragepronomina wird nach neuer Information gefragt.

4. um das Subjekt in Nebensätzen zu markieren:

先生は川端が書いた本を紹介した。 **Sensei wa kawabata ga kaita hon o shōkai sh$_i$ta.** これは父がくれた時計です。 **Kore wa ch$_i$chi ga kureta tokei des$_u$.** お父さんが帰ってから、夕飯を食べましょう。 **O-tōsan ga kaette kara, yūhan o tabemashō.**	Der Dozent stellte ein Buch vor, das Kawabata geschrieben hat. Das ist die Uhr, die mir mein Vater geschenkt hat. Lasst uns zu Abend essen, wenn unser Vater heimgekommen ist.

Anmerkung: Nebensatzsubjekte können nie mit der Themapartikel は **wa** markiert werden, da Nebensätze keine thematisch wichtige Information enthalten.

5. Pronomina wie 私 **watashi** *ich* oder あなた **anata** *du* als Hauptsatzsubjekt werden seltener mit が **ga** markiert, es sei denn, sie werden besonders, als neue Information betont:

ケーキは私が食べた。 **Kēki wa watashi ga tabeta.** この車はあなたが買ったの。 **Kono kuruma wa anata ga katta no.**	Den Kuchen habe ICH gegessen. Hast DU dieses Auto gekauft?

54 Direktes Objekt

Man verwendet が **ga**, um das direkte Objekt von bestimmten Verben und Adjektiven zu kennzeichnen. Es handelt sich dabei um Ausdrücke der Fähigkeit (vgl. §§ 130-133), des Wünschens bzw. des Wollens (vgl. §§ 142 u. 172.2):

日本語が分かる	**nihongo ga wakaru**	Japanisch verstehen
日本語ができる	**nihongo ga dekiru**	Japanisch können
お金が欲しい	**o-kane ga hoshii**	sich Geld wünschen
寿司が食べたい	**sushi ga tabetai**	Sushi essen wollen

を o

55 Direktes Objekt

1. Mit der Partikel を **o** kennzeichnet man das direkte Objekt eines Verbs, also den Gegenstand, der von der Handlung unmittelbar betroffen ist:

(私は)本を読みます。 **(Watashi wa) hon o yomimasu.**	Ich werde ein Buch lesen.
牛乳を買いましたか。 **Gyūnyū o kaimashita ka.**	Haben Sie Milch gekauft?
この薬を飲んでください。 **Kono kusuri o nonde kudasai.**	Nehmen Sie bitte diese Medizin ein.

2. Die Sprachen unterscheiden sich darin, welche Verben transitiv sind. Einige im Japanischen transitive Verben sind im Deutschen intransitiv:

人を待つ	**hito o matsu**	auf eine Person warten
会社を休む	**kaisha o yasumu**	nicht zur Arbeit gehen
人を指す	**hito o sasu**	auf jdn. zeigen
仕事を手伝う	**shigoto o tetsudau**	bei der Arbeit helfen
日を間違える	**hi o machigaeru**	sich im Tag irren

3. Deutsche transitive Verben können im Japanischen intransitiv sein:

人に会う	**hito ni au**	jdn. treffen
試合に勝つ	**shiai ni katsu**	das Spiel gewinnen

Zurückgelegter Weg 56

Bewegungsverben nehmen die Partikel を **o** zu sich, um den zurückgelegten Weg zu kennzeichnen (Unterschied zu に **ni** vgl. § 59.5):

バスを降りる	**basu o oriru**	aus dem Bus steigen
家を出る	**ie o deru**	aus dem Haus gehen
公園を歩く	**kōen o aruku**	im Park spazieren gehen

に ni

Ortsangabe 57

1. Man verwendet に **ni** nach einem Substantiv, das den Ort, an dem sich jemand oder etwas befindet, beschreibt. に **ni** wird also nur zusammen mit Zustandsverben (vgl. § 102.1) verwendet:

本棚に本があります。 **Hondana ni hon ga arimasu.**	Im Regal steht ein Buch.
食堂に学生がいますか。 **Shokudō ni gakusei ga imasu ka.**	Sind in der Mensa Studenten?
先生は教室にいらっしゃいます。 **Sensei wa kyōshitsu ni irasshaimasu.**	Der Professor ist im Seminarraum.

Anmerkung: Der Ort, an dem eine Handlung ausgeführt wird, wird mit der Partikel で **de** (vgl. § 63) markiert.

2. Normalerweise steht die Ortsangabe im Satz vor dem Subjekt:

ここに本があります。 **Koko ni hon ga arimasu.**	Hier liegt ein Buch.

教室に学生がいます。 **Kyōsh$_{i}$tsu ni gak$_{u}$sei ga imas$_{u}$.**	Im Unterrichtsraum sind Studenten.
ここにお手洗いがあります。 **Koko ni o-tearai ga arimas$_{u}$.**	Hier gibt es eine Toilette.

3. Ist das Subjekt des Satzes gleichzeitig auch das Thema des Gesprächs und mit der Partikel は **wa** markiert, so wandert es an den Satzanfang, und die Ortsangabe steht dahinter:

学生は教室にいます。 **Gak$_{u}$sei wa kyōsh$_{i}$tsu ni imas$_{u}$.**	Die Studenten sind im Unterrichtsraum.
お手洗いはここにあります。 **O-tearai wa koko ni arimas$_{u}$.**	Die Toiletten sind hier.

4. Exakte Beziehungen wie *auf*, *unter* etc. drückt man mithilfe der Relationssubstantive (vgl. § 26) und der Partikel に **ni** aus. Den Bezugsgegenstand stellt man vor das Relationssubstantiv, er wird mit の **no** angeschlossen:

ベッドの上に	**beddo no ue ni**	auf dem Bett
図書館の外に	**toshokan no soto ni**	außerhalb der Bibliothek
机の下に	**ts$_{u}$kue no sh$_{i}$ta ni**	unter dem Tisch

58 Zeitangabe

1. Mit に **ni** markiert man den Zeitpunkt einer Handlung, eines Ereignisses oder eines Zustands. に **ni** steht nur nach genauen Zeitpunktangaben, wie Wochentagen oder Uhrzeit- und Datumsangaben. Auch die entsprechenden Fragewörter müssen mit der Partikel versehen werden:

授業は一日に始まります。 **Jugyō wa tsuitachi ni hajimarimas$_{u}$.**	Der Unterricht fängt am 1. an.
六時に来てください。 **Rokuji ni k$_{i}$te kudasai.**	Kommen Sie bitte um 6 Uhr.

月曜日に授業があります。 **Getsuyōbi ni jugyō ga arimas$_u$.**	Am Montag habe ich Unterricht.
何年に生まれましたか。 **Nannen ni umaremash$_i$ta ka.**	In welchem Jahr sind Sie geboren?

2. Nach Jahreszeitennamen ist に **ni** optional:

冬に雪が降る。 **Fuyu ni yuki ga furu.**	Im Winter schneit es.
冬は雪が降る。 **Fuyu wa yuki ga furu.**	Im Winter schneit es.

3. Nach relativen Zeitangaben wie 今日 **kyō** *heute*, die sich je nach Redesituation auf einen anderen Tag oder ein anderes Jahr beziehen können, steht keine Partikel. Das Fragepronomen いつ **itsu** *wann* steht ebenfalls ohne に **ni**:

私はあした京都に行きます。 **Watashi wa ash$_i$ta kyōto ni ikimas$_u$.**	Ich fahre morgen nach Kyoto.
きのう何をしましたか。 **Kinō nani o shimash$_i$ta ka.**	Was hast du gestern gemacht?
今、お時間がありますか。 **Ima, o-jikan ga arimas$_u$ ka.**	Haben Sie jetzt Zeit?

4. Nach Zeitdauerangaben (z.B. *einen Tag lang*) steht keine Partikel:

一時間待っていました。 **Ichijikan matte imash$_i$ta.**	Ich habe eine Stunde gewartet.
2日間会社を休んでしまった。 **F$_u$ts$_u$kakan kaisha o yasunde shimatta.**	Ich war zwei Tage nicht in der Firma.
３年間英語を勉強していた。 **Sannenkan eigo o benkyō sh$_i$te ita.**	Ich hatte drei Jahre Englisch gelernt.

5. Um anzugeben, wie oft eine Tätigkeit in einem gewissen Zeitrahmen ausgeführt wird, verwendet man die Konstruktion <Zeitrahmen に **ni** Häufigkeit>:

一日に３回歯を磨きます。 **Ichinichi ni sankai ha o migakimas**$_u$**.**	Ich putze mir täglich drei Mal die Zähne.
一週間に一回部屋を掃除する。 **Isshūkan ni ikkai heya o sōji suru.**	Ich putze einmal die Woche mein Zimmer.

59 Zielangabe

1. に **ni** verwendet man, um das Ziel einer Bewegung oder Veränderung zu markieren:

(私は)京都に行きます。 **(Watashi wa) kyōto ni ikimas**$_u$**.**	Ich werde nach Kyoto gehen.
家に来てください。 **Uchi ni k**$_i$**te kudasai.**	Kommen Sie bitte zu mir nach Hause.
由美子は先生になった。 **Yumiko wa sensei ni natta.**	Yumiko wurde Lehrerin.
夢は現実になっています。 **Yume wa genjitsu ni natte imas**$_u$**.**	Der Traum ist Wirklichkeit geworden.

Anmerkung: Eine mit に **ni** markierte Zielangabe kann nie attributiv vor einem anderen Substantiv verwendet werden (vgl. へ **e** § 72.3).

2. Manche Handlungs- oder Ereignisverben verlangen に **ni**. Es handelt sich dabei um eine Zielpunktangabe, keine Ortsangabe:

床に寝る	**yuka ni neru**	auf dem Boden schlafen
ホールに集まる	**hōru ni atsumaru**	sich in der Halle versammeln
町に住む	**machi ni sumu**	in der Stadt wohnen
パリに生まれた	**pari ni umareta**	in Paris geboren worden sein
海に沈む	**umi ni shizumu**	im Meer untergehen

3. Im Deutschen können auch Personen das Ziel einer Bewegung sein (z.B. *zu einem Freund gehen*). Im Japanischen muss man solche Zielangaben mithilfe der Relationssubstantive ところ **tokoro** *Ort* oder 家 **ie** *Haus* umschreiben:

友達の家に行く。	Ich gehe zu meinem Freund.
Tomodachi no ie ni iku.	
友達のところに行く。	Ich gehe zu meinem Freund.
Tomodachi no tokoro ni iku.	

4. Das Ziel der Bewegung kann auch eine Tätigkeit sein. Diese wird durch ein Verb in der **i**-Stufe (連用形 **renyōkei**) ausgedrückt:

(私は)食べに行く。	Ich gehe zum Essen.
(Watashi wa) tabe ni iku.	
今日は飲みに行けませんが ...	Ich kann heute nicht mit einen
Kyō wa nomi ni ikemasen ga ...	Trinken gehen ...
遊びに来てください。	Kommen Sie mal bei uns vor-
Asobi ni k$_i$te kudasai.	bei.

5. Bei einigen Bewegungsverben können sowohl に **ni** als auch を **o** stehen. Die beiden Verwendungen haben jedoch unterschiedliche Bedeutungsnuancen: に **ni** betont den Zielpunkt, を **o** den zurückgelegten Weg (vgl. § 55):

山に登る	**yama ni noboru**	auf den Berg steigen
山を登る	**yama o noboru**	den Berg besteigen
外に出る	**soto ni deru**	nach draußen gehen
家を出る	**ie o deru**	das Haus verlassen
駅に降りる	**eki ni oriru**	am Bahnhof aussteigen
電車を降りる	**densha o oriru**	aus dem Zug aussteigen

60 Indirektes Objekt

1. Man verwendet に **ni**, um das Ziel einer Handlung, das indirekte Objekt, zu markieren:

田中さんにプレゼントを渡した。 **Tanaka-san ni purezento o watashita.**	Ich habe das Geschenk Herrn Tanaka überreicht.
友だちにこの絵を見せた。 **Tomodachi ni kono e o miseta.**	Ich habe meiner Freundin das Bild gezeigt.
先生は学生に質問しました。 **Sensei wa gakusei ni shitsumon shimashita.**	Der Lehrer stellte den Studenten Fragen.
親に相談しなければならない。 **Oya ni sōdan shinakereba naranai.**	Ich muss das mit meinen Eltern besprechen.

2. Die Partikel に **ni** kann auch bei Adjektiven vorkommen, die eine Haltung, ein Gefühl, eine Fähigkeit oder Notwendigkeit ausdrücken:

彼女は子供に親切です。 **Kanojo wa kodomo ni shinsetsu desu.**	Sie ist nett zu Kindern.
今の生活に満足ですか。 **Ima no seikatsu ni manzoku desu ka.**	Sind Sie mit Ihrem jetzigen Leben zufrieden?
あの人は歴史に詳しい。 **Ano hito wa rekishi ni kuwashii.**	Er kennt sich gut in Geschichte aus.
この製品はお掃除に便利です。 **Kono seihin wa o-sōji ni benri desu.**	Dieses Produkt ist gut zum Putzen.

3. Bei einigen Verben und Adjektiven kann man das Ziel der Handlung auch mit der Partikel と **to** *mit* anschließen. Wenn man に **ni** verwendet, hat die Handlung einseitigen Charakter; dagegen betont と **to** die Wechselseitigkeit der Handlung:

人に話す	**hito ni hanasu**	jemanden sprechen
人と話す	**hito to hanasu**	mit jemandem sprechen

人に会う	**hito ni au**	jemanden treffen
人と会う	**hito to au**	sich mit jemandem treffen
物に比べる	**mono ni kuraberu**	mit etwas vergleichen
物と比べる	**mono to kuraberu**	miteinander vergleichen
母に似ている	**haha ni nite iru**	meiner Mutter ähneln
母と似ている	**haha to nite iru**	
これに等しい	**kore ni hitoshii**	diesem ebenbürtig sein
これと等しい	**kore to hitoshii**	

Urheber einer Handlung 61

Mit に **ni** wird der Ursprung, der Auslöser einer Handlung markiert. に **ni** entspricht dann der deutschen Präposition *von*. In dieser Bedeutung kommt に **ni** bei den Verben des Bekommens (vgl. § 110) und in Passivkonstruktionen (vgl. § 138) vor:

(私は)田中さんにお花をもらいました。 **(Watashi wa) tanaka-san ni o-hana o moraimashita.**	Ich habe von Herrn Tanaka Blumen bekommen.
この本は鈴木先生にいただきました。 **Kono hon wa suzuki-sensei ni itadakimashita.**	Dieses Buch habe ich von Herrn Suzuki bekommen.
弟は母に叱られた。 **Otōto wa haha ni shikarareta.**	Mein kleiner Bruder wurde von meiner Mutter ausgeschimpft.
姉と私は父に呼ばれました。 **Ane to watashi wa chichi ni yobaremashita.**	Meine Schwester und ich wurden von meinem Vater (zu sich) gerufen.

Anmerkung: Den Ursprung einer Handlung kann man auch mit der Partikel から **kara** markieren, に **ni** ist jedoch häufiger.

62 Auslöser eines Gefühls

Mit に **ni** wird das auslösende Moment für ein Gefühl markiert:

熱心さに驚いた。 **Nesshinsa ni odoroita.**	Ich war von dem Eifer überrascht.
彼の態度に失望する。 **Kare no taido ni shitsubō suru.**	Ich verzweifle an seiner Haltung.

で de

63 Ortsangabe

Um den Ort zu kennzeichnen, an dem eine Handlung stattfindet, verwendet man で **de**. Die Partikel kommt nur zusammen mit Handlungsverben vor:

本屋で本を買います。 **Honya de hon o kaimasu.**	In einer Buchhandlung kauft man Bücher.
食堂で昼ご飯を食べた。 **Shokudō de hirugohan o tabeta.**	Ich aß in der Mensa zu Mittag.
電車の中で漫画を読む。 **Densha no naka de manga o yomu.**	Ich lese in der Bahn Comics.
筆はどこで売っているの。 **Fude wa doko de utte iru no.**	Wo werden denn Pinsel verkauft?
明子はベッドの上で寝ていました。 **Akiko wa beddo no ue de nete imashita.**	Akiko lag schlafend auf dem Bett.

Anmerkung 1: Um räumliche Beziehungen wie *auf*, *unter* etc. auszudrücken, verwendet man Relationssubstantive wie 上 **ue** *Oberraum* (vgl. § 26) zusammen mit der Partikel で **de**.

Anmerkung 2: Um den Ort eines Zustands zu kennzeichnen, benutzt man die Partikel に **ni** (vgl. § 57).

Mittel 64

Mit で **de** kann man auch das Mittel oder Instrument einer Handlung kennzeichnen:

（私は）バスで行きます。	Ich fahre mit dem Bus.
(Watashi wa) basu de ikimasu.	
この本を英語で読みました。	Ich habe dieses Buch auf Eng-
Kono hon o eigo de yomimashita.	lisch gelesen.
鉛筆で書いてください。	Bitte schreiben Sie mit einem
Enpitsu de kaite kudasai.	Bleistift.

Mengenbegrenzung 65

1. で **de** dient dazu, eine Mengenbegrenzung zu markieren:

全部で１０００円です。	Insgesamt macht das 1000
Zenbu de senen desu.	Yen.
３人で出かけました。	Wir sind zu dritt ausgegangen.
Sannin de dekakemashita.	
バス3台で行きます。	Wir fahren mit drei Bussen.
Basu sandai de ikimasu.	
これでいいですか。	Ist das so in Ordnung?
Kore de ii desu ka.	

2. Einermengen werden normalerweise nicht mit で **de** markiert:

ばらの花は一本100円です。	Eine Rose kostet 100 Yen.
Bara no hana wa ippon hyakuen desu.	
料金は一日千円と書いてある。	Es steht geschrieben, dass die
Ryōkin wa ichinichi senen to kaite	Gebühren für einen Tag 1000
aru.	Yen betragen.

Anmerkung: 一人で **hitori de** *alleine* stellt eine Ausnahme dar.

66 Grund

Mit der Partikel で **de** kann man auch einen Grund für eine Handlung kennzeichnen. Der Grund ist immer ein Ereignis:

潤子は風邪で来られない。 **Junko wa kaze de korarenai.**	Junko kann wegen einer Erkältung nicht kommen.
富士山は雪で登れません。 **Fujisan wa yuki de noboremasen.**	Den Fujiyama kann man wegen Schneefalls nicht besteigen.

Anmerkung: Bezeichnet das Substantiv einen Gegenstand oder eine Person, verwendet man のために **no tame ni** (vgl. § 205).

67 Material

Um das Ausgangsmaterial, den Rohstoff, zu kennzeichnen, aus dem man etwas herstellt, verwendet man ebenfalls で **de**. Das Ausgangsmaterial kann seinen (Aggregat)Zustand ändern. Darin ähnelt で **de** der Partikel から **kara** (vgl. § 69). Das Ausgangsmaterial kann aber auch gleich bleiben:

母はイチゴでジャムを作った。 **Haha wa ichigo de jamu o ts$_{u}$kutta.**	Meine Mutter machte von Erdbeeren Marmelade.
日本人は家を木で作ります。 **Nihonjin wa ie o ki de ts$_{u}$kurimas$_{u}$.**	Japaner bauen Häuser aus Holz.

から **kara**

68 Ursprung

1. Man benutzt から **kara** *von* um den Ausgangsort einer Bewegung zu markieren:

ここから東京に行きます。 **Koko kara tōkyō ni ikimas$_{u}$.**	Von hier aus werde ich nach Tokio fahren.

京都駅から車で5分かかります。 **Kyōto eki kara kuruma de gofun kakarimasu.**	Vom Bahnhof Kyoto dauert es mit dem Auto 5 Minuten.

2. から **kara** dient auch dazu, den zeitlichen Anfang einer Handlung bzw. eines Zustands zu markieren:

二月から休みです。 **Nigatsu kara yasumi desu.**	Ab Februar sind Ferien.
２時から会議です。 **Niji kara kaigi desu.**	Ab zwei Uhr haben wir eine Besprechung.

3. から **kara** markiert auch den Anfang eines abstrakten Ereignisses:

誤解から喧嘩になりました。 **Gokai kara kenka ni narimashita.**	Aus einem Missverständnis wurde ein Streit.

4. から **kara** kann man zusammen mit der Partikel の **no** auch attributiv vor einem Substantiv verwenden. Dadurch wird die Beziehung zwischen den beiden Substantiven deutlicher:

佐藤さんからの手紙 **Satō-san kara no tegami**	der Brief von Frau Satō
東京からの電車 **tōkyō kara no densha**	der Zug aus Tokio

Ausgangsmaterial 69

Um den Rohstoff zu kennzeichnen, aus dem man etwas herstellt, verwendet man ebenfalls から **kara**. Das Ausgangsmaterial ändert seine Beschaffenheit dabei (vgl. で **de** § 67):

日本人は大豆から豆腐を作る。 **Nihonjin wa daizu kara tōfu o tsukuru.**	Japaner stellen aus Sojabohnen Tofu her.

きのう牛乳からバターを作った。 **Kinō gyūnyū kara batā o ts$_{u}$kutta.**	Gestern habe ich aus Milch Butter gemacht.

70 Verursacher

Die Partikel から **kara** verwendet man auch dazu, den Ursprung oder Auslöser einer Handlung zu markieren. In dieser Bedeutung kommt から **kara** bei den Verben des Bekommens (vgl. § 110) und in Passivkonstruktionen (vgl. § 138.3) von Verben des Gebens und des Mitteilens vor:

この花瓶は知り合いからもらいました。 **Kono kabin wa shiriai kara moraimash$_{i}$ta.**	Diese Vase bekam ich von einer Bekannten.
プレゼントは先生から子供に渡されました。 **Purezento wa sensei kara kodomo ni watasaremash$_{i}$ta.**	Die Geschenke wurden den Kindern vom Lehrer überreicht.
会社からクリスマスケーキが社員に配られました。 **Kaisha kara kuris$_{u}$mas$_{u}$ kēki ga shain ni kubararemash$_{i}$ta.**	Von der Firma wurden an die Angestellten Weihnachtskuchen verteilt.

Anmerkung: から **kara** wird in Passivkonstruktionen vor allem bei Verben des Gebens verwendet, bei denen die Partikel に **ni** schon als Markierung des Zielpunkts vergeben ist.

71 まで made

1. まで **made** *bis* (*inklusive*) markiert die zeitliche oder räumliche Begrenzung eines Ereignisses oder eine abstrakte Grenze:

駅までいくらですか。 **Eki made ikura des$_{u}$ ka.**	Wie viel kostet es bis zum Bahnhof?
東京から京都まで２時間かかります。 **Tōkyō kara kyōto made nijikan kakarimas$_{u}$.**	Von Tokio bis Kyoto braucht man 2 Stunden.

学校は１２時までです。 **Gakkō wa jūniji made desu.**	Die Schule geht bis 12 Uhr.
食堂は９時から８時まで開いている。 **Shokudō wa kuji kara hachiji made aite iru.**	Die Mensa ist von 9 Uhr bis 8 Uhr geöffnet.
子供から大人まで楽しみました。 **Kodomo kara otona made tanoshimimashita.**	Alle, von den Kindern bis hin zu den Erwachsenen, hatten ihre Freude damit.

Anmerkung: Da まで **made** die gesamte zeitliche Ausdehnung bis zu einem Zeitpunkt beschreibt, kommt die Partikel nur mit Verben vor, die eine zeitliche Dauer beschreiben, also mit Zustandsverben oder Handlungsverben in der **te iru-**Form.

2. Zusammen mit der Partikel の **no** kann man まで **made** auch attributiv vor einem Substantiv verwenden, um das Verhältnis zwischen beiden Substantiven deutlicher zu machen:

会社までの地図 **kaisha made no chizu**	der (Anfahrts)Plan bis zur Firma
4時までの注文 **yoji made no chūmon**	Bestellungen bis 4 Uhr

3. までに **made ni** bedeutet *bis spätestens* und kommt mit Verbformen vor, die keinen Zustand und keine Dauer ausdrücken, also mit Handlungs- oder Ereignisverben, die nicht in der **te iru**-Form stehen:

あしたまでに手紙を出します。 **Ashita made ni tegami o dashimasu.**	Spätestens morgen werde ich den Brief abschicken.
宿題は月曜日までにやらなければなりません。 **Shukudai wa getsuyōbi made ni yaranakereba narimasen.**	Die Hausaufgaben muss ich bis Montag gemacht haben.

72 へ e

1. Um die Richtung einer Bewegung zu markieren, verwendet man die Partikel へ **e**:

こちらへどうぞ。 **Kochira e dōzo.**	Bitte hier entlang.
(私は)京都へ行きます。 **(Watashi wa) kyōto e ikimas**$_{\text{u}}$**.**	Ich werde nach Kyoto gehen.
コンサートへ来ませんか。 **Konsāto e kimasen ka.**	Kommen Sie mit zum Konzert?
4時に東京へ出発します。 **Yoji ni tōkyō e sh**$_{\text{u}}$**ppatsu shimas**$_{\text{u}}$**.**	Er fliegt um 16 Uhr nach Tokio ab.

Anmerkung: へ **e** und に **ni** (vgl. § 59) sind in ihrer Bedeutung fast identisch, に **ni** betont den Zielpunkt, へ **e** die Richtung.

2. Ist eine Person das Ziel einer Bewegung, muss man solche Zielangaben mithilfe der Relationssubstantive ところ **tokoro** *Ort* oder 家 **ie** *Haus* umschreiben:

友達の家へ行きます。 **Tomodachi no ie e ikimas**$_{\text{u}}$**.**	Ich gehe zu einem Freund.
友達のところへ行く。 **Tomodachi no tokoro e iku.**	Ich gehe zu einem Freund.

3. Eine mit へ **e** markierte Richtungsangabe kann man zusammen mit der Partikel の **no** auch attributiv verwenden und ein Substantiv damit näher bestimmen:

京都へのバス	**kyōto e no basu**	der Bus nach Kyoto
関西への旅	**kansai e no tabi**	die Reise ins Kansai-Gebiet
環境への影響	**kankyō e no eikyō**	der Einfluss auf die Umwelt

Anmerkung: に **ni** (vgl. § 59) kann nicht attributiv verwendet werden.

と to 73

1. Die Partikel と **to** dient zum einen zur Aufzählung von Substantiven (vgl. § 19):

机と椅子があります。 **Ts$_{u}$kue to isu ga arimas$_{u}$.**	Es gibt Tische und Stühle.
私と姉が行きます。 **Watashi to ane ga ikimas$_{u}$.**	Ich und meine ältere Schwester werden gehen.

2. と **to** bedeutet ferner *mit* und kann durch 一緒に **issho ni** *zusammen* verstärkt werden:

雪子さんと一緒に帰った。 **Yukiko-san to issho ni kaetta.**	Ich ging (zusammen) mit Yukiko nach Hause.
母と暮らしてます。 **Haha to kurash$_{i}$te imas$_{u}$.**	Ich lebe mit meiner Mutter zusammen.
隣の子と遊んでいい？ **Tonari no ko to asonde ii?**	Darf ich mit dem Nachbarskind spielen?

3. Einige Verben und Adjektive verlangen, dass ihr Objekt mit と **to** angeschlossen wird:

敵と戦う	**teki to tatakau**	mit dem Feind kämpfen
日本と違う	**nihon to chigau**	sich von Japan unterscheiden
日本と比べる	**nihon to kuraberu**	mit Japan vergleichen
母と似ている	**haha to nite iru**	der Mutter ähneln
私のと同じ	**watashi no to onaji**	gleich wie meines
日本と等しい	**nihon to h$_{i}$toshii**	gleich wie Japan
人と話す	**h$_{i}$to to hanasu**	mit jemandem sprechen
母と相談する	**haha to sōdan suru**	mit der Mutter besprechen

Anmerkung: Statt と **to** kann man teilweise auch に **ni** verwenden. と **to** betont den wechselseitigen Charakter der im Verb ausgedrückten Handlung.

4. と **to** als Zitatpartikel (vgl. §§ 234-235) markiert den vorangehenden Satz als direkte oder indirekte Rede:

日本では食事の前に「いただきます」と言います。 **Nihon de wa shokuji no mae ni "itadakimas$_u$" to iimas$_u$.**	In Japan sagt man vor dem Essen „itadakimasu“.
「お元気ですか」と聞いてくれた。 **"O-genki des$_u$ ka" to kiite kureta.**	Er fragte mich: „Wie geht es Ihnen?“.
明子は知らないと答えた。 **Ak$_i$ko wa shiranai to kotaeta.**	Akiko antwortete, dass sie es nicht wisse.

74 Zusammengesetzte Partikeln

1. Neben den bisher aufgelisteten Funktionspartikeln gibt es auch neuere, zusammengesetzte Partikeln, die aus einer Funktionspartikel und meist einem Verb in der **te**-Form bestehen.

2. Die Partikeln stehen meistens nach Substantiven, teilweise können sie auch nach einem Verb bzw. Satz stehen und ähneln dann einer Konjunktion:

失業率の増加とともに **sh$_i$tsugyōritsu no zōka to tomo ni**	mit der Zunahme der Arbeitslosigkeit
失業率が高まるとともに **sh$_i$tsugyōritsu ga takamaru to tomo ni**	je mehr die Arbeitslosigkeit steigt

3. Teilweise können die Partikeln auch vor Substantiven stehen und diese dann bestimmen. Die Partikeln werden teilweise mit の **no** angeschlossen, oder aber das Verb, das Bestandteil der Partikel ist, steht in der Attributivform:

生活スタイルについての調査 **seikatsu s$_u$tairu ni tsuite no chōsa**	eine Erhebung bezüglich des Lebensstils

品質に関する質問 **hinshitsu ni kan suru shitsumon**	Fragen bezüglich der Qualität der Produkte
経験に基づいた方法 **keiken ni motozuita hōhō**	eine Methode, die auf Erfahrungen basiert

Übersicht über die zusammengesetzten Partikeln 75

Partikel	markiert:	Übersetzung
について **ni tsuite**	Gesprächsthema	über
に関して **ni kanshite**	Gesprächsthema	in Bezug auf, hinsichtlich
をめぐって **o megutte**	Thema der Auseinandersetzung	über, in punkto
に対して **ni taishite**	Gegenstand eines Gefühls, Haltung	gegenüber
と逆に **to gyaku ni**	Person, Richtung	entgegengesetzt zu
にしては **ni shitewa**	Person, Berufsbezeichnung	für einen ..., für jdn. wie ...
に代わって **ni kawatte**	Person, Gegenstand	anstelle
にとって **ni totte**	Person	für, aus der Perspektive von ...
によって **ni yotte**	Mittel, Methode	von, durch, mittels
を通して **o tōshite**	Mittel, Methode	durch, über

Partikel	markiert:	Übersetzung
に基づいて **ni motozuite**	Grundlage	gemäß, aufgrund
として **to sh$_i$te**	Funktion	als
と違って **to chigatte**	Personen, Dinge	im Unterschied zu
に比べて **ni kurabete**	Vergleichsobjekt	verglichen mit
と異なって **to kotonatte**	Vergleichsobjekt	im Unterschied zu
とともに **to tomo ni**	Veränderung, Wandel	im Zuge von
につれて **ni tsurete**	Veränderung, Wandel	im Zuge von
に応じて **ni ōjite**	Veränderung, Wandel	entsprechend
に沿って **ni sotte**	Weg, Richtlinie	entlang, entsprechend
にしたがって **ni sh$_i$tagatte**	Regel, Anweisung	folgend, entsprechend
に向かって **ni mukatte**	Richtung einer Bewe- gung	zugewandt, an
において **ni oite**	Zeit, Ort	in, bei
に当たって **ni atatte**	Ereignis	bei, anlässlich
に際して **ni sai sh$_i$te**	Ereignis	bei, anlässlich

Partikel	markiert:	Übersetzung
にかけて **ni kakete**	Zeitpunkt, Ortsangabe	bis
にわたって **ni watatte**	Zeitdauer, räumliches Gebiet	sich erstreckend über
にもかかわらず **nimo kakawarazu**	Hindernis	ungeachtet, trotz
をきっかけに(して) **o kikkake ni (shite)**	Zeitpunkt, Ereignis	anlässlich
をはじめ（として） **o hajime (to shite)**	erstes Element einer Aufzählung	angefangen bei
を中心に **o chūshin ni**	Zentrum	mit ... im Mittelpunkt, um
を経て **o hete**	Zwischenstopp, Route	über, via

Kapitel 11 Die Diskurspartikeln

76 Vorbemerkung

1. Diskurspartikeln (取り立て助詞 **toritate joshi**) markieren das vorangehende Substantiv als etwas aus der Situation Bekanntes. Oder sie geben an, dass ein vergleichbarer Gegenstand schon im Gespräch eingeführt wurde. Sie sind somit nur über den Kontext interpretierbar. Sie drücken auch die Einstellung des Sprechers zu dem Gesagten aus.

2. Diskurspartikeln sind gewissermaßen die Kannibalen unter den Partikeln. Steht eine Diskurspartikel hinter einem Substantiv, das Subjekt oder direktes Objekt ist und also mit der Funktionspartikel が **ga** bzw. を **o** markiert werden müsste, wird die Funktionspartikel getilgt. Alle anderen Funktionspartikeln sind stabil und bleiben erhalten.

3. Diskurspartikeln können nicht nur hinter Substantiven (+ Funktionspartikel) stehen, sondern auch hinter Verben und Adjektiven.

は **wa**

77 Die Themapartikel

1. Wir sprechen miteinander, weil wir neue Information austauschen oder zu bereits Bekanntem neue Information hinzufügen möchten. Zu Beginn eines Gesprächs kann ein Satz ausschließlich neue Information enthalten. In der Folge enthält jeder sinnvolle Text alte und neue Information:

Es war einmal ein Mädchen. Das Mädchen hieß Schneewittchen. Es lebte bei den Zwergen hinter den sieben Bergen.

Anmerkung: Im Deutschen dient der unbestimmte Artikel *ein/eine/ einer* zur Einführung von neuer Information. Mit dem bestimmten Artikel *der/die/das* und mit Pronomina wie *es* verweist man auf Bekanntes.

2. Vertauscht man die Satzglieder, die auf Schneewittchen verweisen, so erhält man keinen wirklich guten Text. Der Leser muss sehr viel Interpretationsarbeit leisten, um die einzelnen Informationen in einen sinnvollen Zusammenhang zu bringen. Es ist also wichtig, die Information in einem Diskurs als neu oder bekannt zu kennzeichnen:

Es war einmal es. Das Mädchen hieß Schneewittchen. Ein Mädchen lebte bei den Zwergen hinter den sieben Bergen.

3. Im Japanischen wird die alte, bekannte Information mit は **wa** gekennzeichnet. は **wa** steht nach dem Substantiv (+ Funktionspartikel), welches das Thema der aktuellen Gesprächsphase ist, das, worüber gesprochen wird. Sollte dies das Subjekt oder direkte Objekt sein, so fallen die Funktionspartikeln が **ga** bzw. を **o** aus. Das Thema steht immer am Satzanfang, alles was danach steht, ist neue Information zu diesem Thema:

昔々あるところに、お爺さんがいました。お爺さんは山へ行きました。 **Mukashi mukashi aru tokoro ni, o-jīsan ga imashita. O-jīsan wa yama e ikimashita.**	Es war einmal ein alter Mann. Der Mann ging in die Berge.
私の目の前で事故が起こった。その事故では女の子が怪我した。 **Watashi no me no mae de jiko ga okotta. Sono jiko de wa onna no ko ga kega shita.**	Vor meinen Augen geschah ein Unfall. Bei diesem Unfall wurde ein Mädchen verletzt.

4. Eigennamen, Personalpronomina wie 私 **watashi** *ich* und Zeigeausdrücke wie これ **kore** *dieses hier* stehen meistens mit は **wa**, auch wenn sie das erste Mal im Gespräch erwähnt werden, da die Personen oder Gegenstände, auf die sie verweisen, aus der Redesituation klar bestimmbar sind:

林さんは日本人です。 **Hayashi-san wa nihonjin desu.**	Herr Hayashi ist Japaner.

これはテレビです。 **Kore wa terebi des$_{u}$.**	Das ist ein Fernseher.
私は学生ではありません。 **Watashi wa gak$_{u}$sei dewa arimasen.**	Ich bin kein Student.

5. Das Thema fällt oft, jedoch nicht zwangsläufig, mit dem Subjekt eines Satzes zusammen. Prinzipiell kann jedes Satzglied Thema werden, also auch Objekte oder räumliche Angaben. Wird ein Satzglied thematisiert, so wandert es an den Satzanfang:

学生が図書館で本を読んでいる。 **Gak$_{u}$sei ga toshokan de hon o yonde-iru.**	Ein Student liest in einer Bibliothek ein Buch.
図書館では学生が本を読んでいる。 **Toshokan dewa gak$_{u}$sei ga hon o yonde iru.**	In der Bibliothek liest ein Student ein Buch.
本は学生が図書館で読んでいる。 **Hon wa gak$_{u}$sei ga toshokan de yonde-iru.**	Das Buch liest ein Student in der Bibliothek.

6. Auch ein Verb kann zum Thema des Satzes werden. Es wandert dann an den Satzanfang, und wird mit の **no** (vgl. § 28) substantiviert, denn vor der Themapartikel muss ein Substantiv stehen. An die Stelle des Verbs tritt der Platzhalter だ **da**/です **des$_{u}$** (vgl. § 100):

学校に通えない子どもがたくさんいます。学校に行けないのは、近くに学校がないからです。 **Gakkō ni kayoenai kodomo ga tak$_{u}$san imas$_{u}$. Gakkō ni ikenai no wa, ch$_{i}$kaku ni gakkō ga nai kara des$_{u}$.**	Es gibt viele Kinder, die nicht zur Schule gehen können. Dass sie nicht zur Schule gehen können, liegt daran, dass es in der Nähe keine Schule gibt.

<u>うちに帰ったのは</u>夜の１１時前だった。 **<u>Uchi ni kaetta no wa</u> yoru no jūichiji mae datta.**	<u>Heimgekommen</u> bin ich vor 11 Uhr abends.

Die Kontrastpartikel 78

1. Möchte man ein Satzglied in Kontrast zu einem anderen setzen, markiert man dieses Satzglied mit は **wa.** Als Kontrastmarker kommt は **wa** oft in verneinten Sätzen vor oder bei Satzverknüpfungen mit *aber*:

椅子はあります。机はありません。 **Isu wa arimasu. Tsukue wa arimasen.**	Es gibt Stühle. TISCHE gibt es nicht.
私は英語は上手ですが、日本語は下手です。 **Watashi wa eigo wa jōzu desu ga, nihongo wa heta desu.**	Englisch kann ich gut, aber in Japanisch bin ich schlecht.

Anmerkung: は **wa** kann somit mehrmals im Satz vorkommen, als Themapartikel und zur Markierung der kontrastierten Satzglieder.

2. Drückt は **wa** Kontrast aus, kann es auch zwischen KY く **-ku** und der Verneinung stehen:

難しくはありませんが、、、。 **Muzukashiku wa arimasen ga ... .**	Schwierig ist es nicht, aber ...
決して悪くはない。 **Kesshite waruku wa nai.**	Schlecht ist das sicherlich nicht.
まずくはないが、ちょっと違う... **Mazuku wa nai ga, chotto chigau ...**	Schlecht schmecken tut es nicht, aber ein bisschen anders.

Anmerkung: Das は **wa** in der verneinten Kopula ではない **dewa nai** *nicht sein* dient auch zur Betonung.

79 も mo

1. も **mo** *auch* steht immer hinter dem Substantiv (+ Funktionspartikel), auf das es sich bezieht. が **ga** und を **o** fallen aus. Bei allen anderen Funktionspartikeln wird も **mo** hinten angehängt:

学生がいます。先生もいます。 **Gak$_u$sei ga imas$_u$. Sensei mo imas$_u$.**	Studenten sind da. Auch Lehrer sind da.
本を読みます。雑誌も読みます。 **Hon o yomimas$_u$. Zasshi mo yomimas$_u$.**	Ich lese Bücher. Ich lese auch Zeitschriften.
ここに本があります。そこにも本があります。 **Koko ni hon ga arimas$_u$. Soko ni mo hon ga arimas$_u$.**	Hier gibt es Bücher. Auch dort gibt es Bücher.

2. Steht も **mo** nach Mengenangaben, markiert die Partikel diese als etwas Unerwartetes:

一人も来ませんでした。 **H$_i$tori mo kimasen desh$_i$ta.**	Auch nicht ein einziger ist gekommen.
本を一冊も読みませんでした。 **Hon o issatsu mo yomimasen desh$_i$ta.**	Ich habe nicht ein einziges Buch gelesen.
100人も集まった。 **Hyaku-nin mo atsumatta.**	Es haben sich sogar 100 Menschen versammelt.

3. も **mo** kann auch mehrmals im Satz hinter vergleichbaren Satzgliedern vorkommen. Ist der ganze Satz bejaht, kann man die Konstruktion ...も...も **... mo ... mo** mit *sowohl ... als auch ...* übersetzen:

ここには椅子も机もあります。 **Koko ni wa isu mo ts$_u$kue mo arimas$_u$.**	Hier gibt es sowohl Stühle als auch Tische.

本も雑誌も読みます。 **Hon mo zasshi mo yomimas$_u$.**	Ich lese sowohl Bücher als auch Zeitschriften.
土曜日にも日曜日にもラボに行っています。 **Doyōbi ni mo nichiyōbi ni mo rabo ni itte imas$_u$.**	Ich gehe sowohl samstags als auch sonntags ins Labor.

4. Ist der Satz verneint, übersetzt man die Konstruktion mit *weder ... noch...:*

ここには椅子も机もない。 **Koko ni wa isu mo ts$_u$kue mo nai.**	Hier gibt es weder Stuhl noch Tisch.
テニスもサッカーも面白くないと思います。 **Tenisu mo sakkā mo omoshiroku nai to omoimas$_u$.**	Ich finde weder Tennis noch Fußball interessant.
母は台所にも居間にもいません。 **Haha wa daidokoro ni mo ima ni mo imasen.**	Meine Mutter ist weder in der Küche noch im Wohnzimmer.

5. Steht も **mo** nach einem Fragepronomen, so hat es generalisierende Bedeutung (vgl. § 40).

こそ koso 80

1. Mit こそ **koso** kann man das vorangehende Substantiv hervorheben und in einen Gegensatz zu einem anderen Gegenstand oder Sachverhalt setzen:

私こそ悲しいです。 **Watashi koso kanashii des$_u$.**	Auch ich bin traurig!
今度こそ成功するだろう。 **Kondo koso seikō suru darō.**	DIESES Mal werden wir Erfolg haben.

A: よろしくお願いします。 B: こちらこそ。 A: **Yoroshiku o-negai shimasu.** B: **Kochira koso.**	A: Freut mich Sie kennen zu lernen. B: Ganz meinerseits.

2. Häufig steht こそ **koso** hinter der kausalen Konjunktion から **kara** *weil* oder einem Prädikat in der **te**-Form, die ebenfalls den Grund bzw. die Umstände angibt:

暑いからこそ辛い物が食べたい。 **Atsui kara koso karai mono ga tabetai.**	Gerade weil es heiß ist, möchte ich etwas Scharfes essen.
自分で経験してこそ、人の気持ちがよく分かる。 **Jibun de keiken shite koso, hito no kimochi ga yoku wakaru.**	Gerade dadurch, dass man selbst eine solche Erfahrung gemacht hat, versteht man die Gefühle der Menschen gut.

81 だけ dake

1. だけ **dake** bedeutet *nur*. Die Diskurspartikel steht direkt nach dem Substantiv, auf das es sich bezieht. Ist das Substantiv Subjekt oder Objekt des Satzes, so können die Partikeln が **ga** bzw. を **o** wegfallen. Bei allen anderen Funktionspartikeln kann だけ **dake** danach oder davor stehen:

ジョンさんだけ（が）行きました。 **Jon-san dake (ga) ikimashita.**	Nur John ist hingegangen.
トマトだけ（を）食べました。 **Tomato dake (o) tabemashita.**	Ich habe nur Tomaten gegessen.
東京へだけ行きました。 **Tōkyō e dake ikimashita.** 東京だけへ行きました。 **Tōkyō dake e ikimashita.**	Ich bin nur nach Tokio gegangen.

自分だけの時間を作ろう。 **Jibun dake no jikan o tsukurō.**	Nehmen wir uns Zeit nur für uns!

Anmerkung: Verglichen mit den Partikeln しか **shika** und ばかり **bakari** dient だけ **dake** dazu, eine Begrenzung neutral – ohne Bedauern und ohne negative Einschätzung – auszudrücken.

2. だけ **dake** kann sich auch auf ein Prädikatsnomen beziehen, d.h., es ist eines der seltenen Wörter, das zwischen dem Prädikatsnomen und der Kopula stehen kann:

先生がたは日本人だけです。 **Sensei-gata wa nihonjin dake desu.**	Die Lehrer sind ausschließlich Japaner.
子供だけではありません。大人も楽しみます。 **Kodomo dake dewa arimasen.** **Otona mo tanoshimimasu.**	Es sind nicht nur die Kinder. Auch die Erwachsenen haben ihre Freude daran.

3. だけ **dake** kommt ferner in der Konstruktion X だけではなく、Y も **X dake dewa naku, Y mo** *nicht nur X, sondern auch Y* vor:

この映画は子供だけではなく大人も楽しみます。 **Kono eiga wa kodomo dake dewa naku otona mo tanoshimimasu.**	Dieser Film gefällt nicht nur Kindern, sondern auch Erwachsenen.
漢字は中国人だけではなく、日本人も使っています。 **Kanji wa chūgokujin dake dewa naku, nihonjin mo tsukatte imasu.**	Nicht nur Chinesen, sondern auch Japaner verwenden Kanji.

Anmerkung: だけではなく **dake dewa naku** ist die **renyōkei** von だけではない **dake dewa nai**, die zur Aneinanderreihung von Sätzen verwendet werden kann (vgl. § 217).

4. Ein Verb in der Potentialform + だけ **dake** kann mit *möglichst* ... übersetzt werden:

できるだけ早く連絡してほしいです。 **Dekiru dake hayaku renraku shite hoshii desu.**	Ich möchte, dass Sie mich möglichst schnell kontaktieren.
食べられるだけ食べました。 **Taberareru dake tabemashita.**	Ich aß, so viel ich konnte.

Anmerkung: Häufig wird das Verb danach wiederholt, es steht dann jedoch nicht in der Potentialform.

5. Prädikat だけだ **dake da** bedeutet *es ist nur ...* oder *ich mache nur...:*

冗談を言っただけです。 **Jōdan o itta dake desu.**	Ich habe nur einen Witz gemacht.
一人で行くって悲しいだけだ。 **Hitori de iku tte kanashii dake da.**	Alleine zu gehen ist einfach deprimierend.
思ったことを書いただけだ。 **Omotta koto o kaita dake da.**	Ich habe nur geschrieben, was ich denke.

82 しか **shika**

1. しか **shika** *nur* steht nach dem Substantiv, auf das es sich bezieht. Die Funktionspartikeln を **o** und が **ga** fallen weg, alle anderen Funktionspartikeln stehen zwischen dem Substantiv und しか **shika**. Das Prädikat des Satzes ist immer verneint:

田中さんしか来なかった。 **Tanaka-san shika konakatta.**	Außer Tanaka kam niemand./ Nur Tanaka kam.
お水しか飲みません。 **O-mizu shika nomimasen.**	Ich trinke nur Wasser.

映画は途中までしか見られませんでした。 **Eiga wa tochū made shika miraremasen deshita.**	Ich konnte den Film nur bis zur Hälfte sehen.

2. Die Konstruktion しかない **shika nai** bedeutet *keine andere Wahl haben als ... zu tun*. Davor steht ein Verb in der Lexikonform:

やるしかない。 **Yaru shika nai.**	Wir haben keine andere Wahl als es zu tun.
バスには間に合わなかったのでタクシーで帰るしかなかった。 **Basu ni wa ma ni awanakatta no de takushī de kaeru shika nakatta.**	Da wir den Bus verpasst haben, mussten wir mit dem Taxi nach Hause.

Anmerkung: Die gleiche Bedeutung kann man mit ほかない **hoka nai** ausdrücken.

ばかり bakari 83

1. ばかり **bakari** bedeutet *nur*, hat aber noch die Nebenbedeutung in großem Maße. ばかり **bakari** kann man nach einem Substantiv und entsprechender Funktionspartikel verwenden. Die Funktionspartikeln を **o** und が **ga** fallen weg, andere Funktionspartikeln bleiben stehen. Das Prädikat kann verneint oder bejaht sein. ばかり **bakari** hat oft eine negative Konnotation, d.h., der Sprecher ist mit dem ausgedrückten Sachverhalt nicht einverstanden:

息子は一日中テレビばかり見ている。 **Musuko wa ichinichijū terebi bakari mite iru.**	Unser Sohn schaut den ganzen Tag nur fern.
職場は女性ばかりです。 **Shokuba wa josei bakari desu.**	Auf der Arbeit sind wir nur Frauen.

物事を暗い方へばかり考える。 **Monogoto o kurai hō e bakari kangaeru.**	Er denkt (über die Dinge) immer nur in die schlechte Richtung. (= Er ist Pessimist.)

2. Ein Verb in der **te**-Form + ばかりいる **bakari iru** bedeutet *nur ... machen*:

家で寝てばかりいます。 **Ie de nete bakari imasu.**	Er/Sie hängt nur zu Hause rum.
淋しくて、毎日泣いてばかりいます。 **Sabishikute, mainichi naite bakari imasu.**	Ich bin so einsam, dass ich jeden Tag nur weine.

3. Ein Verb in der Abgeschlossenheitsform + ばかりだ **bakari da** bedeutet *gerade erst ... gemacht haben*:

今帰ったばかりです。 **Ima kaetta bakari desu.**	Ich bin gerade erst nach Hause gekommen.
オイル交換したばかりです。 **Oiru kōkan shita bakari desu.**	Ich habe gerade erst einen Ölwechsel gemacht.

4. ...ばかりでなく...も **... bakari de naku ... mo** *nicht nur ..., sondern auch...:*

人ばかりではなく動物も死んだ。 **Hito bakari de wa naku dōbutsu mo shinda.**	Nicht nur Menschen, sondern auch Tiere sind umgekommen.
勉強ばかりでなく、趣味の時間も大切です。 **Benkyō bakari de naku, shumi no jikan mo taisetsu desu.**	Nicht nur das Studium, sondern auch Zeit für Hobbys ist wichtig.

Anmerkung: ばかり **bakari** ist hier durch だけ **dake** ersetzbar.

5. ...ばかりか...も... **...bakari ka ... mo** *nicht nur ..., sondern auch...:*

この番組は子供ばかりか大人にも人気があります。 **Kono bangumi wa kodomo bakari ka otona ni mo ninki ga arimasu.**	Dieses Programm ist nicht nur bei Kindern, sondern auch bei Erwachsenen beliebt.
専門家ばかりか、一般の人も参加できる。 **Senmonka bakari ka, ippan no hito mo sanka dekiru.**	Nicht nur Fachleute, auch Laien können daran teilnehmen.

6. Nach kleinen Mengenangaben hat ばかり **bakari** die Bedeutung *ungefähr*:

１０人ばかり集まった。 **Jūnin bakari atsumatta.**	Ungefähr 10 Leute kamen zusammen.
1000円ばかりです。 **Senen bakari desu.**	Es kostet ca. 1000 Yen.

でも **demo** 84

1. でも **demo** bedeutet *sogar* und wird nach Substantiven (+ Funktionspartikel) verwendet, die ein Extrembeispiel darstellen:

先生でも漢字を間違えます。 **Sensei demo kanji o machigaemasu.**	Auch ein Lehrer macht bei Kanji Fehler.
子供にでも分かるはずだ。 **Kodomo ni demo wakaru hazu da.**	Selbst ein Kind sollte das kapieren.
お母さんだってたまに休息したい。 **O-kāsan datte tama ni kyūsoku shitai.**	Auch eine Mutter möchte mal eine Pause machen.

Anmerkung: In der Umgangssprache kann man in dieser Bedeutung auch だって **datte** verwenden.

2. In Einladungen verwendet man でも **demo**, um ein mögliches, nicht zwingendes Beispiel anzugeben. Die Einladung wird dadurch freundlicher:

お茶でも飲みませんか。 **O-cha demo nomimasen ka.**	Wie wäre es mit einer Tasse Tee oder so?
ケーキでも買って来よう。 **Kēki demo katte koyō.**	Soll ich schnell einen Kuchen kaufen gehen?
居酒屋にでも行きませんか。 **Izakaya ni demo ikimasen ka.**	Kommen Sie mit in eine Kneipe (oder so)?

85 さえ sae

1. さえ **sae** *sogar* steht nach einem Substantiv (+ Funktionspartikel) und zeigt an, dass die damit ausgedrückte Sache als minimale Anforderung oder Extrembeispiel angesehen wird:

こんな簡単なことさえ知らない。 **Konna kantan na koto sae shiranai.**	Selbst so was Einfaches weiß er nicht.
夕飯を食べる時間さえなかった。 **Yūhan o taberu jikan sae nakatta.**	Ich hatte nicht einmal Zeit, zu Abend zu essen.
私でさえ知っている。 **Watashi de sae sh$_i$tte iru.**	Sogar ich weiß es.
簡単な質問にさえ答えられない。 **Kantan na sh$_i$tsumon ni sae kotaerarenai.**	Er kann nicht mal die einfachsten Fragen beantworten.

Anmerkung 1: Ist das vorangehende Substantiv das Subjekt, wird häufig でさえ **de sae** verwendet.

Anmerkung 2: Im Unterschied zu でも **demo** wird mit さえ **sae** ein Extrembeispiel angegeben, das jenseits aller Vorstellungskraft liegt.

2. In der Konstruktion X さえ ... ば **X sae ... ba** *wenn zumindest X realisiert ist, dann ...* werden die ausreichenden Bedingungen für ... an-

gegeben. さえ **sae** kann dann auch nach Verben oder Adjektiven in der **renyōkei** (vgl. §§ 115, 165) stehen:

お金さえあれば幸せになれる。 **O-kane sae areba shiawase ni nareru.**	Wenn man wenigstens Geld hat, kann man glücklich werden.
家は広くさえあれば、交通の便は別にいいです。 **Ie wa hiroku sae areba, kōtsū no ben wa betsu ni ii desu.**	Wenn das Haus zumindest groß ist, dann ist die Verkehrsanbindung egal.
頑張りさえすれば、必ず成功する。 **Ganbari sae sureba, kanarazu seikō suru.**	Wenn man sich nur bemüht, so wird das garantiert ein Erfolg.

まで **made** 86

Als Diskurspartikel markiert まで **made** das davor stehende Substantiv (+ Funktionspartikel) als etwas Unerwartetes:

「勉強しなさい」とおじさんにまで言われた。 **"Benkyō shinasai" to ojisan ni made iwareta.**	Sogar mein Onkel sagte zu mir: „Lerne!“.
潤子さんが朝から泣いていたから、私まで悲しかった。 **Junko-san ga asa kara naite ita kara, watashi made kanashikatta.**	Weil Junko seit dem Morgen weinte, wurde selbst ich traurig.
母親と妹まで笑いだしてしまった。 **Hahaoya to imōto made waraidashite shimatta.**	Sogar meine Mutter und meine kleine Schwester mussten lachen.

Anmerkung: Im Unterschied zu さえ **sae** hat まで **made** die Bedeutungsnuance, dass das mit dem vorangehenden Substantiv Ausgedrückte das extreme Ende einer Reihe darstellt.

87 など nado

1. Durch Anfügen von など **nado** *oder so* wird ein Ausdruck vage (vgl. § 18):

私のことなど覚えてはいないだろう。 **Watashi no koto nado oboete wa inai darō.**	An mich wird er sich wohl nicht mehr erinnern.

2. Man kann damit auch einen Gegenstand abwertend hervorheben:

おれは本などいやだ。 **Ore wa hon nado iya da.**	Ich hasse Bücher.

Anmerkung: Statt など **nado** kann man hier auch なんか **nanka** oder なんて **nante** verwenden.

3. など **nado** markiert im bejahten Satz selbstverständliche bzw. im verneinten Satz abwegige Gedanken:

ゆで卵など簡単に作れる。 **Yudetamago nado kantan ni tsukureru.**	Eier gehen doch einfach zu kochen.
結婚記念日を忘れるなどしません。 **Kekkon kinenbi o wasureru nado shimasen.**	Ich werde doch nicht meinen Hochzeitstag vergessen.

88 くらい kurai

くらい **kurai** kann die Bedeutung von *wenigstens und daher selbstverständlich* haben:

日曜日くらいゆっくり休ませてよ。 **Nichiyōbi kurai yukkuri yasumasete yo.**	Lass mich wenigstens am Sonntag ausruhen.
「ありがとう」の一言くらい言って下さい。 **"Arigatō" no hitokoto kurai itte kudasai.**	Sag wenigstens Danke.

Anmerkung: くらい **kurai** hat jedoch auch die Bedeutung *ungefähr* (vgl. § 49.1).

Kapitel 12 Die Satzendpartikeln

Vorbemerkung 89

1. Diese Partikeln kennzeichnen die Funktion des vorangegangenen Satzes im Diskurs: Sie machen aus einer Aussage eine Frage, eine rhetorische Frage, oder verleihen dem Gesagten Nachdruck. Allen Partikeln ist gemein, dass sie am Satzende, nach dem Prädikat stehen. Die Partikeln unterscheiden sich teilweise in der Stilebene, viele haben umgangssprachlichen Charakter.

2. Teilweise sind die Satzendpartikeln kombinierbar. Gerade hier gibt es große Unterschiede zwischen der Frauen- und der Männersprache.

Die Fragepartikeln 90

1. Durch Anhängen der Partikel か **ka** an einen Aussagesatz wird dieser zur Frage (vgl. § 14):

あの人は林さんですか。 **Ano hito wa hayashi-san desu ka.**	Ist diese Person Frau Hayashi?
お腹が空いていませんか。 **O-naka ga suite imasen ka.**	Haben Sie nicht Hunger?

2. In informellen Situationen, im Gespräch mit Freunden oder in der Familie, können Frauen の **no** verwenden. Männer verwenden bei Ja-Nein-Fragen かい **kai** und bei Ergänzungsfragen だい **dai**:

本当に行くの。 **Hontō ni iku no.**	Gehst du wirklich?
分かるかい。 **Wakaru kai.**	Kapiert?
どうだい。 **Dō dai.**	Wie ist es?

3. Es können mit ... か ... か **... ka ... ka** auch zwei Alternativfragen aneinander gereiht werden (vgl. § 14.4).

4. Nach einem Fragepronomen hat か **ka** relativierende Bedeutung *irgend-* (vgl. § 39).

91 Die rhetorische Frage

Bei einer rhetorischen Frage, auf die man keine Antwort erwartet, hängt man die Partikeln かしら **kashira** oder かな **kana** an das Satzende an:

あの人は何歳かしら。 **Ano h$_{i}$to wa nansai kashira.**	Wie alt sie wohl ist?
どうでしょうかしら。 **Dō deshō kashira.**	Wie es sich wohl damit verhält?
もう十年も前かな。 **Mō jūnen mo mae kana.**	Wie lange ist es wohl schon her, 10 Jahre?

Anmerkung: かしら **kashira** ist Frauensprache, かな **kana** gehört ursprünglich zur Männersprache. In Selbstgesprächen und in inoffiziellen Situationen wird かな **kana** heute jedoch auch von Frauen verwendet.

92 っけ kke

Die Partikel っけ **kke** steht am Ende einer Erinnerungsfrage. Der Sprecher erfragt damit einen Sachverhalt, der ihm schon einmal mitgeteilt wurde, ihm jedoch gerade entfallen ist. Das vorangehende Prädikat steht in der Abgeschlossenheitsform, neutraler und höflicher Stil sind möglich:

あの人は誰だったっけ。 **Ano h$_{i}$to wa dare datta kke.**	Wer war das noch gleich?
コピーをもう渡したっけ。 **Kopī o mō watash$_{i}$ta kke.**	Hatte ich die Kopien Ihnen schon gegeben?

森さんと最後に会ったのはいつだったっけ。 **Mori-san to saigo ni atta no wa itsu datta kke.**	Wann habe ich Frau Mori noch gleich zum letzten Mal gesehen?

ね ne 93

1. Man verwendet ね **ne** bzw. ねえ **nee** zum einen, wenn man sich eines Sachverhalts nicht sicher ist und sich bei dem Gesprächspartner rückversichern möchte:

会議は四時からですね。 **Kaigi wa yoji kara des$_u$ ne.**	Das Meeting beginnt um 4 Uhr, nicht wahr?
きれいな写真ですね。 **Kirei na shashin des$_u$ ne.**	Das sind schöne Fotos, nicht wahr?
林さんは２４歳ですね。 **Hayashi-san wa nijūyonsai des$_u$ ne.**	Frau Hayashi, Sie sind 24 Jahre, nicht wahr?

2. Zum anderen dient ね **ne** dazu, den Gesprächspartner in das Gespräch mit einzubeziehen, nach seiner Zustimmung zu heischen. Durch ね **ne** wird das Gespräch harmonischer, das Gesagte verliert an Direktheit und Gültigkeit:

この本は面白いですね。 **Kono hon wa omoshiroi des$_u$ ne.**	Das Buch ist spannend, nicht wahr?
私はね、明日鎌倉まで行きます。 **Watashi wa ne, ash$_i$ta kamakura made ikimas$_u$.**	Ich, also ich fahre morgen nach Kamakura.
そうですね。 **Sō des$_u$ ne.**	Ja, nicht wahr?

Anmerkung: ね **ne** ähnelt dem Standarddeutschen *nicht wahr?*, wird jedoch im Japanischen viel häufiger verwendet, in der gesprochenen Sprache auch mal mitten im Satz.

3. Männer können in der Umgangssprache statt ね **ne** auch な **na** verwenden:

もう遅いな。	Es ist schon spät, nicht?
Mō osoi na.	
そうだな。	Ja, nicht wahr?
Sō da na.	

94 よ yo

1. Wenn man sich einer Sache sicher ist, kann man よ **yo** am Satzende verwenden. Man verleiht dem Gesagten somit Nachdruck und richtet die Aufmerksamkeit des Hörers darauf. Die Partikel kann am Ende von Aussage- und Aufforderungssätzen stehen:

本当だよ、とても怒っているよ。	Echt! Er ist total sauer!
Hontō da yo, totemo okotte iru yo.	
全然知りませんよ。	Ich hab nicht die geringste Ahnung!
Zenzen shirimasen yo.	
行こうよ。	Lass uns gehen!
Ikō yo.	
いいですよ。	Geht schon in Ordnung!
Ii des$_u$ yo.	

2. Man kann die Satzendpartikel よ **yo** auch mit ね **ne** kombinieren:

化学って面白いよね！！	Chemie ist interessant, nicht wahr?
Kagak$_u$ tte omoshiroi yo ne.	
おかしいですよね。	Das ist ja seltsam, nicht!
Okashii des$_u$ yo ne.	

ぞ zo 95

Die Partikel ぞ **zo** wird von Männern in informellen Situationen verwendet, um den starken Willen des Sprechers auszudrücken bzw. dem Gesagten Nachdruck zu verleihen. Das Prädikat steht im neutralen Stil:

行くぞ。	Ich gehe (jetzt).
Iku zo.	
なんか、ヘンだぞ。	Irgendwie komisch!
Nanka, hen da zo.	

わ wa 96

わ **wa** wird nur von Frauen verwendet, um wie よ **yo** dem Gesagten Nachdruck zu verleihen. Das Prädikat des Satzes kann sowohl im neutralen als auch im höflichen Stil stehen:

うれしいわ。	Mensch, bin ich glücklich!
Ureshii wa.	
とてもお似合いのお二人ですわ。	Sie beide passen aber wirklich
Totemo o-niai no o-f$_u$tari des$_u$ wa.	gut zusammen.

Anmerkung: Man kann わ **wa** auch noch mit anderen Satzendpartikeln kombinieren; gängig sind die Kombinationen わね **wa ne** und わよ **wa yo**.

な na 97

Die Partikel な **na** verwendet man, um einen verneinten Befehl zu erteilen. Der Befehlston ist scharf (vgl. dazu -ないでください **-naide kudasai** § 148.2). Das Prädikat des Satzes steht im neutralen Stil:

親に話すな。	Sag ja nichts deinen Eltern!
Oya ni hanasu na.	
逃げるな。	Untersteh dich, abzuhauen!
Nigeru na.	

Kapitel 13 だ da/です des$_u$

98 だ da/です des$_u$ als Kopula

1. Die Kopula だ **da** *sein* bzw. im höflichen Stil です **des$_u$** hilft einem Substantiv oder KYD, zum Prädikat zu werden. Sie steht immer nach dem Substantiv/KYD, mit dem zusammen sie das Prädikat bildet. Normalerweise kommt nichts dazwischen:

(私は)学生です。 **(Watashi wa) gak$_u$sei des$_u$.**	Ich bin Studentin.
あの人は真面目だ。 **Ano h$_i$to wa majime da.**	Sie ist sehr ernst.

Anmerkung: Die Diskurspartikeln können zwischen Prädikatsnomen und Kopula stehen.

2. Die Formen der Kopula werden unregelmäßig gebildet:

Kopula			neutraler Stil	höflicher Stil
Satzendform	Gegenwart	bejaht	だ(である) **da (de aru)**	です(であります) **des$_u$ (de arimas$_u$)**
		verneint	ではない **dewa nai**	では ありません **dewa arimasen**
	Vergangenheit	bejaht	だった(であった) **datta (de atta)**	でした(でありました) **desh$_i$ta (de arimash$_i$ta)**
		verneint	ではなかった **dewa nakatta**	では ありませんでした **dewa arimasen desh$_i$ta**
Vermutungsform			だろう **darō**	でしょう **deshō**
Attributivform			の(である) **no (de aru)**	
te-Form			で **de**	
Konditionalform			なら **nara**	

Anmerkung 1: Die eingeklammerten Wörter sind die formellen, eher schriftsprachlich gebrauchten Varianten der Kopula.

Anmerkung 2: Die Verneinung geht auf die formelle Variante der Kopula である **de aru** zurück, in die die Partikel **wa** は eingefügt ist.

Anmerkung 3: In der Umgangssprache wird では **dewa** als じゃ **ja** ausgesprochen.

3. Alle Formen der Kopula können zusammen mit einem Substantiv/KYD ein Prädikat bilden:

(私は)学生ではありません。 **(Watashi wa) gak$_{u}$sei dewa arimasen.**	Ich bin kein Student.
公園は静かだった。 **Kōen wa shizuka datta.**	Im Park war es ruhig.
本当ではなかった。 **Hontō dewa nakatta.**	Es war nicht wahr.
その時まだ学生でした。 **Sono toki mada gak$_{u}$sei desh$_{i}$ta.**	Damals war ich noch Student.

です **des$_{u}$** als Höflichkeitsmarker 99

Nach KY hat です **des$_{u}$** nicht die Funktion der Kopula inne, sondern dient vielmehr dazu, den höflichen Stil zu kennzeichnen:

あの本は面白いです。 **Ano hon wa omoshiroi des$_{u}$.**	Dieses Buch ist interessant. [höflich]
あの本は面白い。 **Ano hon wa omoshiroi.**	Dieses Buch ist interessant. [neutral]
日本は川が多いです。 **Nihon wa kawa ga ōi des$_{u}$.**	In Japan gibt es viele Flüsse. [höflich]
日本は川が多い。 **Nihon wa kawa ga ōi.**	In Japan gibt es viele Flüsse. [neutral]

Anmerkung: Dass です **des$_{u}$** in diesem Fall Höflichkeitsmarker ist, kann man daran erkennen, dass KY im neutralen Stil alleine als Prädikat verwendet werden können, die Kopula also gar nicht dazu brauchen.

100 だ da/です des$_u$ als Platzhalter

Man kann だ **da** auch als Platzhalter für Verben mit dazugehöriger Partikel oder für ganze Teilsätze verwenden, wenn man diese nicht wiederholen will:

A: 私は刺身にします。	A: Ich nehme Sashimi.
B: 私は天ぷらです。	B: Und ich Tempura.
A: **Watashi wa sashimi ni shimas$_u$.**	
B: **Watashi wa tenpura des$_u$.**	
A: どうしてご飯を食べないのですか。	A: Warum isst du nicht?
B: お腹が空いていないからです。	B: Weil ich keinen Hunger habe.
A: **Dōsh$_i$te gohan o tabenai no des$_u$ ka.**	
B: **O-naka ga suite inai kara des$_u$.**	

Anmerkung: です **des$_u$** ersetzt den unterstrichenen Teil des vorangehenden Satzes.

Kapitel 14 Verbbedeutungen

Transitive und intransitive Verben 101

1. **Transitive Verben** (他動詞 **tadōshi**) verlangen immer ein direktes Objekt, das mit der Partikel を **o** markiert ist. Es handelt sich also um Handlungsverben wie *essen*, bei denen das Subjekt eine Handlung aktiv ausführt und dabei ein Objekt wie *Kuchen* miteinbezieht.

2. **Intransitive Verben** (自動詞 **jidōshi**) wie *schlafen* verlangen kein direktes Objekt, d.h., in der Regel verlangen sie nur ein Subjekt, das mit が **ga** markiert wird. Die Verben können Zustände, Handlungen oder Ereignisse beschreiben.

3. Im Japanischen gibt es – ähnlich wie deutsch *liegen* und *legen* – eine Reihe von Verben mit intransitiver und transitiver Variante. Das Kanji ist für beide Varianten gleich, sie unterscheiden sich jedoch lautlich in der Endung:

transitiv	intransitiv
授業を始める **jugyō o hajimeru** den Unterricht anfangen	授業が始まる **jugyō ga hajimaru** der Unterricht fängt an
車を止める **kuruma o tomeru** den Wagen stoppen	車が止まる **kuruma ga tomaru** der Wagen stoppt
洋服をたんすに入れる。 **yōf$_u$ku o tansu ni ireru** Kleider in den Schrank räumen	人が部屋に入る。 **h$_i$to ga heya ni hairu** Personen betreten den Raum
窓を開ける **mado o akeru** das Fenster öffnen	窓が開く **mado ga aku** das Fenster öffnet sich

4. Es gibt die folgenden groben Richtlinien, die helfen, die Endungen eines Verbs der jeweiligen Klasse zuzuordnen. Im Zweifelsfall hilft allerdings nur ein Blick ins (japanischsprachige) Lexikon:

Paare von (in)transitiven Verben	
intransitiv **-ru**	transitiv **-su**
出る **deru** hinausgehen	出す **dasu** heraus nehmen
消える **kieru** ausgehen	消す **kesu** ausmachen, löschen
直る **naoru** heilen	直す **naosu** reparieren
intransitiv **-aru**	transitiv **-eru**
上がる **agaru** aufsteigen	上げる **ageru** hochheben
下がる **sagaru** sinken	下げる **sageru** senken
閉まる **shimaru** sich schließen	閉める **shimeru** etwas schließen
intransitiv **-u**	transitiv **-eru**
開く **aku** sich öffnen	開ける **akeru** etwas öffnen
立つ **tatsu** aufstehen	立てる **tateru** etwas hinstellen

102 Zustands-, Handlungs- und Ereignisverben

1. Zustandsverben beschreiben einen über längere Zeit andauernden Zustand, in dem sich das Subjekt befindet:

いる	**iru**	sich befinden (belebt)
ある	**aru**	sich befinden (unbelebt)
できる	**dekiru**	können

2. Handlungsverben beschreiben eine Handlung, die ein Subjekt aktiv ausführt. Das Subjekt verändert sich bei der Handlung nicht:

読む	**yomu**	lesen
書く	**kaku**	schreiben
食べる	**taberu**	essen
勉強する	**benkyō suru**	studieren, lernen

3. Ereignisverben beschreiben den Übergang von einem Vorzustand in einen Nachzustand. Das Subjekt verändert sich dabei, wechselt z.B. vom lebenden in den toten bzw. vom nicht blühenden in den blühenden Zustand:

死ぬ	**shinu**	sterben
咲く	**saku**	erblühen
寝る	**neru**	einschlafen
着る	**kiru**	anziehen
知る	**shiru**	erfahren
行く	**iku**	gehen

Besondere Verben

ある aru und です des$_u$ 103

Existenzfragesätze, wie *Gibt es hier einen Bahnhof?* stellt man, wenn man wissen will, ob es überhaupt ein solches Objekt gibt. Wenn man vermutet oder weiß, dass es ein solches Objekt gibt, erübrigt sich diese Frage oder wäre beleidigend. Stattdessen wählt man die Variante *Wo ist denn hier der Bahnhof?* Man unterstellt also die Existenz des Bahnhofs und fragt nach dem Ort. Dieser Unterschied wird auch im Japanischen gemacht: Bei Existenzfragesätzen verwendet man ある **aru**, im anderen Fall です **des$_u$**:

すみませんが、ここにはトイレがありますか。 **Sumimasen ga, koko ni wa toire ga arimas$_u$ ka.**	Entschuldigen Sie, gibt es hier eine Toilette?
ここには駅がありますか。 **Koko ni wa eki ga arimas$_u$ ka.**	Gibt es hier einen Bahnhof?

すみませんが、トイレはどこですか。 **Sumimasen ga, toire wa doko des$_{u}$ ka.**	Entschuldigen Sie, wo befindet sich die Toilette?
駅はどこですか。 **Eki wa doko des$_{u}$ ka.**	Wo ist denn hier der Bahnhof?

104 ある aru, いる iru und 持っている motte iru

Haben kann man mit 持っている **motte iru** *ergriffen haben* → *haben* und ある/いる **aru/iru** *existieren* ins Japanische übersetzen.

1. 持っている **motte iru** verwendet man, wenn ein belebtes Subjekt einen konkreten Gegenstand besitzt oder vorübergehend bei sich hat:

あの人は車を二台も持っています。 **Ano h$_{i}$to wa kuruma o nidai mo motte imas$_{u}$.**	Er besitzt sogar zwei Autos!
別荘を持っているらしい。 **Bessō o motte iru rashii.**	Er soll ein Ferienhaus besitzen.
鍵を持っていますか。 **Kagi o motte imas$_{u}$ ka.**	Haben Sie den Schlüssel dabei?

2. ある **aru** verwendet man bei abstraktem Besitz, also zusammen mit Substantiven wie *Zeit* oder *Macht*:

質問がありますが。 **Sh$_{i}$tsumon ga arimas$_{u}$ ga.**	Ich habe eine Frage.
お時間がありますか。 **O-jikan ga arimas$_{u}$ ka.**	Haben Sie Zeit?
あの人は才能がありますね。 **Ano h$_{i}$to wa sainō ga arimas$_{u}$ ne.**	Sie hat Talent, nicht wahr?

Anmerkung: Viele deutsche Ausdrücke mit *haben* werden jedoch mit einem Adjektiv ins Japanische übersetzt (vgl. § 172.1).

3. Handelt es sich bei dem Besitz um Familienmitglieder, so kann man ある **aru** verwenden, heutzutage ist jedoch いる **iru** üblicher:

あの人は子供が三人あるそうです。 **Ano hito wa kodomo ga sannin aru sō desu.**	Ich habe gehört, dass sie drei Kinder hat.
(私は)兄弟が二人います。 **(Watashi wa) kyōdai ga futari imasu.**	Ich habe zwei Brüder.

来る kuru und 行く iku 105

1. 行く **iku** bedeutet *gehen*, *fahren*, *fliegen* und beschreibt eine Bewegung (des Sprechers oder einer anderen Person) vom aktuellen Standpunkt des Sprechers weg:

来年日本へ行きます。 **Rainen nihon e ikimasu.**	Nächstes Jahr fahre ich nach Japan.
飛行機で行きます。 **Hikōki de ikimasu.**	Ich fliege (mit dem Flugzeug).
行きましょうか。 **Ikimashō ka.**	Sollen wir losgehen?

2. 来る **kuru** bedeutet *kommen* und beschreibt eine Bewegung (des Sprechers oder einer anderen Person) zum aktuellen Standpunkt des Sprechers hin:

どこから来ましたか。 **Doko kara kimashita ka.**	Woher kommen Sie?
あした来ますか。 **Ashita kimasu ka.**	Kommen Sie morgen (hierher)?

3. Diese Unterscheidung bezüglich des Sprecherstandpunkts machen die deutschen Verben nicht. Man muss daher in solchen Fällen aufpassen, in

denen die Bewegung des Sprechers zum aktuellen Standpunkt des Gesprächspartners im Deutschen mit *kommen* ausgedrückt wird. Im Japanischen verwendet man 行く **iku** *gehen*.

Soll ich zu dir kommen?	あなたのところへ行きましょうか。 **Anata no tokoro e ikimashō ka.**
Ich komme gleich.	すぐ行きます。 **Sugu ikimasu.**

106 いる iru und ある aru

いる **iru** und ある **aru** bedeuten *sein*, *sich befinden*. Das Subjekt von いる **iru** muss belebt sein. Dagegen verwendet man ある **aru** bei unbelebten Subjekten, bei Gegenständen und Pflanzen:

お母さんがいますか。 **O-kāsan ga imasu ka.**	Ist deine Mutter da?
猫はここにいますよ。 **Neko wa koko ni imasu yo.**	Die Katze ist hier.
駐車場はどこにありますか。 **Chūshajō wa doko ni arimasu ka.**	Wo befindet sich der Parkplatz?
部屋には椅子も机もある。 **Heya ni wa isu mo tsukue mo aru.**	Es gibt in dem Raum sowohl Stühle als auch Tische.

Das Verb する suru

する **suru** bedeutet *machen*, das Verb hat jedoch einige Sonderverwendungen.

107 をしている o shite iru

1. をしている **o shite iru** verwendet man zum einen in der Bedeutung *von Beruf sein*. Vor を **o** steht dann eine Berufsbezeichnung:

父は不動産屋をしています。 **Ch$_{i}$chi wa fudōsanya o sh$_{i}$te imas$_{u}$.**	Mein Vater ist Immobilienmakler.
お仕事は何をしているの？ **O-shigoto wa nani o sh$_{i}$te iru no.**	Was bist du von Beruf?
母は委員長をしていました。 **Haha wa iinchō o sh$_{i}$te imash$_{i}$ta.**	Meine Mutter war Vorsitzende.

2. Man kann die Konstruktion aber auch verwenden, um das Aussehen zu beschreiben. Vor を **o** stehen dann Substantive wie 顔 **kao** *Gesicht*,形 **katachi** *Form* oder 色 **iro** *Farbe*, die selbst weiter durch ein Adjektiv oder einen Relativsatz näher bestimmt werden:

水はどんな色をしていますか？ **Mizu wa donna iro o sh$_{i}$te imas$_{u}$ ka.**	Was für eine Farbe hat das Wasser?
そんなに暗い顔をしないでよ。 **Sonna ni kurai kao o shinaide yo.**	Mach nicht so ein finsteres Gesicht!
この建物はピラミッドのような形をしています。 **Kono tatemono wa piramiddo no yō na katachi o sh$_{i}$te imas$_{u}$.**	Dieses Gebäude hat die Form einer Pyramide.

にする ni suru 108

にする **ni suru** bedeutet *sich entscheiden für*. Vor に **ni** steht ein Substantiv oder eine Substantivierung mit こと **koto** (vgl. § 29):

今日は お寿司にします。 **Kyō wa o-sushi ni shimas$_{u}$.**	Heute nehme ich Sushi. (... entscheide ich mich für Sushi)
行かないことにしました。 **Ikanai koto ni shimash$_{i}$ta.**	Ich habe mich entschieden, nicht zu fahren.
結婚することにした。 **Kekkon suru koto ni sh$_{i}$ta.**	Ich habe mich entschlossen, zu heiraten.

どれにしようかな。 **Dore ni shiyō ka na.**	Welches soll ich denn nun nehmen?

109 がする **ga suru**

1. がする **ga suru** verwendet man mit Substantiven der Wahrnehmung:

匂いがする	**nioi ga suru**	riechen
音がする	**oto ga suru**	klingen, sich anhören wie
味がする	**aji ga suru**	schmecken
感じがする	**kanji ga suru**	fühlen
気がする	**ki ga suru**	den Eindruck haben

2. Das Substantiv der Wahrnehmung ist seinerseits näher durch ein Adjektiv oder einen Relativsatz bestimmt:

この料理は変な匂いがする。 **Kono ryōri wa hen na nioi ga suru.**	Dieses Essen riecht komisch.
明子はこの頃元気がないような気がしますが…。 **Akiko wa kono goro genki ga nai yō na ki ga shimas$_u$ ga …**	Ich habe ja den Eindruck, dass Akiko in letzter Zeit etwas niedergeschlagen ist …
豆腐はどんな味がしますか。 **Tōfu wa donna aji ga shimas$_u$ ka.**	Wonach schmeckt Tofu?

3. Ferner kann man がする **ga suru** mit Substantiven des (körperlichen) Befindens kombinieren:

吐き気がする	**hak$_i$ke ga suru**	Brechreiz verspüren
目まいがする	**memai ga suru**	schwindlig werden
寒気がする	**samuke ga suru**	frösteln
筋肉痛がする	**kinnik$_u$tsū ga suru**	Muskelkater haben
頭痛がする	**zutsū ga suru**	Kopfschmerzen haben

Verben des Gebens und Bekommens **110**

Im Japanischen gibt es sieben Verben des Gebens, Schenkens und Bekommens. Sie unterscheiden sich darin, ob das *Ich* an der Handlung beteiligt ist, bzw. welche soziale Stellung die Handlungspartner innehaben:

1. *Ich* ist beteiligt, die Personen haben die gleiche soziale Stellung: あげる **ageru** *geben*, もらう **morau** *bekommen* und くれる **kureru** *geben*:

私は田中さんに本をあげます。 **Watashi wa tanaka-san ni hon o agemasu.**	Ich werde Herrn Tanaka ein Buch schenken.
私は妹にお花をもらった。 **Watashi wa imōto ni o-hana o moratta.**	Ich bekam von meiner kleinen Schwester Blumen.
母は私にお花をくれた。 **Haha wa watashi ni o-hana o kureta.**	Meine Mutter hat mir Blumen geschenkt.
山田さんは姉にお菓子をくれた。 **Yamada-san wa ane ni o-kashi o kureta.**	Frau Yamada hat meiner (älteren) Schwester Süßigkeiten geschenkt.

Anmerkung 1: 私 **watashi** *ich* kann bei あげる **ageru** nur die Subjektposition innehaben. Bei くれる **kureru** dagegen ist 私 **watashi** immer das indirekte Objekt, das Ziel des Gebens. Diese Regel kann von dem *Ich* auch auf andere Personen, die zum *Ich* gehören – also meine Familie gegenüber Fremden, meine Kollegen gegenüber den Mitarbeitern einer anderen Firma – ausgedehnt werden.

Anmerkung 2: くれる **kureru** und もらう **morau** beschreiben die gleiche Handlung, die darin besteht, dass ein Gegenstand in den Besitz des Sprechers kommt. Bei もらう **morau** steht der Empfangende jedoch im Mittelpunkt der Betrachtung, bei くれる **kureru** der Gebende.

2. *Ich* ist beteiligt und hat eine niedrigere soziale Stellung inne als der Partner: 差し上げる **sashiageru** *geben*, 頂く **itadaku** *bekommen* und 下さる **kudasaru** *geben*:

私は先生に本をさしあげます。 **Watashi wa sensei ni hon o sashiagemas**$_{u}$**.**	Ich werde meinem Lehrer ein Buch schenken.
私は課長にお菓子をいただいた。 **Watashi wa kachō ni o-kashi o itadaita.**	Ich habe von meinem Chef Süßigkeiten bekommen.
課長はお花をくださいました。 **Kachō wa o-hana o kudasaimash**$_{i}$**ta.**	Mein Chef hat mir Blumen geschenkt.

3. *Ich* ist beteiligt und hat eine höhere soziale Stellung inne als der Partner: やる **yaru** *geben*:

(私は)子供に本をやった。 **(Watashi wa) kodomo ni hon o yatta.**	Ich habe dem Kind ein Buch geschenkt.
犬に餌をやってください。 **Inu ni esa o yatte kudasai.**	Gib dem Hund bitte sein Fressen.

Anmerkung: Das Verb やる **yaru** wird allerdings immer seltener verwendet, häufig nur noch, wenn man Tieren etwas gibt.

4. *Ich* ist nicht beteiligt, Personen haben die gleiche soziale Stellung: あげる **ageru** *geben* und もらう **morau** *bekommen*:

昇は洋子に本をあげた。 **Noboru wa yōko ni hon o ageta.**	Noboru hat Yōko ein Buch geschenkt.
洋子は昇に本をもらった。 **Yōko wa noboru ni hon o moratta.**	Yōko hat von Noboru ein Buch bekommen.

Kapitel 15 Die Verbflexion

Vorbemerkung 111

1. Ein Verb (動詞 **dōshi**) wie **iku** *gehen* besteht aus einem Stamm **ik-**, der sich nie ändert. An diesen Stamm ist eine Flexionsendung, die aus einem Vokal (**-a**, **-i**, **-u**, **-e** oder **-o**) besteht, angehängt. Um den höflichen Stil, Verneinung oder zeitliche Aspekte am Verb auszudrücken, werden so genannte Suffixe angehängt. Je nachdem, welches Suffix (Höflichkeit, Verneinung, Passiv etc.) an das Verb angehängt wird, nimmt das Verb eine andere Flexionsendung zu sich.

2. Die japanische Grammatik unterscheidet fünf Flexionsendungen:

	japanischer Name	Übersetzung und Verwendung
a-Stufe	未然形 **mizenkei**	die unselbständige Form, an die das Suffix der Verneinung -ない **-nai** angehängt wird
i-Stufe	連用形 **renyōkei**	die selbständige Form, an die auch Suffixe wie -ます**-masu** der Höflichkeit angehängt werden
	音便形 **onbinkei**	die geschwächte **i**-Stufe, an die die Suffixe -て **-te** und -た **-ta** angehängt werden
u-Stufe	終止形 **shūshikei**	die Satzendform oder Lexikonform
	連体形 **rentaikei**	die Attributivform
e-Stufe	仮定形 **kateikei**	die Konditionalform
	命令形 **meireikei**	die Imperativform
o-Stufe	未然形 **mizenkei**	die Willensform (*lass uns ...*)

Anmerkung: Im klassischen Japanischen gab es für Satzend- und Attributivform unterschiedliche Endungen, im modernen Japanischen gibt es diese nur noch bei den KYD (vgl. § 165).

3. Es gibt im Japanischen zwei Klassen von Verben: die einstufigen, deren Flexionsendung sich heutzutage kaum noch ändert und nur noch eine Stufe einnimmt, und die fünfstufigen Verben, deren Endungen alle fünf Lautstufen (**-a**, **-i**, **-u**, **-e**, **-o**) durchlaufen.

112 Die einstufigen Verben

Die einstufigen Verben enden in der Lexikonform alle auf -る **-ru**. Vor -る **-ru** steht immer ein **i** oder **e**, daher nennt man sie auch vokalische Verben:

Verben auf **e-ru**			Verben auf **i-ru**		
食べる	**tabe-ru**	essen	見る	**mi-ru**	sehen
寝る	**ne-ru**	schlafen	起きる	**oki-ru**	aufstehen
開ける	**ake-ru**	öffnen	いる	**i-ru**	sein
見せる	**mise-ru**	zeigen	着る	**ki-ru**	anziehen

113 Die fünfstufigen Verben

1. Die meisten Verben gehören zur fünfstufigen Klasse. Sie enden auf **-u**. Das heißt, sie enden in der Hiragana-Schreibung auf -う **-u**, -く **-ku**, -ぐ **-gu**, -す **-su**, -つ **-tsu**, -ぬ **-nu**, -ぶ **-bu**, -む **-mu**, oder aber auch auf -る **-ru**. Der letzte Vokal des Verbs in der Lexikonform, das **-u**, ist gleichzeitig auch der, welcher sich ändert, die Flexionsendung. Davor steht ein Konsonant, weswegen sie auch konsonantische Verben genannt werden:

会う	**a-u**	treffen	死ぬ	**shin-u**	sterben
聞く	**kik-u**	hören	呼ぶ	**yob-u**	rufen
泳ぐ	**oyog-u**	schwimmen	読む	**yom-u**	lesen
話す	**hanas-u**	sprechen	ある	**ar-u**	sein
待つ	**mats-u**	warten			

2. Verben, die auf Hiragana -う **-u** auslauten, endeten in einer früheren Sprachstufe auf **w-u** und gehören daher zu den konsonantischen Verben. Das **w** tritt heute nur noch in der **a**-Stufe in Erscheinung (vgl. § 118.2).

3. Die Unterscheidung zwischen ein- und fünfstufigen Verben ist nur bei Verben, die auf -る **-ru** enden, schwierig. Bei diesen muss man sich den Vokal vor -る **-ru** anschauen. Handelt es sich um **a**, **u** oder **o**, hat man eindeutig ein fünfstufiges Verb vor sich. Ist der Vokal vor -る **-ru** ein **i** oder ein **e**, kann man die Verbklasse nicht eindeutig bestimmen, sondern muss im (japanischsprachigen) Lexikon nachschlagen.

Die Ausnahmen 114

Die zwei mit am häufigsten verwendeten Verben 来る **ku-ru** *kommen* und する **su-ru** *machen* sind Ausnahmen:

	来る **ku-ru**	する **su-ru**
a-Stufe	来 **ko**	し **shi**
i-Stufe	来 **ki**	し **shi**
u-Stufe	来る **ku-ru**	する **su-ru**
e-Stufe	来れ **ku-re /**来い **ko-i**	すれ **su-re/**しろ **shi-ro**
o-Stufe	来 **ko**	し **shi**

Übersicht über die Flexionsstufen der Verben 115

	einstufige Verben	fünfstufige Verben
a-Stufe	食べ **tabe**	行か **ik-a**
i-Stufe	食べ **tabe**	行き **ik-i**
u-Stufe	食べる **tabe-ru**	行く **ik-u**
e-Stufe	食べれ **tabe-re/**食べろ **tabe-ro**	行け **ik-e**
o-Stufe	食べ **tabe**	行こ **ik-o**

Anmerkung: Zur Bildung der geschwächten i-Stufe siehe § 126.2.

Kapitel 16 Die grundlegenden Verbalsuffixe

116 Vorbemerkung

1. Höflichkeit, Verneinung, die Zeiten etc. werden im Japanischen mit Hilfe von Verbalsuffixen ausgedrückt. Diese sind Wortformen, die nicht eigenständig vorkommen können, sondern an eine bestimmte Stufe der Verben angeschlossen werden und ihre Bedeutung mit einbringen.

2. Die Verbalsuffixe können fünf verschiedenen Kategorien zugeordnet werden. Suffixe derselben Kategorie sind nicht miteinander kombinierbar. Suffixe unterschiedlicher Kategorie können in der folgenden Reihenfolge an das Verb angehängt werden:

	Verb	Genus	Aspekt	Ja-Nein /Stil	Zeit	Modus
Beispiel	見	られ	てい	なかっ	た	らしい
	mi	**rare**	**te-i**	**nakat**	**ta**	**rashii**
	sehen	Passiv	dauernd	verneint/ neutral	vergangen	*scheinen*
	scheint nicht gesehen worden zu sein					

3. Auch Suffixe können der ein- oder fünfstufigen Verbklasse zugeordnet werden und durchlaufen dann die jeweiligen Flexionsstufen. Manche Suffixe verhalten sich morphologisch aber auch wie ein KY.

117 Die Höflichkeit

1. Den höflichen Stil eines Verbs bildet man, indem man das Suffix -ます **-mas**$_{u}$ an die **i**-Stufe anhängt:

Einstufige Verben		
起きる **oki-ru**	起きます **oki-mas**$_{u}$	aufstehen
寝る **ne-ru**	寝ます **ne-mas**$_{u}$	schlafen gehen

Fünfstufige Verben		
書く **kak-u**	書きます **kak-i-mas**$_u$	schreiben
泳ぐ **oyog-u**	泳ぎます **oyog-i-mas**$_u$	schwimmen
話す **hanas-u**	話します **hanash-i-mas**$_u$	sprechen
待つ **mats-u**	待ちます **mach-i-mas**$_u$	warten
遊ぶ **asob-u**	遊びます **asob-i-mas**$_u$	spielen
死ぬ **shin-u**	死にます **shin-i-mas**$_u$	sterben
読む **yom-u**	読みます **yom-i-mas**$_u$	lesen
帰る **kaer-u**	帰ります **kaer-i-mas**$_u$	heimgehen
Ausnahmen		
する **su-ru**	します **shi-mas**$_u$	machen
来る **ku-ru**	来ます **ki-mas**$_u$	kommen

Anmerkung: Verben auf つ **tsu** wechseln zu ち **chi**, Verben auf す **su** zu し **shi** (siehe t- und s- Reihe der Hiraganatabelle § 3.5).

2. -ます **-mas**$_u$ hat die Bedeutung „höflich, bejaht und nicht-vergangen“. Die Abgeschlossenheits-, Verneinungs- und Aufforderungsform von -ます **-mas**$_u$ werden teilweise unregelmäßig gebildet:

	nicht-vergangen	vergangen	Aufforderung
bejaht	-ます **-mas**$_u$	-ました **-mash**$_i$**ta**	-ましょう **-mashō**
verneint	-ません **-masen**	-ませんでした **-masen desh**$_i$**ta**	

3. Im Satz sieht das wie folgt aus:

本を読みました。 **Hon o yomimash**$_i$**ta.**	Ich las ein Buch.
一緒に行きませんか。 **Issho ni ikimasen ka.**	Gehen Sie nicht mit?
京都には行きませんでした。 **Kyōto ni wa ikimasen desh**$_i$**ta.**	Ich ging nicht nach Kyoto.

118 Die Verneinung

1. Man verneint ein Verb im neutralen Stil, indem man das Suffix -ない **-nai** an die **a**-Stufe anhängt:

Einstufige Verben		
起きる**oki-ru**	起きない **oki-nai**	nicht aufstehen
寝る**ne-ru**	寝ない **ne-nai**	nicht schlafen gehen
Fünfstufige Verben		
書く **kak-u**	書かない **kak-a-nai**	nicht schreiben
泳ぐ **oyog-u**	泳がない **oyog-a-nai**	nicht schwimmen
話す **hanas-u**	話さない **hanas-a-nai**	nicht sprechen
待つ **mats-u**	待たない **mat-a-nai**	nicht warten
遊ぶ **asob-u**	遊ばない **asob-a-nai**	nicht spielen
死ぬ **shin-u**	死なない **shin-a-nai**	nicht sterben
読む **yom-u**	読まない **yom-a-nai**	nicht lesen
帰る **kaer-u**	帰らない **kaer-a-nai**	nicht heimgehen
Ausnahmen		
する **su-ru**	しない **shi-nai**	nicht machen
来る **ku-ru**	来ない **ko-nai**	nicht kommen
ある **aru**	ない **nai**	nicht haben

2. Zu beachten sind die fünfstufigen Verben, die auf das Hiragana う **-u** enden. In der **a**-Stufe erscheint vor dem **a** der Konsonant **w**:

買う **ka-u**	買わない **kaw-a-nai**	nicht kaufen
歌う **uta-u**	歌わない **utaw-a-nai**	nicht singen
言う **i-u**	言わない **iw-a-nai**	nicht sagen
会う **a-u**	会わない **aw-a-nai**	nicht treffen
笑う **wara-u**	笑わない **waraw-a-nai**	nicht lachen

Anmerkung: Im Altjapanischen endeten diese Verben auf **-wu**, das **w** ist inzwischen untergegangen. Nur in der **a**-Stufe ist es noch erhalten geblieben.

3. -ない **-nai** selbst verhält sich formal wie ein KY (vgl. § 165). Die Abgeschlossenheitsform, die **te**-Form etc. bildet man daher wie bei den KY:

nicht-vergangen Satzend- und Attributivform	ない **na-i**
vergangen Satzend- und Attributivform	なかった **nakat-ta**
te-Form	なくて **naku-te** oder ないで **naide**

Anmerkung: Die zweite Variante der **te**-Form ないで **naide** wird nur nach Verben verwendet (zum Bedeutungsunterschied vgl. § 129.2 und 3).

4. Im Satz sieht das wie folgt aus:

本を読まなかった。 **Hon o yomanakatta.**	Ich las das Buch nicht.
ご飯を食べないで、寝た。 **Gohan o tabenaide, neta.**	Ich aß nicht und ging schlafen.
道が分からなくて、迷っていたんです。 **Michi ga wakaranak$_u$te, mayotte ita n des$_u$.**	Ich kannte den Weg nicht und irrte herum.

5. Im höflichen Stil verneint man ein Verb, indem man die Verneinung von -ます **-mas$_u$**, also -ません **-masen**, an die **i**-Stufe anhängt (vgl. § 117.2).

Die Zeiten

Die Nicht-Abgeschlossenheitsform 119

1. Ist eine Situation nicht abgeschlossen, findet sie in der Gegenwart oder Zukunft statt. Dieser zeitliche Charakter, die Nicht-Abgeschlossen-

heit, ist in der Lexikonform der Verben und Suffixe (wie z.B. -ます **-mas**$_u$ für Höflichkeit, -ない **-nai** für Verneinung) enthalten.

2. Zustandsverben beziehen sich aufgrund ihrer Bedeutung in der Nicht-Abgeschlossenheitsform immer auf die Gegenwart:

私は英語ができる。 **Watashi wa eigo ga dekiru.**	Ich kann Englisch.
私は日本語はできない。 **Watashi wa nihongo wa dekinai.**	Japanisch kann ich nicht.
小山さんはいますか。 **Koyama-san wa imas**$_u$ **ka.**	Ist Frau Koyama da?
お時間がありますか。 **O-jikan ga arimas**$_u$ **ka.**	Haben Sie Zeit?
うちに来られますか。 **Uchi ni koraremas**$_u$ **ka.**	Können Sie zu mir nach Hause kommen?

3. Soll der Zustand als ein zukünftiger gekennzeichnet werden, verwendet man ein entsprechendes Zeitadverb:

小山さんは明日いますか。 **Koyama-san wa ash**$_i$**ta imas**$_u$ **ka.**	Ist Frau Koyama morgen da?
来週時間がありますか。 **Raishū jikan ga arimas**$_u$ **ka.**	Haben Sie nächste Woche Zeit?
あさってうちに来られますか。 **Asatte uchi ni koraremas**$_u$ **ka.**	Können Sie übermorgen zu mir nach Hause kommen?

4. Handlungsverben und Ereignisverben beziehen sich in der Nicht-Abgeschlossenheitsform auf zukünftige Handlungen bzw. Ereignisse:

(私は)京都へ行きます。 **(Watashi wa) kyōto e ikimas**$_u$**.**	Ich werde nach Kyoto fahren.
京都にはいつ着きますか。 **Kyōto ni wa itsu tsukimas**$_u$ **ka.**	Wann werden Sie in Kyoto ankommen?

5. Handlungsverben in der Nicht-Abgeschlossenheit können auch ausdrücken, dass eine Handlung gewohnheitsmäßig ausführt wird:

毎日ジョッギングします。	Ich jogge täglich.
Mainichi joggingu shimas$_u$.	
本を読みますか。	Lesen Sie Bücher?
Hon o yomimas$_u$ ka.	
カレーが大好きでよく食べます。	Curry-Reis mag ich sehr
Karē ga dais$_u$ki de yoku tabemas$_u$.	gerne, daher esse ich das oft.

Die Abgeschlossenheitsform 120

1. Ist eine Handlung oder ein Ereignis abgeschlossen, so hat es in der Vergangenheit stattgefunden. Die Abgeschlossenheitsform der Verben im neutralen Stil bildet man, indem man das Suffix -た **-ta** an die **i**-Stufe der einstufigen Verben bzw. der fünfstufigen Verben, die auf -す **-su** auslauten, anhängt:

Einstufige Verben		
食べる **tabe-ru**	食べた **tabe-ta**	gegessen haben
寝る **ne-ru**	寝た **ne-ta**	geschlafen haben
見る **mi-ru**	見た **mi-ta**	gesehen haben
起きる **oki-ru**	起きた **oki-ta**	aufgestanden sein
Fünfstufige Verben auf -す **-su**		
なくす **nak$_u$s-u**	なくした **nakush-$_i$-ta**	verloren haben
話す **hanas-u**	話した **hanash-$_i$-ta**	erzählt haben
返す **kaes-u**	返した **kaesh-$_i$-ta**	zurückgegeben haben
Ausnahmen		
来る **ku-ru**	来た **k$_i$-ta**	gekommen sein
する **su-ru**	した **sh$_i$-ta**	gemacht haben

2. Bei allen anderen fünfstufigen Verben wird -た **-ta** an die geschwächte **i**-Stufe (音便形 **onbinkei**) angehängt (zur Bildung vgl. § 126):

Verben, die auf -う **-u**, -る **-ru** oder -つ **-tsu** enden		
買う **ka-u**	買った **kat-ta**	gekauft haben
待つ **mats-u**	待った **mat-ta**	gewartet haben
帰る **kaer-u**	帰った **kaet-ta**	heimgekehrt sein
Verben, die auf -む **-mu**, -ぬ **-nu** oder -ぶ **-bu** enden		
休む **yasum-u**	休んだ **yasun-da**	ausgeruht haben
死ぬ **shin-u**	死んだ **shin-da**	gestorben sein
学ぶ **manab-u**	学んだ **manan-da**	gelernt haben
Verben, die auf -く **-ku** oder ぐ **-gu** enden		
書く **kak-u**	書いた **kai-ta**	geschrieben haben
泳ぐ **oyog-u**	泳いだ **oyoi-da**	geschwommen sein
Ausnahme		
行く **ik-u**	行った **it-ta**	gegangen sein

3. Auch von der Kopula und von Suffixen mit verbalem Charakter kann man auf diese Weise die Abgeschlossenheitsform bilden:

gegenwärtig	vergangen	
です **des**$_{u}$	でした **desh**$_{i}$**ta**	(Kopula)
-ます **-mas**$_{u}$	-ました **-mash**$_{i}$**ta**	(Höflichkeit)
-られる **-rareru**	-られた **-rareta**	(Potentialis, Passiv)
-させる **-saseru**	-させた **-saseta**	(Kausativ)

Der Aspekt

Unter dem Begriff Aspekt versteht man die Art und Weise, wie der Sprecher eine Situation zeitlich auffasst. Es werden drei Aspektarten unterschieden:

1. imperfektiver Aspekt: eine Situation wird als nicht-abgeschlossen betrachtet, also als gerade andauernd, in einem gewissen Zeitabstand wiederholt stattfindend oder als gewohnheitsmäßig stattfindend.

2. perfektiver Aspekt: eine Situation wird als Ganzes von außen betrachtet, der Schwerpunkt der Betrachtung liegt entweder auf dem punktuellen Ereignis, dessen Beginn oder dessen Ende.

3. perfektischer Aspekt: der Schwerpunkt der Betrachtung liegt auf dem andauernden Nachzustand, der aus einem Ereignis resultiert.

Andauernde Situationen 121

1. Um auszudrücken, dass man gerade dabei ist, etwas zu tun, dass die Handlung gerade andauert, benutzt man Handlungsverben in der **te**-Form (vgl. § 102.2) zusammen mit いる **iru**:

手紙を書いている。 **Tegami o kaite iru.**	Ich bin dabei, einen Brief zu schreiben.
日本語を勉強しています。 **Nihongo o benkyō shite imasu.**	Ich studiere Japanisch.
妹はピアノを弾いている。 **Imōto wa piano o hiite iru.**	Meine kleine Schwester spielt gerade Klavier.
父はテレビを見ています。 **Chichi wa terebi o mite imasu.**	Mein Vater schaut gerade fern.

Anmerkung: Der Verlaufscharakter kann noch durch eine Einbettung mit ところだ **tokoro da** (vgl. § 32.1) hervorgehoben werden.

2. いる **iru** hat in dieser Konstruktion keine eigentliche Bedeutung mehr, sondern wird als Hilfsverb verwendet. Wie jedes Verb kann man es verneinen, in die Abgeschlossenheitsform setzen etc.:

妻はシャワーを浴びています。 **Tsuma wa shawā o abite imasu.**	Meine Frau duscht gerade.

日本語の本はまだ読んでいない。 **Nihongo no hon wa mada yonde inai.**	Ich habe noch kein japanisches Buch gelesen.
その時、本を読んでいた。 **Sono toki, hon o yonde ita.**	Ich war damals gerade dabei, ein Buch zu lesen.
音楽を聞いていました。 **Ongaku o kiite imashita.**	Ich war dabei, Musik zu hören.

3. Die **te iru**-Form nach Handlungsverben kann auch bedeuten, dass die Handlung in einem bestimmten Zeitrahmen gewohnheitsmäßig oder wiederholt stattfindet und insofern andauert (vgl. auch § 119.5):

最近、毎日ジョッギングしている。 **Saikin, mainichi joggingu shite iru.**	Seit kurzem jogge ich täglich.
毎日シャワーを浴びています。 **Mainichi shawā o abite imasu.**	Ich dusche täglich.
日本人は昔、肉はあまり食べていませんでした。 **Nihonjin wa mukashi, niku wa amari tabete imasen deshita.**	Die Japaner aßen früher kaum Fleisch.

4. Ein Verb in der **i**-Stufe zusammen mit つつある **tsutsu aru** wird vorwiegend in der Schriftsprache verwendet, um andauernde Situationen zu beschreiben:

お客さんたちは帰りつつあります。 **O-kyaku-san-tachi wa kaeri tsutsu arimasu.**	Die Gäste gehen allmählich nach Hause.
和室が消えつつある。 **Washitsu ga kie tsutsu aru.**	Zimmer im japanischen Stil sind am Verschwinden.
企業倒産が増えつつある。 **Kigyō tōsan ga fue tsutsu aru.**	Die Firmenkonkurse nehmen zu.

Anmerkung: Im Unterschied zu ている **te iru** hat つつある **tsutsu aru** auch nach Ereignisverben diese durative Bedeutung.

5. Dieser zeitliche Aspekt kann auch durch Wortbildung mit einem Verb in der **i**-Stufe zusammen mit 続ける **tsuzukeru** ausgedrückt werden:

読み続ける	**yomi-tsuzukeru**	weiterlesen
書き続ける	**kaki-tsuzukeru**	weiterschreiben
増え続ける	**fue-tsuzukeru**	kontinuierlich zunehmen

Beginnende oder abgeschlossene Situationen 122

1. Der abgeschlossene Aspekt einer Situation ist in dem Suffix -た **-ta** enthalten (vgl. § 120).

2. Weitere Möglichkeiten eine Situation als gerade abgeschlossen zu kennzeichnen sind Einbettungen mit ところだ **tokoro da** (vgl. § 32.1) oder ばかりだ **bakari da** (vgl. § 83.3) sowie die Konstruktion mit -てしまう **-te shimau** (vgl. § 161.1).

3. Ein Verb in der **i**-Stufe zusammen mit 終わる **owaru** oder 上げる **ageru** drückt ebenfalls Abgeschlossenheit aus:

読み終わる	**yomi-owaru**	fertig lesen
書き上げる	**kaki-ageru**	fertig schreiben

4. Der Beginn einer Situation wird mit einem Verb in der Nicht-Abgeschlossenheitsform + ところだ **tokoro da**, das Ende mit einem Verb in der Abgeschlossenheitsform + ところだ **tokoro da** (vgl. § 32.1) hervorgehoben.

5. Im Bereich der Wortbildung kann man den beginnenden Aspekt mit einem Verb in der **i**-Stufe und 始まる **hajimaru**, 出す **dasu** oder かける **kakeru** erzielen:

書き始める	**kaki-hajimeru**	anfangen zu schreiben
泣き出す	**naki-dasu**	in Tränen ausbrechen
走りかける	**hashiri-kakeru**	loslaufen

123 Andauernde Nachzustände

1. Steht vor ている **te iru** ein Ereignisverb (vgl. § 102.3), so hat die Konstruktion die Bedeutung, dass das Ereignis in der Vergangenheit stattgefunden hat und der daraus entstandene Zustand noch in der Gegenwart anhält:

明子さんは今寝ています。 **Akiko-san wa ima nete imasu.**	Akiko ist eingeschlafen (und schläft jetzt).
この名前を知っていますか。 **Kono namae o shitte imasu ka.**	Kennen Sie diesen Namen? (= Haben Sie ... erfahren?)
その作家はもう死んでいる。 **Sono sakka wa mō shinde iru.**	Dieser Schriftsteller ist schon gestorben.

2. Im Unterschied zu der **te iru**-Form beschreibt ein Ereignisverb in der **ta**-Form lediglich ein Ereignis, das in der Vergangenheit stattgefunden hat. Ob der Nachzustand des Ereignisses noch anhält oder nicht, darüber wird keine Aussage gemacht (vgl. auch -てある **-te aru** § 160):

田中さんは１９９３年に結婚した。 **Tanaka-san wa 1993nen ni kekkon shita.**	Tanaka heiratete 1993.
田中さんは（１９９３年から）結婚しています。 **Tanaka-san wa (1993nen kara) kekkon shite imasu.**	Tanaka ist (seit 1993) verheiratet.
今日は着物を着ました。 **Kyō wa kimono o kimashita.**	Heute habe ich einen Kimono angezogen.
今日は着物を着ています。 **Kyō wa kimono o kite imasu.**	Ich trage heute einen Kimono.

Anmerkung: Dieser Unterschied zwischen -た **-ta** und -ている **-te iru** bei Ereignisverben existiert nur im Hauptsatz, im Relativsatz ist er aufgehoben.

Kapitel 17 Das Suffix -て -te/-で -de

Vorbemerkung 124

1. Um mehrere Prädikate aufzuzählen und aneinander zu reihen, verwendet man das Suffix -て **-te**, die **te**-Form:

<Prädikat 1 -て **-te**   Prädikat 2 -て **-te** ...   Hauptsatzprädikat.>

2. -て **-te** an sich trägt keine Information über den Höflichkeitsstil oder die Zeit. Die zeitliche Einbettung und der Stil des Gesamtsatzes werden am letzten Element der Aufzählung, am Hauptsatzprädikat, ausgedrückt:

明子は買い物をして、図書館へ行きました。 **Akiko wa kaimono o sh$_i$te, toshokan e ikimash$_i$ta.**	Akiko machte ihre Einkäufe und ging in die Bibliothek.
明子は買い物をして、図書館へ行きます。 **Akiko wa kaimono o sh$_i$te, toshokan e ikimas$_u$.**	Akiko wird ihre Einkäufe erledigen und dann in die Bibliothek gehen.
小さくて、静かです。 **Chiisak$_u$te, shizuka des$_u$.**	Es ist klein und ruhig. [höflich]
小さくて、静かだ。 **Chiisak$_u$te, shizuka da.**	Es ist klein und ruhig. [neutral]
親切で、人気がある。 **Shinsetsu de, ninki ga aru.**	Sie ist freundlich und beliebt. [neutral, gegenwärtig]
親切で、人気がありました。 **Shinsetsu de, ninki ga arimash$_i$ta.**	Sie war freundlich und beliebt. [höflich, vergangen]

Anmerkung: Die **renyōkei** der Verben und Adjektive (zur Bildung vgl. §§ 115, 117 bzw. 165) kann ebenfalls zur Aufzählung verwendet werden, im Unterschied zur **te**-Form hat die **renyōkei** formalen, schriftsprachlichen Charakter.

125 Die te-Form der Kopula

Prädikate, die aus einem Substantiv bzw. KYD und der Kopula bestehen, nehmen die **te**-Form der Kopula で **de** zu sich:

林さんは日本人で、日本語の先生です。 **Hayashi-san wa nihonjin de, nihongo no sensei des$_u$.**	Frau Hayashi ist Japanerin und (ist) Japanischlehrerin.
この庭は静かで、きれいです。 **Kono niwa wa shizuka de, kirei des$_u$.**	Dieser Garten ist ruhig und schön.

Anmerkung: Im Unterschied zu der Partikel と **to** (vgl. § 19), mit der man Substantive in Subjekt- oder Objektfunktion etc. aneinander reiht, verwendet man で **de** nur, wenn die Substantive als Prädikatsnomen verwendet werden, also mit der Kopula das Prädikat bilden.

126 Die Bildung der te-Form von Verben

1. Bei allen einstufigen Verben und allen fünfstufigen, die auf -す **-su** enden, fügt man -て **-te** an die **i**-Stufe an. Auch die eigentlich unregelmäßigen Verben verhalten sich ausnahmsweise regelmäßig:

Einstufige Verben		
食べ **tabe-ru** essen	食べて **tabe-te**	essen und
起きる **oki-ru** aufstehen	起きて **ok$_i$-te**	aufstehen und
Fünfstufige Verben auf -す **-su**		
話す **hanas-u** erzählen	話して **hanash-$_i$-te**	erzählen und
消す **kes-u** löschen	消して **kesh-$_i$-te**	löschen und
Ausnahmen		
する **su-ru** machen	して **sh$_i$-te**	machen und
来る **ku-ru** kommen	来て **k$_i$-te**	kommen und

2. Bei allen übrigen fünfstufigen Verben wird -て **-te** an die geschwächte **i**-Stufe (音便形 **onbinkei)** angehängt.

2.1. Bei Verben, die in der Lexikonform auf -う **-u**、-る **-ru** oder -つ **-tsu** auslauten, fällt diese Mora weg und das **t** von -て **-te** wird verdoppelt:

Lexikonform	**onbinkei** + -て **-te**	
買う **ka-u** kaufen	買って **kat-te**	kaufen und
待つ **mats-u** warten	待って **mat-te**	warten und
帰る **kaer-u** heimkehren	帰って **kaet-te**	heimkehren und

2.2. Bei Verben, deren Lexikonform auf -む **-mu**, -ぬ **-nu** oder -ぶ **-bu** endet, wird diese letzte Mora durch -ん **-n** ersetzt. Da -ん **-n** stimmhaft ist, wird das stimmlose **t** in -て **-te** zu stimmhaftem **d**, also zu -で **-de**:

Lexikonform	**onbinkei** + -で **-de**	
休む **yasum-u** ausruhen	休んで **yasun-de**	ausruhen und
死ぬ **shin-u** sterben	死んで **shin-de**	sterben und
学ぶ **manab-u** lernen	学んで **manan-de**	lernen und

2.3. Bei Verben, die auf -く **-ku** oder ぐ **-gu** enden, wird die letzte Mora durch -い **-i** ersetzt. Da bei Verben auf -ぐ **-gu g** stimmhaft ist, wird -て **-te** ebenfalls zu stimmhaftem -で **-de**:

Lexikonform	**onbinkei** + -て **-te**/-で **-de**	
書く **kak-u** schreiben	書いて **kai-te**	schreiben und
泳ぐ **oyog-u** schwimmen	泳いで **oyoi-de**	schwimmen und

2.4. Das Verb 行く **iku** bildet eine Ausnahme:

行く **ik-u** gehen	行って **it-te**	gehen und

Die Bildung der te-Form von KY 127

Die **te**-Form der KY bildet man, indem man -て **-te** an die **renyōkei**, also KY く **-ku,** anhängt:

小さい **chiisai**	小さくて **chiisak$_u$-te**	klein und ...
長い **nagai**	長くて **nagak$_u$-te**	lang und ...

128 Die te-Form von ない nai

1. Das Suffix der Verneinung -ない **-nai** ist formal ein KY, so dass man die **te**-Form zum einen wie bei KY bilden kann:

Verneinung	te-Form der Verneinung	
行かない	行かなくて	nicht gehen und
ikanai	**ikanak$_{u}$te**	
大きくない	大きくなくて	nicht groß und
ōk$_{i}$ku nai	**ōk$_{i}$ku nak$_{u}$te**	
変ではない	変ではなくて	nicht seltsam und
hen dewa nai	**hen dewa nak$_{u}$te**	
家ではない	家ではなくて	kein Haus und
ie dewa nai	**ie dewa nak$_{u}$te**	

2. Daneben gibt es für verneinte Verben noch eine weitere Bildungsmöglichkeit der **te**-Form. Man hängt -で **-de** an das verneinte Verb an:

verneintes Verb	te-Form der Verneinung	
行かない	行かないで	nicht gehen und ...
ikanai	**ikanaide**	
食べない	食べないで	nicht essen und ...
tabenai	**tabenaide**	
払わない	払わないで	nicht bezahlen und ...
harawanai	**harawanaide**	

129 Die Bedeutung der te-Form

Die **te**-Form dient dazu,

1. Handlungen, Ereignisse oder Eigenschaften aufzuzählen:

テレビを見て寝ました。	Ich schaute fern und
Terebi o mite nemash$_{i}$ta.	ging dann schlafen.

日曜日には部屋を掃除して出掛けました。 **Nichiyōbi ni wa heya o sōji sh$_i$te dekakemash$_i$ta.**	Am Sonntag putzte ich mein Zimmer und ging dann aus.
この料理はまずくて高い。 **Kono ryōri wa mazuk$_u$te takai.**	Dieses Essen ist schlecht und teuer.

2. den Grund für eine Handlung anzugeben:

お酒を飲み過ぎて、頭が痛い。 **O-sake o nomisugite, atama ga itai.**	Ich habe zu viel getrunken und daher Kopfschmerzen.
この車は高くて買えない。 **Kono kuruma wa takak$_u$te kaenai.**	Dieses Auto ist teuer, daher kann ich es nicht kaufen.
だれもいなくて、帰りました。 **Dare mo inak$_u$te, kaerimash$_i$ta.**	Weil niemand da war, ging ich (wieder) nach Hause.

Anmerkung: Ist das erste Verb verneint, so kann man in dieser Bedeutung nur -なくて **-nak$_u$te** als **te**-Form verwenden.

3. die Art und Weise einer Handlung näher zu bestimmen:

田中さんは歩いて帰りました。 **Tanaka-san wa aruite kaerimash$_i$ta.**	Frau Tanaka kehrte zu Fuß (gehend) nach Hause zurück.
顔を見て挨拶をする。 **Kao o mite aisatsu o suru.**	Man schaut sich beim Grüßen ins Gesicht.
ご飯を食べないで寝ました。 **Gohan o tabenaide nemash$_i$ta.**	Ich ging ins Bett, ohne gegessen zu haben.

Anmerkung: Ist das erste Verb verneint, so kann man nur -ないで **-naide** als **te**-Form verwenden.

Kapitel 18 Weitere Verbalsuffixe

Der Potentialis

Das Japanische kennt neben der Umschreibung mit できる **dekiru** *können* ein eigenes Suffix, mit dem die Fähigkeit zu einer Handlung ausgedrückt wird. Diese Möglichkeitsform wird Potentialis (可能形 **kanōkei**) genannt.

130 できる dekiru

1. Um die Fähigkeit bzw. Möglichkeit zu einer Handlung auszudrücken, verwendet man das Verb できる **dekiru** *können*. Davor steht ein Substantiv oder eine Substantivierung mit こと **koto** (vgl. § 29), die mit der Partikel が **ga** in den Satz eingebettet werden:

(私は)英語ができる。 **(Watashi wa) eigo ga dekiru.**	Ich kann Englisch.
(私は)英語を話すことができます。 **(Watashi wa) eigo o hanasu koto ga dekimasu.**	Ich kann Englisch sprechen
海外でも使うことができますか。 **Kaigai demo tsukau koto ga dekimasu ka.**	Kann man es auch im Ausland benutzen?

2. できる **dekiru** ersetzt bei verbalen Substantiven das Verb する **suru** *machen*:

テニスができます。 **Tenisu ga dekimasu.**	Ich kann Tennis.
静かで集中できる。 **Shizuka de shūchū dekiru.**	Da es ruhig ist, kann ich mich gut konzentrieren.
ダウンロードができましたか。 **Daunrōdo ga dekimashita ka.**	Konnten Sie es runterladen?

-られる -rareru

1. Daneben gibt es zur Bildung des Potentialis das Suffix -られる **-rareru**. Bei den einstufigen Verben wird -られる **-rareru** an den Verbstamm angehängt. Bei den fünfstufigen Verben hängt man die Endung -る **-ru** an die **e**-Stufe an:

einstufige Verben	Stamm + られる **rareru**	
食べる **tabe-ru**	食べられる **tabe-rareru**	essen können
寝る **ne-ru**	寝られる **ne-rareru**	schlafen können
起きる **oki-ru**	起きられる **oki-rareru**	aufstehen können
見る **mi-ru**	見られる **mi-rareru**	sehen können
fünfstufige Verben	**e**-Stufe + -る **-ru**	
買う **ka-u**	買える **ka-e-ru**	kaufen können
行く **ik-u**	行ける **ik-e-ru**	gehen können
話す **hanas-u**	話せる **hanas-e-ru**	sprechen können
持つ **mots-u**	持てる **mot-e-ru**	halten können
死ぬ **shin-u**	死ねる **shin-e-ru**	sterben können
飛ぶ **tob-u**	飛べる **tob-e-ru**	fliegen können
読む **yom-u**	読める **yom-e-ru**	lesen können
切る **kir-u**	切れる **kir-e-ru**	schneiden können
Ausnahmen		
する **suru**	できる **dekiru**	machen können
来る **kuru**	来られる **ko-rareru**	kommen können

Anmerkung: Die Bildungsbeschreibung des Potentialis für die fünfstufigen Verben ist sprachgeschichtlich nicht korrekt: Tatsächlich hängt man das Hilfsverb **-reru** an die **a**-Stufe an, also Stamm + **-a-reru**. Im Laufe der Zeit sind die Laute **ar** jedoch verschwunden, so dass heutzutage nur noch der Stamm + **-eru** zu hören ist.

2. Das Suffix -られる **-rareru** verhält sich wie ein einstufiges Verb. D.h., ursprünglich fünfstufige Verben werden durch Anhängen des Suffixes

einstufig. Verneinung und Höflichkeit werden dann wie bei einstufigen Verben gebildet (vgl. § 115):

Potentialis	Potentialis + Suffix	
行ける **ike-ru**	行けます **ike-mas$_u$**	ich kann gehen [höflich]
買える **kae-ru**	買えない **kae-nai**	nicht kaufen können
話せる **hanase-ru**	話せた **hanase-ta**	er konnte sprechen

3. Wenn man einen Satz mit einem Verb im Potentialis bildet, so ändert sich am Satzbau nichts, es sei denn, der Satz enthält ein direktes Objekt. Dieses wird dann nicht mit を **o**, sondern mit が **ga** gekennzeichnet:

あした大学に来られますか。 **Ash$_i$ta daigaku ni koraremas$_u$ ka.**	Können Sie morgen zur Uni kommen?
今日はよく眠れた。 **Kyō wa yoku nemureta.**	Heute konnte ich gut schlafen.
私はコーヒーが飲めません。 **Watashi wa kōhī ga nomemasen.**	Ich kann keinen Kaffee trinken.
日本語が話せますか。 **Nihongo ga hanasemas$_u$ ka.**	Können Sie Japanisch sprechen?
同窓会に出られますか。 **Dōsōkai ni deraremas$_u$ ka.**	Können Sie zum Jahrgangstreffen kommen?

Anmerkung: Tatsächlich hört und liest man heutzutage auch Sätze, in denen das direkte Objekt mit を **o** markiert ist.

132 Ausnahmen

1. Von den beiden Wahrnehmungsverben 見る **miru** *sehen* und 聞く **k$_i$ku** *hören* existieren zwei lautliche Varianten der Potentialform:

	見る **miru**	聞く **k$_i$ku**
Variante 1	見られる **mirareru**	聞ける **k$_i$keru**
Variante 2	見える **mieru**	聞こえる**k$_i$koeru**

2. Die Varianten unterscheiden sich in ihrer Bedeutung. Die regulär gebildete Variante 1 bedeutet, dass die organisatorisch-technischen Möglichkeiten zum Hören/Sehen gegeben sind:

どこでも同じ音楽が聞ける。 **Doko demo onaji ongaku ga kikeru.**	Überall kann man die gleiche Musik hören.
この映画はどこで見られますか。 **Kono eiga wa doko de miraremasu ka.**	Wo kann man den Film anschauen?
映画は終わりまで見られなかった。 **Eiga wa owari made mirarenakatta.**	Ich konnte den Film nicht bis zum Ende anschauen.

3. Bei der unregelmäßig gebildeten Variante 2 ist der Vorgang des Sehens bzw. Hörens ohne eigenes, bewusstes Zutun möglich, drängt sich dem Sehenden/Hörenden sozusagen auf:

あの人の話し声が大きくて、隣の部屋でも聞こえる。 **Ano hito no hanashigoe ga ōkikute, tonari no heya demo kikoeru.**	Seine Stimme ist so laut, dass man sie auch nebenan noch hören kann.
ここから富士山が見えます。 **Koko kara fujisan ga miemasu.**	Von hier aus kann man den Fujiyama sehen.
聞こえますか。 **Kikoemasu ka.**	Können Sie mich hören?
後ろからも見えますか。 **Ushiro kara mo miemasu ka.**	Können Sie das auch von hinten sehen?

得る **uru/eru** 133

Eine etwas ältere und daher heutzutage hauptsächlich schriftsprachlich gebrauchte Form, den Potentialis zu bilden, ist die Wortbildung mit 得る **uru/eru**. 得る **uru/eru** wird an die **i**-Stufe der Verben angehängt. Im

Unterschied zu -られる **-rareru** drückt 得る **uru/eru** nur die Möglichkeit, nicht die Fähigkeit aus. Es ist einstufig:

そんなことはあり得ません。 **Sonna koto wa ariemasen.**	So etwas ist nicht möglich.
その他の要因も考え得る。 **Sono hoka no yōin mo kangaeuru.**	Es sind auch andere Faktoren denkbar.
人は、一人では変わり得ない。 **Hito wa, hitori de wa kawarienai.**	Der Mensch kann sich alleine nicht ändern.

Anmerkung: 得る wird meistens **eru** gelesen, nur in der Lexikonform und vor dem Suffix -ば **-ba** ist die ältere Lesung **uru** möglich.

Der Kausativ

134 Die Bildung des Kausativs

1. Das Suffix -（さ）せる **-(sa)seru** verwendet man, um auszudrücken, dass „ein Subjekt auf eine Person dergestalt einwirkt, dass diese ... macht“, d.h., um den Kausativ (使役 **shieki**) zu bilden. -させる **-saseru** hängt man bei den einstufigen Verben an den Stamm an. Bei den fünfstufigen Verben wird -せる **-seru** an die **a**-Stufe angehängt:

Einstufige Verben	Stamm + -させる **-saseru**
食べる **tabe-ru**	食べさせる **tabe-saseru** veranlassen zu essen
考える **kangae-ru**	考えさせる **kangae-saseru** zu denken geben
借りる **kari-ru**	借りさせる **kari-saseru** veranlassen zu leihen
Fünfstufige Verben	**a**-Stufe + -せる **-seru**
笑う **wara-u**	笑わせる **wara-wa-seru** zum Lachen bringen
行く **ik-u**	行かせる **ik-a-seru** veranlassen zu gehen
話す **hanas-u**	話させる **hanas-a-seru** sprechen lassen
待つ **mats-u**	待たせる **mat-a-seru** warten lassen
死ぬ **shin-u**	死なせる **shin-a-seru** sterben lassen

運ぶ **hakob-u** 読む **yom-u** 帰る **kaer-u**	運ばせる **hakob-a-seru** tragen lassen 読ませる **yom-a-seru** lesen lassen 帰らせる **kaer-a-seru** heimgehen lassen
Ausnahmen	
来る **ku-ru** する **su-ru**	来させる **ko-saseru** kommen lassen させる **saseru** machen lassen

2. - （さ）せる **-(sa)seru** selbst verhält sich wie ein einstufiges Verb, alle anderen Suffixe werden wie bei einstufigen Verben angefügt:

行かせます	**ik-a-se-mas$_u$**	ich lasse gehen
帰らせない	**kaer-a-se-nai**	ich lasse nicht heimgehen
話させた	**hanas-a-se-ta**	er ließ erzählen

3. Das Subjekt, den Veranlasser, markiert man mit der Subjektpartikel が **ga (**bzw. je nach Gesprächskontext mit は **wa**). Wie die zu einer Handlung veranlasste Person markiert wird, hängt vom Verb ab. Bei transitiven Verben ist die Partikel を **o** bereits an das direkte Objekt vergeben. Die veranlasste Person wird daher mit に **ni** gekennzeichnet:

先生は学生に練習をさせる。 **Sensei wa gak$_u$sei ni renshū o saseru.**	Der Lehrer lässt die Studenten Übungen machen.
まま母はシンデレラに豆を数えさせました。 **Mamahaha wa shinderera ni mame o kazoesasemash$_i$ta.**	Die Stiefmutter ließ Aschenputtel die Linsen zählen.
お母さんは子供にケーキを食べさせます。 **O-kāsan wa kodomo ni kēki o tabesasemas$_u$.**	Die Mutter lässt das Kind den Kuchen essen.

娘に毎日ピアノを弾かせます。 **Musume ni mainichi piano o hikasemasu.**	Ich lasse meine Tochter täglich Klavier üben.

4. Bei intransitiven Verb wird die veranlasste Person meistens mit を **o** angeschlossen:

両親は子供を塾に行かせる。 **Ryōshin wa kodomo o juku ni ikaseru.**	Die Eltern schicken ihr Kind zur Nachhilfe.
予定より早めに学生たちを帰らせました。 **Yotei yori hayame ni gakusei-tachi o kaerasemashita.**	Ich ließ die Studierenden früher als geplant nach Hause gehen.
両親は子供に好きな所に行かせます。 **Ryōshin wa kodomo ni suki na tokoro ni ikasemasu.**	Die Eltern lassen ihr Kind dahin gehen, wo es hin will.

Anmerkung: Wenn bei intransitiven Verben der Veranlasste mit に **ni** angeschlossen ist, so liegt die Handlung auch in dessen Interesse, und bedeutet, dass das Subjekt *erlaubt, ... zu tun* (Erlaubnischarakter).

5. Viele kausativierte intransitive Verben haben eine ähnliche Bedeutung wie die transitive Verbvariante. Das kausativierte intransitive Verb drückt jedoch ein willentliches Veranlassen, das transitive Verb dagegen ein tatsächliches Eingreifen aus:

子供に着物を着させる **kodomo ni kimono o kisaseru**	das Kind einen Kimono anziehen lassen [kausativiert, intransitiv]
子供に着物を着せる **kodomo ni kimono o kiseru**	dem Kind einen Kimono anziehen [transitiv]

Gefühlsverben + Kausativ 135

1. Vor allem Verben, die einen Gefühlszustand beschreiben, werden oft in der Kausativform verwendet. Der Kausativ bedeutet dann, dass X der Anlass für Ys Gefühlsregung ist:

怒らせる	**okoraseru**	jdn. erzürnen
喜ばせる	**yorokobaseru**	jdn. erfreuen
困らせる	**komaraseru**	jdm. Probleme bereiten
悲しませる	**kanashimaseru**	jdn. traurig machen

2. Die zur Gefühlsregung veranlasste Person wird mit der Partikel を **o** in den Satz eingebettet:

冗談を言って、皆を笑わせた。 **Jōdan o itte, mina o warawaseta.**	Ich machte einen Witz und brachte alle zum Lachen.
この発言は先生を驚かせたのだ。 **Kono hatsugen wa sensei o odorokaseta no da.**	Diese Äußerung überraschte den Lehrer.
新しい髪形で両親をびっくりさせた。 **Atarashii kamigata de ryōshin o bikkuri saseta.**	Ich überraschte meine Eltern mit meinem neuen Haarschnitt.

Kausativierte Verben + Verben des Gebens 136

1. Um den Erlaubnischarakter des Kausativs zu unterstreichen, kann man an die **te**-Form des kausativierten Verbs ein Verb des Gebens oder Bekommens anfügen:

-させてあげる	**-sasete ageru**	jdn. ... lassen
-させてもらう	**-sasete morau**	ich darf ....
-させていただく	**-sasete itadaku**	ich darf .... [bescheiden]
-させてくれる	**-sasete kureru**	jemand ist so freundlich, mich ... zu lassen

-させてくださる	**-sasete kudasaru**	jemand ist so freundlich, mich ... zu lassen [ehrerbietig]
-させてやる	**-sasete yaru**	ich bin so freundlich, ... zu lassen

2. Die Perspektive der Geben-Bekommen-Verben, also ob das *Ich* Subjekt oder Objekt der Handlung ist, bleibt erhalten (vgl. § 110):

息子をいい学校に行かせてあげたい。 **Mus$_u$ko o ii gakkō ni ikasete agetai.**	Ich möchte meinen Sohn auf eine gute Schule schicken.
ご飯を一緒に食べさせてもらった。 **Gohan o issho ni tabesasete moratta.**	Ich durfte mitessen.
今日スピーチをさせていただきまして、どうも有難うございました。 **Kyō s$_u$pīchi o sasete itadakimash$_i$te, dōmo arigatō gozaimash$_i$ta.**	Vielen Dank, dass ich heute zu Ihnen reden darf.
先生は（私に）作文を読ませてくださいました。 **Sensei wa (watashi ni) sakubun o yomasete kudasaimash$_i$ta.**	Der Lehrer ließ mich freundlicherweise meinen Aufsatz vorlesen.

Das Passiv

Das Passiv (受身 **ukemi**) ist die Leidensform, mit der man ein Ereignis aus der Perspektive des in Mitleidenschaft gezogenen Objekts ausdrückt.

137 Die Bildung des Passivs

1. Die Passivform wird mithilfe des Suffixes -(ら)れる **-(ra)reru** gebildet. Bei einstufigen Verben hängt man -(ら)れる **-(ra)reru** an den Stamm an.

Bei fünfstufigen Verben wird -れる **-reru** an die **a**-Stufe angehängt:

Einstufige Verben	Stamm + -られる **-rareru**
食べる **tabe-ru**	食べられる **tabe-rareru** gegessen werden
考える **kangae-ru**	考えられる **kangae-rareru** gedacht werden
見る **mi-ru**	見られる **mi-rareru** gesehen werden
着る **ki-ru**	着られる **ki-rareru** angezogen werden
Fünfstufige Verben	**a**-Stufe + れる **-reru**
買う **ka-u**	買われる **kaw-a-reru** gekauft werden
書く **kak-u**	書かれる **kak-a-reru** geschrieben werden
呼ぶ **yob-u**	呼ばれる **yob-a-reru** genannt werden
飲む **nom-u**	飲まれる **nom-a-reru** getrunken werden
切る **kir-u**	切られる **kir-a-reru** geschnitten werden
Ausnahmen	
来る **ku-ru**	来られる **ko-rareru** besucht werden
する **su-ru**	される **sareru** gemacht werden

Anmerkung 1: Die Passivform der einstufigen Verben ist formal mit der Potentialform (vgl. § 131) identisch.

Anmerkung 2: -(ら)れる **-(ra)reru** wird auch in der Bedeutung von *etwas ist von selbst so geworden* verwendet. 思われる **omowa-reru** bedeutet also zum einen *es wird gedacht* und zum anderen *man kann nicht anders als ... zu denken*.

Anmerkung 3: Zudem wird das Suffix auch in der Sprache der Ehrerbietung verwendet (vgl. § 10.4).

2. Das Suffix - (ら) れる **-(ra)reru** verhält sich wie ein einstufiges Verb, d.h., fünfstufige Verben werden durch das Anhängen von -れる **-reru** einstufig:

飲まれます	**nomare-mas**$_u$	es wird getrunken
話された	**hanasare-ta**	es wurde erzählt
呼ばれて	**yobare-te**	gerufen werden und

138 Aktivsatz und Passivsatz

1. Bei der Umformung vom Aktiv- zum Passivsatz vertauschen Subjekt und Objekt ihre Stellung und Funktion. Das Subjekt des Aktivsatzes wird zum Objekt des Passivsatzes und mit に **ni** markiert. Das direkte Objekt des Aktivsatzes wird zum Subjekt des Passivsatzes und mit が **ga** (bzw. je nach Gesprächskontext mit は **wa**) markiert:

Aktiv:	猫はケーキを食べた。 **Neko wa kēki o tabeta.**	Die Katze fraß den Kuchen.
Passiv:	ケーキは猫に食べられた。 **Kēki wa neko ni taberareta.**	Der Kuchen wurde von der Katze gefressen.
Aktiv:	日本人がその絵を買った。 **Nihonjin ga sono e o katta.**	Ein Japaner hat dieses Bild gekauft.
Passiv:	その絵は日本人に買われた。 **Sono e wa nihonjin ni kawareta.**	Dieses Bild wurde von einem Japaner gekauft.
Aktiv:	先生は学生を誉めた。 **Sensei wa gak$_{u}$sei o hometa.**	Der Professor lobte die Studenten.
Passiv:	学生は先生に誉められた。 **Gak$_{u}$sei wa sensei ni homerareta.**	Die Studenten wurden vom Professor gelobt.

2. Bei Verben mit der Bedeutung *erschaffen* schließt man den Handelnden mit der zusammengesetzten Partikel によって **ni yotte** an:

この本は川端康成によって書かれた。 **Kono hon wa kawabata yasunari ni yotte kakareta.**	Dieses Buch wurde von Kawabata Yasunari geschrieben.
この寺は、白河天皇によって建立された。 **Kono tera wa, shirakawa tennō ni yotte konryū sareta.**	Dieser Tempel wurde von Kaiser Shirakawa erbaut.

3. Bei passivierten Verben der Mitteilung und des Gebens kann man den Urheber auch mit から **kara** markieren:

社長から聞かれました。	Ich wurde vom Firmen-
Shachō kara k$_{i}$karemash$_{i}$ta.	chef danach gefragt.
情報が電話会社から渡された。	Es wurden Informationen
Jōhō ga denwa gaisha kara watasareta.	von der Telefongesell-
	schaft weitergegeben.
友人から頼まれました。	Ich wurde von einem
Yūjin kara tanomaremash$_{i}$ta.	Freund darum gebeten.

4. Die Passivform der einstufigen Verben ist formal mit der Potentialform identisch. Ob es sich um ein Passiv oder um einen Potentialis oder gar um die Verwendung der Passivform zur Ehrerbietung (vgl. §10.4) handelt, kann man nur am Satzbau, an den Partikeln, erkennen (vgl. § 131.3):

私は象が食べられる。	Ich kann einen Elefanten
Watashi wa zō ga taberareru.	essen. [Potentialis]
私は象に食べられる。	Ich werde von einem Ele-
Watashi wa zō ni taberareru.	fanten gegessen. [Passiv]
窓が閉められますか。	Können Sie das Fenster
Mado ga shimeraremas$_{u}$ ka.	schließen? [Potentialis]
先生は窓を閉められました。	Der Lehrer schloss das
Sensei wa mado o shimeraremash$_{i}$ta.	Fenster. [höflich]

Direktes und indirektes Passiv 139

1. Alle bisherigen Sätze waren Beispiele für das so genannte „direkte Passiv“ und bestanden aus passivierten transitiven Verben. Beim direkten Passiv wird der Leidende direkt von dem Verursacher in Mitleidenschaft gezogen. Im Deutschen gibt es nur das direkte Passiv.

2. Daneben gibt es auch das „indirekte Passiv“, das sowohl von transitiven als auch von intransitiven Verben gebildet werden kann. Das indirekte Passiv bedeutet, dass X indirekt leidet, weil Y etwas macht.

3. Den Leidenden markiert man mit der Partikel が **ga** (bzw. je nach Redekontext mit は **wa**), den Verursacher des Leidens mit に **ni**. Alle anderen Objekte behalten die Partikel bei, die sie auch im Aktivsatz haben:

(私は)猫にケーキを食べられた。 **(Watashi wa) neko ni kēki o taberareta.**	Mir wurde von der Katze der Kuchen weggefressen.
(私は)雨に降られました。 **(Watashi wa) ame ni furaremash$_i$ta.**	Ich wurde leider vom Regen überrascht.
(私は)近所の猫に鳴かれて、眠れませんでした。 **(Watashi wa) kinjo no neko ni nakarete, nemuremasen desh$_i$ta.**	Weil eine Katze aus der Nachbarschaft miaute, konnte ich nicht schlafen.
隣のテーブルに座っている人にタバコを吸われて困りました。 **Tonari no tēburu ni suwatte iru h$_i$to ni tabako o suwarete komarimash$_i$ta.**	Jemand, der am Nachbartisch saß, rauchte; das war sehr unangenehm.
彼女は子供に死なれてから、何もする気がしなくなりました。 **Kanojo wa kodomo ni shinarete kara, nani mo suru ki ga shinaku narimash$_i$ta.**	Seit ihr Kind gestorben ist, hat sie ihre Lebenskraft verloren.

Anmerkung: Das indirekte Passiv kann nur schwer – manchmal mit *leider* oder entsprechenden Verben – im Deutschen wiedergegeben werden.

Unpersönliche Aussagen 140

Man verwendet das Passiv von Verben des Sagens und Denkens bzw. von する **suru**, wenn man den Sprecher bzw. Denkenden nicht nennen kann oder möchte, bzw. wenn man allgemeine Aussagen wie *man sagt, dass* ... etc. machen möchte:

排気ガスが原因とされています。 **Haiki gasu ga genin to sarete imasu.**	Die Abgase werden als Ursache angesehen.
日本人は毎日着物を着ていると思われています。 **Nihonjin wa mainichi kimono o kite iru to omowarete imasu.**	Viele denken, dass Japaner jeden Tag einen Kimono tragen.
日本人はよく働くと言われている。 **Nihonjin wa yoku hataraku to iwarete iru.**	Man sagt, dass Japaner viel arbeiten.

Anmerkung: Da es sich um zeitlich andauernde Aussagen handelt, verwendet man das passivierte Verb in der **te iru**-Form.

Kausativ + Passiv 141

Auch von kausativierten Verben kann man die Passivform bilden. An das einstufige Suffix des Kausativs -（さ）せる **-(sa)seru** wird das Passivsuffix -られる **-rareru** angehängt, man erhält also -（さ）せられる **-(sa)se-rareru** *veranlasst werden, zu...:*

私は父に米屋に行かせられた。 **Watashi wa chichi ni komeya ni ikaserareta.**	Ich wurde von meinem Vater zum Reisgeschäft geschickt.
同じ字を何度も書かせられた。 **Onaji ji o nando mo kakaserareta.**	Ich musste dasselbe Zeichen x-mal schreiben.
本当に考えさせられました。 **Hontō ni kangaesaseraremashita.**	Das gab mir wirklich zu denken.

Kapitel 19 Wille und Absichten

142 -たい -tai

1. Möchte man den eigenen Willen zu einer Handlung ausdrücken, so hängt man das Suffix -たい **-tai** an die **i**-Stufe der Verben an:

Einstufige Verben	**i**-Stufe + -たい **-tai**	
食べる **tabe-ru**	食べたい **tabe-tai**	ich will essen
見る **mi-ru**	見たい **mi-tai**	ich will sehen
Fünfstufige Verben	**i**-Stufe + -たい **-tai**	
買う **ka-u**	買いたい **kai-tai**	ich will kaufen
書く **kak-u**	書きたい **kaki-tai**	ich will schreiben
返す **kaes-u**	返したい **kaeshi-tai**	ich will zurückgeben
待つ **mats-u**	待ちたい **machi-tai**	ich will warten
飲む **nom-u**	飲みたい **nomi-tai**	ich will trinken
切る **kir-u**	切りたい **kiri-tai**	ich will schneiden
Ausnahmen		
来る **ku-ru**	来たい **ki-tai**	ich will kommen
する **su-ru**	したい **shi-tai**	ich will machen

2. -たい **-tai** verhält sich formal wie ein KY, d.h., Verneinung, höfliche Form und Abgeschlossenheitsform etc. werden wie bei KY gebildet (vgl. § 165):

(私は)富士山に登りたいです。 **(Watashi wa) fujisan ni noboritai des$_{u}$.**	Ich möchte auf den Fujiyama steigen. [höflich]
(私は)日本へ行きたかったのですが、病気になりました。 **(Watashi wa) nihon e iki$_{i}$takatta no des$_{u}$ ga, byōki ni narimash$_{i}$ta.**	Ich wollte nach Japan fahren, aber ich bin krank geworden.

3. Wenn man -たい **-tai** an ein transitives Verb anhängt, wird das direkte Objekt nicht mit を **o**, sondern mit が **ga** markiert:

お酒が飲みたい！ **O-sake ga nomitai.**	Ich möchte Sake trinken.
朝ご飯が食べたくないよ。 **Asagohan ga tabetaku nai yo.**	Ich will nichts frühstücken.

Anmerkung 1: In der Umgangssprache hört man auch die Partikel を **o**.

Anmerkung 2: -たい **-tai** ist sehr direkt, man wird die Endung also nicht verwenden, wenn man in sehr formellen und höflichen Situationen, z.B. mit ranghöheren Personen, kommuniziert, bzw. das Gesagte mit と思う **to omou** abschwächen.

4. Eine Aussage über den Willen einer dritten Person formuliert man, indem man sie mit と言っている **to itte iru** *er/sie sagt, dass ...* als indirekte Rede (vgl. § 236) einbettet:

岡本さんはこのカメラが買いたいと言っています。 **Okamoto-san wa kono kamera ga kaitai to itte imas$_u$.**	Herr Okamoto (sagt, er) möchte diese Kamera kaufen.
金さんは国に帰りたいと言っている。 **Kim-san wa kuni ni kaeritai to itte iru.**	Frau Kim will in ihr Heimatland zurück.

5. Um eine Aussage über den Willen einer dritten Person zu machen, kann man auch das Suffix -がっている **-gatte iru** *äußere Anzeichen zeigen*, *fühlen* an den Stamm von -たい **-tai**, also -た **-ta**, anhängen. Das direkte Objekt wird dann ganz normal mit を **o** markiert:

彼は何でも知りたがります。 **Kare wa nan demo shiritagarimas$_u$.**	Er will immer alles wissen.
由美はこの絵を買いたがっている。 **Yumi wa kono e o kaitagatte iru.**	Yumi scheint dieses Bild kaufen zu wollen.

Anmerkung: -がっている **-gatte iru** ist die **te iru**-Form des fünfstufigen Suffixes -がる **-garu**.

143 -て欲しい -te hoshii

1. Mit der **te**-Form eines Verbs und dem KY ほしい **hoshii** *haben wollen* bzw. もらいたい **moraitai** *bekommen wollen* drückt man den eigenen Wunsch aus, dass eine andere Person eine Handlung ausführt. Die ausführende Person wird mit der Partikel に **ni** in den Satz eingebettet:

(私は)彼女に頑張ってほしい。 **(Watashi wa) kanojo ni ganbatte hoshii.**	Ich möchte, dass sie sich anstrengt.
彼にタバコをやめてもらいたい。 **Kare ni tabako o yamete moraitai.**	Ich möchte, dass er mit dem Rauchen aufhört.
夫に家事を手伝ってもらいたいです。 **Otto ni kaji o tetsudatte moraitai desu.**	Ich möchte, dass mir mein Mann im Haushalt hilft.

2. Im Unterschied zu -てもらいたい **-te moraitai** verwendet man -てほしい **-te hoshii** auch dann, wenn man sich einen Zustand herbeiwünscht, wenn das Subjekt der Handlung also nicht belebt ist und eine Handlung nicht aktiv ausführen kann. Das Subjekt wird dann mit が **ga** markiert:

お正月に雪が降ってほしい。 **O-shōgatsu ni yuki ga futte hoshii.**	Ich wünsche mir, dass es an Neujahr schneit.
事故が減ってほしいです。 **Jiko ga hette hoshii desu.**	Ich wünsche mir, dass es weniger Unfälle gibt.

144 -よう -yō/-う -u

1. Ein Verb zusammen mit -よう **-yō/-**う **-u** kann eine Absicht ausdrücken. -よう **-yō** wird an den Stamm der einstufigen Verben angehängt. Fünfstufige Verben stehen in der **o**-Stufe und nehmen -う **-u** zu sich:

Einstufige Verben	Stamm + -よう **-yō**	
食べる **tabe-ru**	食べよう **tabe-yō**	essen wollen
考える **kangae-ru**	考えよう **kangae-yō**	denken wollen
見る **mi-ru**	見よう **mi-yō**	sehen wollen

Fünfstufige Verben	o-Stufe + -う **-u**	
買う **ka-u**	買おう **ka-ō**	kaufen wollen
書く **kak-u**	書こう **kak-ō**	schreiben wollen
話す **hanas-u**	話そう **hanas-ō**	reden wollen
勝つ **kats-u**	勝とう **kat-ō**	siegen wollen
遊ぶ **asob-u**	遊ぼう **asob-ō**	spielen wollen
飲む **nom-u**	飲もう **nom-ō**	trinken wollen
帰る **kaer-u**	帰ろう **kaer-ō**	heimgehen wollen
Ausnahmen		
来る **ku-ru**	来よう **ko-yō**	kommen wollen
する **su-ru**	しよう **shi-yō**	machen wollen

2. Mit -よう **-yō/-**う **-u** drückt der Sprecher seine spontane Absicht aus. Die Handlung, die man ausführen will, braucht nichts Großartiges zu sein. Da die Endung auch auffordernden oder einladenden Charakter hat (vgl. § 149), wird die Absichtsform gerne mit と思っている **to omotte iru** *ich denke, dass* ... in den Satz eingebettet:

スパゲッティーを作ろうと思っている。 **S$_{u}$pagettī o ts$_{u}$kurō to omotte iru.**	Ich denke, ich werde Spaghetti kochen.
太り過ぎなのでダイエットしようと思っている。 **F$_{u}$torisugi na node daietto shiyō to omotte iru.**	Ich denke, ich werde eine Diät machen, weil ich zu dick bin.
そろそろ帰ろうと思います。 **Sorosoro kaerō to omoimas$_{u}$.**	Ich werde so langsam nach Hause gehen.

つもりだ tsumori da 145

1. Um eine feste, lang gehegte Absicht auszudrücken, verwendet man die Konstruktion つもりだ **tsumori da**. Das beabsichtigte Vorhaben ist nichts Spontanes oder Alltägliches. Es wird als Relativsatz vor つもり

tsumori eingebettet. Da beabsichtigte Handlungen in der Zukunft stattfinden, steht das Prädikat des Relativsatzes in der Nicht-Abgeschlossenheitsform:

世界旅行をするつもりです。 **Sekai ryokō o suru tsumori desu.**	Ich habe vor, eine Weltreise zu machen.
私は学校の先生になるつもりだった。 **Watashi wa gakkō no sensei ni naru tsumori datta.**	Ich wollte Lehrerin werden.
お前が試合に出るつもりか。 **O-mae ga shiai ni deru tsumori ka.**	Willst du an dem Wettkampf teilnehmen?

Anmerkung: Vergangenheit und Höflichkeit werden am Hauptsatzprädikat, an der Kopula だ **da**, ausgedrückt.

2. Die Verneinung kann man an zwei Stellen ausdrücken, in dem eingebetteten Satz vor つもり **tsumori** oder aber, indem man つもりはない **tsumori wa nai** verwendet:

私は大学院には進まないつもりです。 **Watashi wa daigakuin ni wa susumanai tsumori desu.**	Ich habe die Absicht, nicht den Masterkurs zu belegen.
大学院に進むつもりはありません。 **Daigakuin ni susumu tsumori wa arimasen.**	Ich habe nicht die Absicht, den Masterkurs zu belegen.

Anmerkung: Steht vor つもり **tsumori** die Abgeschlossenheits- oder die **te iru**-Form, so drückt die Konstruktion die Überzeugung des Subjekts *ich dachte, ich hätte, ...* bzw. *ich habe eigentlich ...* aus.

Kapitel 20 Befehle, Verbote, Verpflichtungen und Erlaubnis

Der Imperativ 146

1. Die stärkste Form, einen Befehl auszudrücken, stellt der Imperativ der Verben (命令形 **meireikei**) dar. Bei einstufigen Verben wird das -る **-ru** zu -ろ **-ro**. Bei den fünfstufigen Verben wechselt der Vokal von **-u** zu **-e**:

Einstufige Verben		
食べる **tabe-ru**	食べろ **tabe-ro**	iss!
考える **kangae-ru**	考えろ **kangae-ro**	denk nach!
見る **mi-ru**	見ろ **mi-ro** oder 見よ **mi-yo**	schau!
着る **ki-ru**	着ろ **ki-ro**	zieh an!
Fünfstufige Verben		
買う **ka-u**	買え **ka-e**	kauf!
書く **kak-u**	書け **kak-e**	schreib!
返す **kaes-u**	返せ **kaes-e**	gib zurück!
持つ **mots-u**	持て **mot-e**	halt fest!
飲む **nom-u**	飲め **nom-e**	trink!
Ausnahmen		
来る **ku-ru**	来い **ko-i**	komm!
する **su-ru**	しろ **shi-ro** oder せよ **se-yo**	mach!
なさる **nasa-ru**	なさい **nasa-i**	mach!
くださる **kudasa-ru**	ください **kudasa-i**	gib!
いらっしゃる **irassha-ru**	いらっしゃい **irassha-i**	komm!

Anmerkung 1: 見よ **miyo** und せよ **seyo** sind die schriftsprachlichen Varianten des Imperativs.

Anmerkung 2: Da der Imperativ sehr stark ist, benutzt man ihn nur bei Gesprächspartnern, die nicht höflich behandelt werden müssen, also gegenüber rangniederen Personen oder im Streit.

2. Verneinte Befehle gibt man, indem man an die Lexikonform der Verben die Satzendpartikel な **na** (vgl. § 97) anfügt.

147 -なさい -nasai

Durch Anfügen von -なさい **-nasai** an die **i**-Stufe der Verben erhält man eine weniger starke Befehlsform. -なさい **-nasai** wird gerne von Eltern gegenüber Kindern und von Lehrern gegenüber Schülern verwendet:

Einstufige Verben		
食べる **tabe-ru**	食べなさい **tabe-nasai**	iss!
考える **kangae-ru**	考えなさい **kangae-nasai**	denk nach!
見る **mi-ru**	見なさい **mi-nasai**	schau!
着る **ki-ru**	着なさい **ki-nasai**	zieh an!
Fünfstufige Verben		
買う **ka-u**	買いなさい **kai-nasai**	kauf!
書く **kak-u**	書きなさい **kaki-nasai**	schreib!
飲む **nom-u**	飲みなさい **nomi-nasai**	trink!
Ausnahmen		
来る **ku-ru**	来なさい **ki-nasai**	komm!
する **su-ru**	しなさい **shi-nasai**	mach!

Anmerkung: -なさい **-nasai** ist der Imperativ von なさる **nasaru** (vgl. § 146.1), einer höflichen Variante von する **suru** *machen*.

148 -てください -te kudasai

1. Höfliche Bitten formuliert man, indem man an die **te**-Form eines Verbs (vgl. § 126) ください **kudasai** anhängt:

読んでください。 **Yonde kudasai.**	Bitte lesen Sie!
本を開けてください。 **Hon o akete kudasai.**	Öffnen Sie bitte das Buch!

もう一度繰り返してください。 **Mō ichido kurikaeshite kudasai.**	Wiederholen Sie das bitte noch einmal!
漢字で書いてください。 **Kanji de kaite kudasai.**	Bitte schreiben Sie es in chinesischen Schriftzeichen.

Anmerkung: ください **kudasai** ist die **meireikei** des Verbs 下さる **kudasaru** (vgl. § 146.1) *jemand Höherstehendes tut mir einen Gefallen*.

2. Möchte man jemanden bitten, etwas nicht zu tun, so bildet man die **te**-Form des Suffixes der Verneinung, also -ないで **-naide**, und hängt ください **kudasai** daran an:

繰り返さないでください。 **Kurikaesanaide kudasai.**	Wiederholen Sie das bitte nicht!
本を開けないでください。 **Hon o akenaide kudasai.**	Öffnen Sie das Buch bitte nicht!
入らないでください。 **Hairanaide kudasai.**	Bitte treten Sie nicht ein!
気にしないでください。 **Ki ni shinaide kudasai.**	Bitte machen Sie sich keine Sorgen.

3. In der Umgangssprache wird ください **kudasai** gerne weggelassen und nur die **te**-Form verwendet:

ちょっと待っていて。 **Chotto matte ite.**	Wart mal kurz.
気にしないで。 **Ki ni shinaide.**	Mach dir nichts draus.

4. In der Sprache der Ehrerbietung verwendet man **o** + Verb i-Stufe + **kudasai** oder aber **go** + Verbalsubstantiv + **kudasai** (vgl. § 10.5):

お入りください。 **O-hairi kudasai.**	Bitte treten Sie ein! [höflich].

149 -よう -yō/-う -u

1. Um zu einer gemeinsamen Handlung aufzufordern, verwendet man das Suffix -よう **-yō/-**う **-u**. -よう **-yō** wird an den Stamm der einstufigen, -う **-u** an die **o**-Stufe der fünfstufigen Verben angeschlossen (vgl. § 115):

中華を食べよう。 **Chūka o tabeyō.**	Lass uns chinesisch essen.
タクシーで帰ろう。 **Tak$_{u}$shī de kaerō.**	Lass uns mit dem Taxi nach Hause fahren.
みなで勉強しよう。 **Mina de benkyō shiyō.**	Lasst uns zusammen lernen.

Anmerkung: -ましょう **-mashō** ist die unregelmäßig gebildete Aufforderungsform von -ます **-mas$_{u}$** (vgl. § 117.2).

2. In einem Fragesatz verwendet man die Konstruktion oft, um seine Hilfe anzubieten:

何か手伝おうか。 **Nani ka tetsudaō ka.**	Soll ich etwas helfen?
薬を買って来ようか？ **K$_{u}$suri o katte koyō ka.**	Soll ich die Medizin kaufen (und kommen)?
お荷物を持ちましょうか。 **O-nimotsu o mochimashō ka.**	Kann ich Ihr Gepäck tragen?

150 -ないか -nai ka

Einladungen sind Angebote, etwas gemeinsam zu tun. Im Japanischen formuliert man sie als verneinte Frage, also -ないか **-nai ka** im neutralen bzw. -ませんか **-masen ka** im höflichen Stil. Dadurch verliert die Einladung an Direktheit:

お茶でも飲みませんか。 **O-cha demo nomimasen ka.**	Wie wäre es mit einer Tasse Tee?

歌舞伎を見に行きませんか。 **Kabuki o mi ni ikimasen ka.**	Haben Sie Lust, ins Kabuki-Theater zu gehen?
映画のチケットが二枚あるんだけど一緒に行かない？ **Eiga no ch$_i$ketto ga nimai aru n da kedo isho ni ikanai.**	Ich habe zwei Kinokarten, kommst du mit? [ugs.]

Anmerkung: In der Umgangssprache kann か **ka** am Ende auch wegfallen.

-なければならない -nakereba naranai 151

1. Um auszudrücken, dass man eine Handlung notwendigerweise ausführen muss, dass ein innerer oder äußerer Zwang dazu besteht, verwendet man die Konstruktion -なければならない **-nakereba naranai** *müssen*. Sie wird an die **a**-Stufe der Verben angehängt:

少し考えなければなりません。 **S$_u$koshi kangaenakereba narimasen.**	Ich muss kurz nachdenken.
六時に起きなければなりません。 **Rokuji ni okinakereba narimasen.**	Ich muss um 6 Uhr aufstehen.
掃除をしなければならない。 **Sōji o shinakereba naranai.**	Ich muss putzen.
牛乳を買わなければならない。 **Gyūnyū o kawanakereba naranai.**	Ich muss Milch kaufen.

Anmerkung: Die Konstruktion besteht aus dem Suffix der Verneinung -なけれ **-nakere** *nicht* in der Konditionalform, der Konjunktion -ば **-ba** *wenn* und ならない **naranai** *nicht werden*. Man kann sie mit *wenn nicht ..., dann wird das nichts* paraphrasieren.

2. Daneben gibt es noch die folgenden bedeutungsgleichen Varianten, die alle an die **a**-Stufe der Verben angehängt werden:

-なければいけない	**-nakereba ikenai**	müssen
-なくてはならない	**-nak$_u$te wa naranai**	

-なくてはいけない	**-nak$_u$te wa ikenai**	müssen, nicht umhin können, ... zu
-ずにはいられない	**-zu ni wa irarenai**	
-ざるをえない	**-zaru o enai**	

3. In der Umgangssprache werden ならない **naranai** bzw. いけない **ikenai** weggelassen und es kommt zu lautlichen Verschleifungen:

なければ	**nakereba**	→	なきゃ	**nakya**
なくては	**nak$_u$te wa**	→	なくちゃ	**nak$_u$cha**

4. -なければならない **-nakereba naranai** kann auch an KY く**-ku** bzw. KYD oder Substantive + で **de** angehängt werden:

用紙は白くなければならなりません。 **Yōshi wa shiroku nakereba narimasen.**	Das Papier muss weiß sein.
内容が明らかでなければならない。 **Naiyō ga akiraka de nakereba naranai.**	Der Inhalt muss klar sein.
1名が女性でなければならない。 **Ichimei ga josei de nakereba naranai.**	Eine Person muss eine Frau sein.

152 べきだ beki da

Um eine Handlung als moralisch verpflichtend bzw. angemessen zu beurteilen, verwendet man べきだ **beki da**. Der eingebettete Satz vor べきだ **beki da** steht immer in der neutralen Nicht-Abgeschlossenheitsform. Höflichkeit und Abgeschlossenheit drückt man an der Kopula だ **da** aus:

タバコを禁止するべきだ。 **Tabako o kinshi suru beki da.**	Man sollte das Rauchen verbieten.
他人を傷つけるような言葉を使うべきではありません。 **Ta'nin o kizuts$_u$keru yō na kotoba o ts$_u$kau beki dewa arimasen.**	Worte, welche andere verletzen, sollte man nicht verwenden.

あの時は、入院するべきだった。 **Anto toki wa, nyūin suru beki datta.**	Damals hätte ich ins Krankenhaus gehen sollen.

Anmerkung 1: べきだ **beki da** kann sowohl mit *müssen* als auch mit *sollte* übersetzt werden.

Anmerkung 2: する **suru** vor べき **beki** kann zu すべき **subeki** werden.

Anmerkung 3: べき **beki** ist formal ein Substantiv.

-なくてもいい -nak$_{u}$te mo ii 153

1. Um auszudrücken, dass keine Notwendigkeit zu einer Handlung besteht, hängt man -なくてもいい **-nak$_{u}$te mo ii** *nicht brauchen* an die **a**-Stufe der Verben an:

全部食べなくてもいいよ。 **Zenbu tabenak$_{u}$te mo ii yo.**	Du brauchst nicht alles aufzuessen.
宿題をしなくてもいいですか。 **Sh$_{u}$kudai o shinak$_{u}$te mo ii des$_{u}$ ka.**	Ist es in Ordnung, wenn ich keine Hausaufgaben mache?
はい、しなくても いいです。 **Hai, shinak$_{u}$te mo ii des$_{u}$.**	Ja, du brauchst sie nicht zu machen.

Anmerkung: -なくて **-nak$_{u}$te** ist die **te**-Form des Suffixes der Verneinung -ない **-nai**. Gefolgt von der Partikel も **mo** *auch* und dem KY いい **ii** *gut* bedeutet die Konstruktion *auch wenn nicht ..., ist das gut*.

2. -なくてもいい **-nak$_{u}$te mo ii** kann auch an KY く **-ku** bzw. KYD (vgl. § 165) oder Substantive + で **de** angehängt werden:

部屋は広くなくてもいい。 **Heya wa hiroku nak$_{u}$te mo ii.**	Das Zimmer braucht nicht groß zu sein.
同じでなくてもいいです。 **Onaji de nak$_{u}$te mo ii des$_{u}$.**	Es braucht nicht gleich zu sein.
女性でなくてもいい。 **Josei de nak$_{u}$te mo ii.**	Es braucht keine Frau zu sein.

154 -てもいい -te mo ii

1. Mit -てもいい **-te mo ii** bzw. -でもいい **-de mo ii** kann man um Erlaubnis fragen bzw. diese erteilen. -てもいい **-te mo ii** wird wie das Suffix -て **-te** (vgl. § 126) an die (geschwächte) **i**-Stufe der Verben angehängt:

タバコを吸ってもいいですか。	Ist es in Ordnung, wenn ich
Tabako o s$_{u}$tte mo ii des$_{u}$ ka.	rauche?
お手洗いを借りてもいいですか。	Darf ich Ihre Toilette benut-
O-tearai o karite mo ii des$_{u}$ ka.	zen?
読んでもいいですか。	Darf ich es lesen?
Yonde mo ii des$_{u}$ ka.	
入ってもいいよ。	Komm (nur) rein.
Haitte mo ii yo.	

Anmerkung 1: ても **te mo** bedeutet *auch wenn* (vgl. § 224), いい **ii** bedeutet *es ist gut*. Die Konstruktionen kann man also mit *es ist o.k., auch wenn ...* paraphrasieren.

Anmerkung 2: Statt いい **ii** kann auch 構わない **kamawanai** *nicht stören* stehen.

2. -てもいい **-te mo ii** kann auch nach KY く **-ku** stehen. Nach KYD und Substantiven steht -でもいい **-de mo ii**:

髪が長くてもいいです。	Die Haare dürfen auch lang
Kami ga nagak$_{u}$te mo ii des$_{u}$.	sein.
喫煙席でもいいですか。	Darf es auch ein Platz im
K$_{i}$tsuenseki de mo ii des$_{u}$ ka.	Raucherabteil sein?

155 -てはいけない -te wa ikenai

1. Verbote werden mit einem Verb in der **te**-Form (vgl. § 126) und はいけない **wa ikenai** gebildet:

この部屋に入ってはいけない。	Du darfst dieses Zimmer
Kono heya ni haitte wa ikenai.	nicht betreten.

タバコを吸ってはいけません。 **Tabako o s$_u$tte wa ikemasen.**	Es ist verboten, zu rauchen.
携帯電話を使ってはいけません。 **Keitai denwa o ts$_u$katte wa ikemasen.**	Man darf keine Handys benutzen.

Anmerkung: Die Partikel は **wa** nach der **te**-Form dient zur Betonung. いけない **ikenai** kommt von dem Verb 行く **iku** *gehen* und ist dessen verneinte Potentialform, bedeutet also *es kann nicht gehen*.

2. -てはいけない **-te wa ikenai** kann man auch an verneinte Verben anschließen. Die verneinte **te**-Form bildet man mit なくて **nak$_u$te**. Man verbietet, etwas nicht zu tun, erteilt also eine Verpflichtung (vgl. § 151.2):

宿題をしなくてはいけない。 **Sh$_u$kudai o shinak$_u$te wa ikenai.**	Du musst deine Hausaufgaben machen.
環境のことも考えなくてはいけません。 **Kankyō no koto mo kangaenak$_u$te wa ikemasen.**	Man muss auch an die Umwelt denken.

3. -てはいけない **-te wa ikenai** kann auch nach KY く **-ku** stehen. Nach KYD verwendet man ではいけない **dewa ikenai**:

髪は長くてはいけません。 **Kami wa nagak$_u$te wa ikemasen.**	Die Haare dürfen nicht lang sein.
保守的ではいけない。 **Hosh$_u$teki dewa ikenai.**	Man darf nicht konservativ sein.

4. In der Umgangssprache wird -ては **-te wa** zu -ちゃ **-cha**, -では **-de wa** zu -じゃ **-ja**:

絶対行っちゃいけない。 **Zettai itcha ikenai.**	Du darfst auf keinen Fall gehen.
お酒を飲んじゃいけない。 **O-sake o nonja ikenai.**	Du darfst keinen Alkohol trinken.

Kapitel 21 Die te-Form + Hilfsverben

156 Vorbemerkung

Es gibt eine Reihe von Verben, die man auch als Hilfsverben verwenden kann. Als Hilfsverben haben sie ihre ursprüngliche Bedeutung weitgehend verloren und werden meistens in Hiragana geschrieben. Die Verben stehen immer nach der **te**-Form (vgl. § 126) eines Vollverbs. An ein Hilfsverb kann man selbstverständlich wie an jedes andere Verb Suffixe der Höflichkeit, Abgeschlossenheit, Verneinung, Willensform oder Aufforderung etc. anhängen.

157 -ている -te iru

1. いる **iru** nach einem Handlungsverb in der **te**-Form beschreibt eine andauernde Handlung (vgl. § 121):

本を読んでいます。 **Hon o yonde imasu.**	Ich lese gerade ein Buch.
日本語の勉強をしています。 **Nihongo no benkyō o shite imasu.**	Ich lerne Japanisch.

Anmerkung: In der Umgangssprache wird ている **-te iru** zu てる **-teru** verkürzt.

2. いる **iru** nach einem Ereignisverb in der **te**-Form drückt aus, dass der aus dem Ereignis resultierende Nachzustand immer noch anhält (vgl. § 123):

森さんはドイツに行っている。 **Mori-san wa doitsu ni itte iru.**	Herr Mori ist in Deutschland.
お父さんが死んでいる。 **O-tōsan ga shinde iru.**	Sein Vater ist gestorben.

Anmerkung: Von Zustandsverben kann man keine **te iru**-Form bilden.

-てみる -te miru 158

みる **miru** nach einem Verb in der **te**-Form hat die Bedeutung *X machen und sehen was dabei herauskommt* und kann oft mit *etwas versuchen* übersetzt werden:

先生と話してみましたか。 **Sensei to hanash$_i$te mimash$_i$ta ka.**	Haben Sie versucht, mit der Lehrerin zu sprechen.
日本へ行ってみたいです。 **Nihon e itte mitai des$_u$.**	Ich möchte gerne mal nach Japan fahren.
このお菓子を食べてみてください。 **Kono o-kashi o tabete mite kudasai.**	Bitte probieren Sie diese Süßigkeit mal.

-ておく -te oku 159

Mit einem Verb in der **te**-Form und おく **oku** drückt man aus, dass man etwas vorsorglich und im Voraus macht und der daraus resultierende Zustand anhält. Die Konstruktion kann man nur mit Verben bilden, die eine willentliche Handlung beschreiben:

ビールを買っておきました。 **Bīru o katte okimash$_i$ta.**	Ich habe vorsorglich Bier eingekauft.
パスポートを出しておいてください。 **Pas$_u$pōto o dash$_i$te oite kudasai.**	Bitte halten Sie Ihre Pässe bereit.
財布を机の上に置いておきました。 **Saifu o ts$_u$kue no ue ni oite okimash$_i$ta.**	Ich habe den Geldbeutel auf den Tisch gelegt (und dort liegen lassen).

-てある -te aru 160

1. Mit einem transitiven Verb in der **te**-Form und ある **aru** drückt man aus, dass eine unbekannte Person etwas gemacht hat und das Ergebnis dieser Handlung noch sichtbar oder bemerkbar ist. Der Verursacher wird in

der Konstruktion mit -てある **-te aru** nicht ausgedrückt. Das direkte Objekt des Verbs wird zum Subjekt und somit mit が **ga** markiert:

誰かが窓を開けた。 **Dare ka ga mado o aketa.** 窓が開けてある。 **Mado ga akete aru.**	Jemand hat das Fenster geöffnet. Das Fenster ist geöffnet.
誰かが黒板に漢字を書いた。 **Dare ka ga kokuban ni kanji o kaita.** 黒板に漢字が書いてある。 **Kokuban ni kanji ga kaite aru.**	Jemand hat Kanji an die Tafel geschrieben. An der Tafel stehen Kanji geschrieben.
誰かが電気をつけました。 **Dare ka ga denki o tsukemashita.** 電気がつけてありました。 **Denki ga tsukete arimashita.**	Jemand hat das Licht angemacht. Das Licht war angeschaltet.

Anmerkung : -てある **-te aru** kann man nur mit solchen transitiven Verben kombinieren, deren Handlung einen sichtbaren Nachzustand nach sich ziehen.

2. Ein transitives Verb mit -てある **-te aru** ähnelt der intransitiven Verbvariante mit -ている **-te iru**. Der beschriebene Zustand ist jeweils gleich. Mit -ている **-te iru** drückt man jedoch aus, dass der Zustand von alleine eingetreten ist.

電気がついている。 **Denki ga tsuite iru.** 電気がつけてある。 **Denki ga tsukete aru.**	Das Licht ist (von selbst) an. Das Licht ist an(gemacht worden).
窓が開いています。 **Mado ga aite imasu.** 窓が開けてあります。 **Mado ga akete arimasu.**	Das Fenster ist geöffnet. Das Fenster ist geöffnet (worden).

-てしまう -te shimau 161

1. Mit einem Verb in der **te**-Form + しまう **shimau** drückt man aus, dass man etwas vollständig, bis zum Ende macht:

ごめんなさい。全部食べてしまいました。 **Gomen nasai. Zenbu tabete shimaimashita.**	Es tut mir leid. Ich habe alles aufgegessen.
片付けてしまいましょうか。 **Katazukete shimaimashō ka.**	Sollen wir fertig aufräumen?
大事なファイルを消してしまった。 **Daiji na fairu o keshite shimatta.**	Ich habe eine wichtige Datei gelöscht.
残ったお金を使ってしまおうと思って、お店に入った。 **Nokotta o-kane o tsukatte shimaō to omotte, o-mise ni haitta.**	Ich wollte das restliche Geld ausgeben und betrat das Geschäft.

2. Mit -てしまう **-te shimau** kann man ferner das Bedauern über eine Handlung oder ein Ereignis ausdrücken:

雨が降り出してしまいました。 **Ame ga furidashite shimaimashita.**	Es hat leider angefangen zu regnen.
暗証番号を忘れてしまいました。 **Anshō bangō o wasurete shimaimashita.**	Ich habe meine Geheimnummer leider vergessen.
犬にかまれてしまった。 **Inu ni kamarete shimatta.**	Ich wurde leider von einem Hund gebissen.

Anmerkung: Es gibt keine Regel, wann -てしまう **-te shimau** welche Bedeutung hat. Bei Verben wie *regnen*, die keine willentliche Handlung beschreiben, hat der Ausdruck jedoch immer die Bedeutung von *leider*. Wird -てしまう **-te shimau** in der Aufforderungsform verwendet, dann liegt die Bedeutung von *vollständig* vor.

3. In der Umgangssprache wird -てしまう **-te shimau** wie folgt verkürzt:

Standard- sprache	Umgangs- sprache	Beispiel	
-てしまう **-te shimau**	-ちゃう **-chau**	食べちゃう **tabechau**	aufessen
-でしまう **-de shimau**	-じゃう **-jau**	読んじゃう **yonjau**	fertig lesen
-てしまった **-te shimatta**	-ちゃった **-chatta**	食べちゃった **tabechatta**	aufgegessen haben
-でしまった **-de shimatta**	-じゃった **-jatta**	読んじゃった **yonjatta**	fertig gelesen haben

162 -ていく -te iku und -てくる -te kuru

1. Nach Bewegungsverben und Verben der Art und Weise spezifizieren bzw. verstärken -ていく **-te iku** und -てくる **-te kuru** die Richtung der Bewegung (vgl. § 105):

彼は本を持ってくる。 **Kare wa hon o motte kuru.**	Er bringt ein Buch mit. (zum Sprecher hin)
彼は本を持っていく。 **Kare wa hon o motte Iku.**	Er nimmt ein Buch mit. (vom Sprecher weg)
学生が入ってきた。 **Gak$_u$sei ga haitte k$_i$ta.**	Ein Student kam herein. (zum Sprecher hin)
学生が入っていった。 **Gak$_u$sei ga haitte itta.**	Ein Student ging hinein. (vom Sprecher weg)

2. -てくる **-te kuru** kann eine zeitliche Dauer von der Vergangenheit zum Sprechzeitpunkt und -ていく **-te iku** vom Sprechzeitpunkt in die Zukunft beschreiben:

30年近くこの会社で働いてきた。 **Sanjūnen chikaku kono kaisha de hataraite kita.**	Ich habe beinahe 30 Jahre in dieser Firma gearbeitet.
これからも活動を続けていくつもりです。 **Kore kara mo katsudō o tsuzukete iku tsumori desu.**	Wir wollen unsere Aktivitäten auch weiterhin fortsetzen.

3. Steht -てくる **-te kuru** nach einem Ereignisverb, so wird der Anfang des Ereignisses betont:

雨が降ってきた。 **Ame ga futte kita.**	Es fing an zu regnen.
やっと分かってきました。 **Yatto wakatte kimashita.**	Endlich begann ich zu verstehen.

4. -てくる **-te kuru** betont das Auftreten einer Erscheinung und -ていく **-te iku** deren Ende:

新しい考えが生まれてくる。 **Atarashii kangae ga umarete kuru.**	Eine neue Überlegung kommt auf.
問題が発生してきた。 **Mondai ga hassei shite kita.**	Ein Problem trat auf.
地域言語が消えていく。 **Chiiki gengo ga kiete iku.**	Regionalsprachen sterben aus.
若い人達がいなくなっていった。 **Wakai hitotachi ga inaku natte itta.**	Die jungen Leute sind verschwunden.

Die te-Form + Verben des Gebens 163

1. Mit einem Vollverb in der **te**-Form (vgl. § 126) und einem Verb des Gebens bzw. Bekommens drückt man aus, dass eine Gefälligkeit ausgetauscht wird:

-てあげる	**-te ageru**	ich bin so freundlich ... zu tun
-てもらう	**-te morau**	ich bekomme ... gemacht
-てくれる	**-te kureru**	jemand ist so freundlich, für mich ... zu tun
-てさしあげる	**-te sashiageru**	ich erlaube mir, (für eine ranghöhere Person) ... zu tun
-ていただく	**-te itadaku**	ich bekomme freundlicherweise (von einer ranghöheren Person) ... gemacht
-てくださる	**-te kudasaru**	(eine ranghöhere Person) ist so freundlich, für mich ... zu tun
-てやる	**-te yaru**	ich bin so freundlich, für (eine rangniedere Person) ... zu tun

2. Die Richtungsunterschiede zwischen あげる **ageru**, くれる **kureru** und もらう **morau**, wer für wen etwas tut und wo der Schwerpunkt der Betrachtung liegt, bleiben erhalten (vgl. § 110):

彼女に指輪を買ってあげたいのですが。 **Kanojo ni yubiwa o katte agetai no des$_{u}$ ga.**	Ich möchte meiner Freundin einen Fingerring kaufen.
お客様にお茶を入れてさしあげました。 **O-kyak$_{u}$-sama ni o-cha o irete sashiagemash$_{i}$ta.**	Ich habe den Kunden Tee serviert.
母は（私に）お菓子を買ってくれた。 **Haha wa (watashi ni) o-kashi o katte kureta.**	Meine Mutter hat mir Süßigkeiten gekauft.
先生がおごってくださいました。 **Sensei ga ogotte kudasaimash$_{i}$ta.**	Der Dozent hat uns eingeladen.

(私は)母にお菓子を買ってもらった。 **(Watashi wa) haha ni o-kashi o katte moratta.**	Ich bekam von meiner Mutter Süßigkeiten gekauft.
夏祭りに招待していただきました。 **Natsumatsuri ni shōtai sh$_i$te itadakimash$_i$ta.**	Ich wurde zum Sommerfest eingeladen.
息子の誕生日にデジカメを買ってやった。 **Mus$_u$ko no tanjōbi ni dejikame o katte yatta.**	Ich habe meinem Sohn zum Geburtstag eine Digitalkamera gekauft.

Anmerkung 1: Mit der Konstruktion kann man bei Verben wie 歌う **utau** *singen*, die im Japanischen eigentlich kein indirektes Objekt haben, ein solches einführen.

Anmerkung 2: Die Konstruktionen -てくれる **-te kureru** und -てくださる **-te kudasaru**, die nicht das *Ich* als Subjekt in den Mittelpunkt stellen, gelten als höflicher als -てもらう **-te morau** oder -ていただく **-te itadaku**.

3. Da die Konstruktion die innere Einstellung, dass man die Handlung als einen Gefallen auffasst, ausdrückt, werden deutsche Passivsätze mit einer solchen Bedeutungsnuance oft mit -てもらう **-te morau** oder -ていただく **-te itadaku** übersetzt:

Ich wurde vom Dozenten eingeladen.	先生におごっていただきました。 **Sensei ni ogotte itadakimash$_i$ta.**
Ich wurde von Papa gelobt.	お父さんに誉めてもらった。 **O-tōsan ni homete moratta.**
Dieser Zahnarzt wurde mir von einem Freund empfohlen.	友達にこの歯医者を紹介してもらいました。 **Tomodachi ni kono haisha o shōkai sh$_i$te moraimash$_i$tta.**

Kapitel 22 Adjektive

164 Vorbemerkung

1. Im Japanischen gibt es zwei Gruppen von Adjektiven: Die 形容詞 **keiyōshi** (**KY**) enden alle auf -い **-i** und werden daher auch **i**-Adjektive genannt. Die 形容動詞 **keiyōdōshi** (**KYD**) dagegen haben keine typische Endung. Es sind oft Kanjikombinationen, die sino-japanisch gelesen werden. Da sie vor Substantiven die Endung -な **-na** zu sich nehmen, werden sie auch **na**-Adjektive genannt. Daneben gibt es noch einige wenige Adjektive, die sich keiner Gruppe eindeutig zuordnen lassen.

2. Adjektive können im Satz ein Substantiv näher bestimmen, d.h., sie haben die Funktion eines Attributs (vgl. § 22). Sie können als Prädikat eines Satzes fungieren oder als Adverbien ein Prädikat näher bestimmen. Je nach der Funktion im Satz ändern sich die Adjektivendungen.

165 Übersicht über die Flexionsstufen der Adjektive

<table>
<tr><th></th><th></th><th>KY</th><th>KYD</th></tr>
<tr><td>unselbstständige
Form</td><td>未然形
mizenkei</td><td>KY かろ
KY karo</td><td>KYDだろ
KYD daro</td></tr>
<tr><td>Konjunktionalform</td><td>連用形
renyōkei</td><td>KYく
KY ku</td><td>KYDで
KYD de</td></tr>
<tr><td>geschwächte
Konjunktionalform</td><td>音便形
onbinkei</td><td>KYかっ
KY kat</td><td>KYDだっ
KYD dat</td></tr>
<tr><td>Satzendform</td><td>終止形
shūshikei</td><td rowspan="2">KYい
KY i</td><td>KYDだ
KYD da</td></tr>
<tr><td>Attributivform</td><td>連体形
rentaikei</td><td>KYDな
KYD na</td></tr>
<tr><td>Konditionalform</td><td>仮定形
kateikei</td><td>KYけれ
KY kere</td><td>KYDなら
KYD nara</td></tr>
</table>

Adjektive vor einem Substantiv **166**

1. **KY** stehen vor einem Substantiv in der Attributivform (連体形 **rentaikei**), also **KY** い **-i**:

長い鉛筆	**nagai enpitsu**	langer Bleistift
高い靴	**takai kutsu**	teure Schuhe
赤い花	**akai hana**	eine rote Blume

Anmerkung: Die Attributivform ist mit der Satzendform, wie KY auch im Lexikon stehen, identisch.

2. Ausnahmen zu dieser Regel bilden 多い **ōi**, 遠い **tōi**, 近い **chikai** und 大きい **ōkii**, bei denen das letzte -い **-i** durch -くの **-ku no** bzw. -な **-na** ersetzt wird:

多くの人	**ōku no hito**	viele Menschen
遠くの島	**tōku no shima**	die entfernte Insel
近くの店	**chikaku no mise**	das nahe Geschäft
大きな問題	**ōki na mondai**	ein großes Problem

3. **KYD** nehmen in der Attributivform -な **-na** zu sich:

変な人	**hen na hito**	ein seltsamer Mensch
きれいな町	**kirei na machi**	eine schöne Stadt
静かな部屋	**shizuka na heya**	ein ruhiges Zimmer

Anmerkung: Eine Ausnahme hierzu bildet 同じ **onaji** *gleichartig*, das vor einem Substantiv unverändert bleibt.

4. Manche Adjektive nehmen eine Zwischenstellung zwischen KYD und Substantiven ein. Von der Bedeutung her haben sie eher adjektivischen Charakter. In der Attributivform nehmen sie jedoch wie Substantive die Partikel の **no** (vgl. § 23) zu sich. Diese Adjektive sollen **no**-Adjektive genannt werden:

普通の家	**futsū no ie**	ein normales Haus
生の野菜	**nama no yasai**	rohes Gemüse
特別な/の日	**tokubetsu na/no hi**	ein besonderer Tag

5. Eine kleine Gruppe von Adjektiven kann nur attributiv, d.h. vor einem Substantiv, verwendet werden. Sie nehmen keine Endung zu sich:

ある	**aru**	ein gewisser
あらゆる	**arayuru**	alle möglichen, jede
いわゆる	**iwayuru**	so genannt
この/その/あの	**kono/sono/ano**	dieser/jener
どの	**dono**	welches
こんな …	**konna ...**	ein derartiges
どんな	**donna**	was für ein

167 Adjektive als Prädikat

Wird ein Adjektiv als Prädikat verwendet, muss man – wie bei den Verben – zwischen neutralem und höflichem Stil unterscheiden (vgl. §§ 7-8).

1. Im neutralen Stil stehen **KY** in der Satzendform (終止形 **shūsh$_{i}$kei**), wie sie auch im Lexikon eingetragen sind:

この車は新しい。	Das Auto hier ist neu.
Kono kuruma wa atarashii.	
あの時計は高い。	Die Uhr dort ist teuer.
Ano tokei wa takai.	
特急は速い。	Der Expresszug ist
Tokkyū wa hayai.	schnell.

2. Im höflichen Stil werden sie von です **des$_{u}$** begleitet (vgl. § 99):

この車は新しい です。	Das Auto hier ist neu.
Kono kuruma wa atarashii des$_{u}$.	
あの時計は高いです。	Die Uhr dort ist teuer.
Ano tokei wa takai des$_{u}$.	
特急は速いです。	Der Expresszug ist
Tokkyū wa hayai des$_{u}$.	schnell.

3. **KYD** und **no**-Adjektive müssen von einer Form der Kopula begleitet werden, im neutralen Stil von だ **da**:

それは変だ。	Das ist seltsam.
Sore wa hen da.	
この部屋は静かだ。	Dieses Zimmer ist ruhig.
Kono heya wa shizuka da.	
本当だ。	Das ist wahr.
Hontō da.	

4. Im höflichen Stil steht danach です **des$_{u}$**:

それは変です。	Das ist seltsam.
Sore wa hen des$_{u}$.	
この家は静かです。	Dieses Haus ist ruhig.
Kono ie wa shizuka des$_{u}$.	
本当です。	Das ist wahr.
Hontō des$_{u}$.	

Die Verneinung 168

1. Bei **KY** wird das Suffix der Verneinung -ない **-nai** an die **renyōkei** angehängt, also an KY く **-ku**:

古い	**furu-i**	alt	古くない	**furu-ku nai**	nicht alt
安い	**yasu-i**	billig	安くない	**yas$_{u}$-ku nai**	nicht billig
高い	**taka-i**	teuer	高くない	**taka-ku nai**	nicht teuer
長い	**naga-i**	lang	長くない	**naga-ku nai**	nicht lang
汚い	**k$_{i}$tana-i**	dreckig	汚くない	**k$_{i}$tana-ku nai**	nicht dreckig
良い	**i-i**	gut	良くない	**yo-ku nai**	nicht gut

Anmerkung: 良い kann in der Lexikonform **ii** oder **yoi** gelesen werden. In allen anderen Flexionsstufen ist die Lesung **yo**.

2. Das Suffix -ない **-nai** selbst verhält sich wie ein KY. D.h., man kann -ない **-nai** wie alle KY attributiv oder prädikativ verwenden:

新しくない靴 **atarash$_i$-ku nai k$_u$tsu**	Schuhe, die nicht neu sind
正しくないところ **tadash$_i$-ku nai tokoro**	nicht richtige Stellen
それは新しくない。 **Sore wa atarash$_i$-ku nai.**	Das ist nicht neu.
そこのラーメンはおいしくない。 **Soko no rāmen wa oish$_i$-ku nai.**	Die Nudeln dort sind nicht lecker.

3. Um die Aussage im höflichen Stil zu formulieren, hängt man です **des$_u$** an das verneinte KY an:

その家は新しくないです。 **Sono ie wa atarash$_i$-ku nai des$_u$.**	Dieses Haus ist nicht neu.
そこのラーメンはおいしくないです。 **Soko no rāmen wa oish$_i$-ku nai des$_u$.**	Die Nudeln dort sind nicht lecker.

4. Daneben existiert noch eine weitere höfliche Verneinungsform mit ありません **arimasen** statt ないです **nai des$_u$**:

その家は新しくありません。 **Sono ie wa atarash$_i$-ku arimasen.**	Dieses Haus ist nicht neu.
そこのラーメンはおいしくありません。 **Soko no rāmen wa oish$_i$-ku arimasen.**	Die Nudeln dort sind nicht lecker.

5. Um ein **KYD** oder ein **no**-Adjektiv zu verneinen, verwendet man die verneinte Form der Kopula, also im neutralen Stil ではない **dewa nai**:

それは変ではない。 **Sore wa hen dewa nai.**	Das ist nicht seltsam.

この公園は静かではない。	Dieser Park ist nicht ruhig.
Kono kōen wa shizuka dewa nai.	
本当ではない。	Das ist nicht wahr.
Hontō dewa nai.	

Anmerkung: In der Umgangssprache wird では **dewa** als じゃ **ja** verschliffen ausgesprochen.

6. Im höflichen Stil verwendet man ではありません **dewa arimasen**:

それは変ではありません。	Das ist nicht seltsam.
Sore wa hen dewa arimasen.	
この公園は静かではありません。	Dieser Park ist nicht ruhig.
Kono kōen wa shizuka dewa arimasen.	
本当ではありません。	Das ist nicht wahr.
Hontō dewa arimasen.	

Anmerkung: In der Umgangssprache wird では **dewa** als じゃ **ja** verschliffen ausgesprochen.

Die Abgeschlossenheit 169

1. Die neutrale Abgeschlossenheitsform der KY bildet man, indem man -た **-ta** an die **onbinkei,** also KY かっ **kat,** anhängt:

古かった	**furukat-ta**	es war alt
安かった	**yas$_{u}$kat-ta**	es war billig
高かった	**takakat-ta**	es war teuer
良かった	**yokat-ta**	es war gut

2. Von verneinten KY bildet man die Abgeschlossenheitsform analog dazu, da sich -ない **-nai**, das Suffix der Verneinung, ja selbst wie ein KY verhält:

古くなかった	**furuku nakat-ta**	es war nicht alt
安くなかった	**yas$_{u}$ku nakat-ta**	es war nicht billig

高くなかった	**takaku nakat-ta**	es war nicht teuer
良くなかった	**yoku nakat-ta**	es war nicht gut

3. Wenn man an die neutrale Abgeschlossenheitsform です **des$_u$** anhängt, erhält man den höflichen Stil:

安かったです	**yas$_u$katta des$_u$**	es war billig
良かったです	**yokatta des$_u$**	es war gut
高くなかったです	**takaku nakatta des$_u$**	es war nicht teuer
古くなかったです	**furuku nakatta des$_u$**	es war nicht alt

4. Daneben gibt es auch noch die höfliche verneinte Abgeschlossenheitsform KY くありませんでした **-ku arimasen desh$_i$ta**.

5. Man bildet die Abgeschlossenheitsform von KYD und **no**-Adjektiven, indem man die Abgeschlossenheitsform der Kopula (vgl. § 98.1) anhängt:

あそこは静かだった。	Dort war es ruhig.
Asoko wa shizuka datta.	[neutral]
あそこは静かでした。	Dort war es ruhig.
Asoko wa shizuka desh$_i$ta.	[höflich]
あそこは静かではなかった。	Dort war es nicht ruhig.
Asoko wa shizuka dewa nakatta.	[neutral]
あそこは静かではありませんでした。	Dort war es nicht ruhig.
Asoko wa shizuka dewa arimasen desh$_i$ta.	[höflich]

170 Adjektive als Adverbien

1. KY in der **renyōkei**, also **KY く -ku**, können als Adverbien verwendet werden:

夕べ遅く帰りましたか。	Sind Sie gestern spät
Yūbe osoku kaerimash$_i$ta ka.	heimgekommen?
字を大きく書いてください。	Schreiben Sie die Zei-
Ji o ōk$_i$ku kaite kudasai.	chen bitte groß!

加藤さんは速く走れる。 **Katō-san wa hayaku hashireru.**	Frau Katō kann schnell laufen.
髪を短く切ってしまった。 **Kami o mijikaku k$_i$tte shimatta.**	Ich habe meine Haare kurz geschnitten.

2. KYD und **no**-Adjektive kann man zusammen mit der Partikel に **ni** als Adverbien verwenden:

先生は親切に説明してくださいました。 **Sensei wa shinsetsu ni setsumei sh$_i$te kudasaimash$_i$ta.**	Die Lehrerin hat es (mir/ uns) freundlich erklärt.
きれいに片付けましょう。 **Kirei ni katazukemashō.**	Lasst uns schön aufräumen!
本当に面白いです。 **Hontō ni omoshiroi des$_u$.**	Es ist wirklich interessant.

Entsprechungen deutscher Adjektive 171

Viele deutsche Adjektive werden im Japanischen durch Verben oder Relativsätze wiedergegeben:

alt (Menschen)	年をとった	**toshi o totta**
dick (Person)	太っている	**f$_u$totte iru**
dünn (Person)	やせた	**yaseta**
vertrauenswürdig	信頼できる	**shinrai dekiru**
durstig	喉が渇いた	**nodo ga kawaita**
hungrig	お腹が空いた	**o-naka ga suita**
bedeutend	大した	**tai sh$_i$ta**
selbständig	自立した	**jiritsu sh$_i$ta**
fertig	出来上がった	**dekiagatta**
mächtig	力がある	**ch$_i$kara ga aru**

Besondere Adjektive

172 wa-ga-Adjektive

1. Eine große Anzahl von Adjektiven – Form-, Farb-, Krankheits- und Mengenadjektive – folgen in prädikativer Verwendung dem Satzbauplan <Rahmen は **wa** Teilaspekt が **ga** Adjektiv>:

象は鼻が長い。 **Zō wa hana ga nagai.**	Der Elefant hat einen langen Rüssel.
母は目が青い。 **Haha wa me ga aoi.**	Meine Mutter hat blaue Augen.
(私は)頭が痛いです。 **(Watashi wa) atama ga itai des$_{u}$.**	Ich habe Kopfschmerzen.
日本は台風が多い。 **Nihon wa taifū ga ōi.**	In Japan gibt es häufig Taifune.

Anmerkung: Viele dieser Adjektive kann man mit ... *haben* übersetzen.

2. Adjektive mit der Bedeutung *wünschen*, *mögen* oder *gut können* sowie das Suffix -たい **-tai** (vgl. § 142) folgen auch diesem Muster:

(私は)友達が欲しい。 **(Watashi wa) tomodachi ga hoshii.**	Ich wünsche mir Freunde.
(私は)日本語が好きです。 **(Watashi wa) nihongo ga s$_{u}$ki des$_{u}$.**	Ich mag Japanisch.
林さんはお魚が嫌いです。 **Hayashi-san wa o-sakana ga kirai des$_{u}$.**	Herr Hayashi mag keinen Fisch.
日本語がお上手ですね。 **Nihongo ga o-jōzu des$_{u}$ ne.**	Sie können ja gut Japanisch.
(私は)テニスが下手なんだ。 **(Watashi wa) tenisu ga heta nan da.**	Ich bin nicht gut im Tennis.
和食が食べたいなー。 **Washoku ga tabetai nā.**	Ach, ich möchte so gerne japanisch essen.

Gefühlsadjektive 173

1. Gefühlsadjektive kann man nur in Aussagen über die erste Person oder in Fragen an die zweite Person verwenden:

苦しいなぁ。	Ich bin ja so traurig.
Kurushii nā.	
子供が欲しいですか。	Wünschen Sie sich Kinder?
Kodomo ga hoshii des$_u$ ka.	
寂しいのかい。	Fühlst du dich einsam?
Sabishii no kai.	[Männersprache]
プレゼントをもらうと、嬉しい。	Wenn ich ein Geschenk be-
Purezento o morau to, ureshii.	komme, bin ich glücklich.
こんなに言われて悲しいです。	Wenn mir so etwas vorgeworfen
Konna ni iwarete kanashii des$_u$.	wird, bin ich traurig.

2. Wenn man eine Aussage über den Gefühlszustand einer dritten Person machen will, so muss man diese Aussage als Beobachtung kenntlich machen. Man kann die Aussage in Vermutungs- oder Wahrnehmungskonstruktionen wie -がっている **-gatte iru** oder そうだ **sō da** (vgl. § 248) einbetten:

皆が楽しがっている。	Alle haben Spaß.
Mina ga tanoshigatte iru.	
娘は携帯を欲しがっている。	Meine Tochter wünscht sich ein
Musume wa keitai o hoshigatte iru.	Handy.
子供達は嬉しそうだ。	Die Kinder sind glücklich.
Kodomo-tachi wa uresh$_i$sō da.	
彼は淋しそうに笑いました。	Er lachte traurig.
Kare wa sabish$_i$sō ni waraimash$_i$ta.	

Anmerkung: -がっている **-gatte iru** ist die **te iru**-Form des fünfstufigen Suffixes -がる **-garu** *sich fühlen, scheinen.*

Kapitel 23 Adverbien

174 Vorbemerkung

1. Ein Adverb (副詞 **f$_{u}$kushi**) ist ein Wort, das ein Verb, ein Adjektiv oder einen ganzen Satz näher bestimmt, also die Umstände angibt, wie die ausgedrückte Situation abläuft.

2. Es gibt Wörter, die von der Wortart her Adverbien sind und nur als solche verwendet werden können. Im Japanischen sind das

- Adverbien der Art und Weise wie ゆっくり **yukkuri** *langsam*
- Adverbien des Grads wie とても **totemo** *sehr*
- Modale Adverbien oder Satzadverbien, welche die Sprechereinstellung angeben, wie やはり **yahari** *wie erwartet*

3. Daneben können auch Adjektive, Substantive (+ Funktionspartikeln) und Verben dazu verwendet werden, die näheren Umstände einer Situation anzugeben.

175 Die Form des Adverbs

Die Funktion des Adverbs kann übernommen werden

1. von der Wortart der Adverbien:

時々魚を食べますか。 **Tokidoki sakana o tabemas$_{u}$ ka.**	Essen Sie manchmal Fisch?
日本は火山がかなり多い。 **Nihon wa kazan ga kanari ōi.**	In Japan gibt es ziemlich viele Vulkane.
明子は多分来るでしょう。 **Akiko wa tabun kuru deshō.**	Akiko wird vielleicht kommen.

意味がさっぱり分からない。 **Imi ga sappari wakaranai.**	Ich verstehe die Bedeutung überhaupt nicht.

2. von KY in der **renyōkei,** also KY く **-ku**:

速く食べられません。 **Hayaku taberaremasen.**	Ich kann nicht schnell essen.
よく眠れましたか。 **Yoku nemuremash$_{i}$ta ka.**	Konnten Sie gut schlafen?

3. von KYD und **no**-Adjektiven mit に **ni**:

あの子は漢字をきれいに書く。 **Ano ko wa kanji o kirei ni kaku.**	Dieses Kind schreibt die Kanji schön.
普通に話してくれました。 **F$_{u}$tsū ni hanash$_{i}$te kuremash$_{i}$ta.**	Er sprach mit mir ganz normal.

Andere Übersetzungsmöglichkeiten 176

Deutsche Adverbien können ins Japanische übersetzt werden mit

1. Ausdrücken, die aus einem Substantiv (und einer Partikel) bestehen:

ここで待ちます。 **Koko de machimas$_{u}$.**	Ich warte hier.
あした会いましょうか。 **Ash$_{i}$ta aimashō ka.**	Sollen wir uns morgen treffen?
一人で行きます。 **H$_{i}$tori de ikimas$_{u}$.**	Ich gehe alleine.
洋子はいつも遅れてくる。 **Yōko wa itsu mo okurete kuru.**	Yōko kommt immer zu spät.

2. einem Verb in der **te**-Form (vgl. § 126) oder einem Verb in der **a**-Stufe + -ず **-zu** (vgl. § 215):

急いで帰りました。 **Isoide kaerimashita.**	Ich ging eilig nach Hause.
今日は初めて鈴木先生にお会いした。 **Kyō wa hajimete Suzuki sensei ni o-ai shita.**	Heute habe ich zum ersten Mal Frau Suzuki getroffen.
看護婦は絶えず痛くないかと聞く。 **Kangofu wa taezu itakunai ka to kiku.**	Die Krankenschwester fragt immer wieder, ob es nicht schmerzt.

3. einem KYD oder KY (ohne -い **-i)** + -ながら **-nagara** (vgl. § 228):

残念ながら来られません。 **Zannen nagara koraremasen.**	Ich kann leider nicht kommen.
恥ずかしながら知りませんでした。 **Hazukashi nagara shirimasen deshita.**	Ich wusste peinlicherweise nichts davon.
私は、幸いながら普通の風邪だけでした。 **Watashi wa, saiwai nagara futsū no kaze dake deshita.**	Ich hatte zum Glück nur einen normalen Schnupfen.

4. einem Adjektiv in der Attributivform und ことに **koto ni**:

残念なことに出席できません。 **Zannen na koto ni shusseki dekimasen.**	Leider kann ich nicht daran teilnehmen.
幸いなことに父が無事だった。 **Saiwai na koto ni chichi ga buji datta.**	Glücklicherweise war mein Vater unverletzt.

5. Nebensätzen, die zu einer festen Redewendung erstarrt sind:

ひょっとしたら	**hyotto shitara**	womöglich
もしかすると	**moshi ka suru to**	womöglich
できれば	**dekireba**	wenn möglich
どちらかというと	**dochira ka to iu to**	eher, tendenziell
まもなく	**ma mo naku**	bald

6. einem Adjektiv in der Attributivform + まま **mama** (vgl. § 212):

元気なまま、年を重ねたい。 **Genki na mama, toshi o kasanetai.**	Ich möchte gesund alt werden.
弁当は冷たいまま食べちゃった。 **Bentō wa tsumetai mama tabechatta.**	Ich habe das Vesper kalt gegessen.

Die Stellung der Adverbien 177

1. Adverbien stehen im Japanischen in der Regel vor den Objekten des Verbs. Kommen im Satz mehrere Adverbien vor, so gilt die Reihenfolge < Zeit vor Ort vor Art u. Weise/Grad>:

明日ここで会いましょう！ **Ashita koko de aimashō.**	Wir treffen uns morgen hier, ja!
夕べ少し食べ過ぎたようだ。 **Yūbe sukoshi tabesugita yō da.**	Ich scheine gestern Abend etwas zu viel gegessen zu haben.
布団の上でぐっすり寝ていた。 **Futon no ue de gussuri nete ita.**	Er schlief tief und fest auf der Bettdecke.

2. Satzadverbien stehen am Satzanfang:

不思議なことに、成績が上がってきました。 **Fushigi na koto ni, seiseki ga agatte kimashita.**	Seltsamerweise verbesserten sich meine Noten.
実はお寿司が嫌いなんです。 **Jitsu wa o-sushi ga kirai nan desu.**	Ehrlich gesagt mag ich keine Sushi.
あいにく母は留守しております。 **Ainiku haha wa rusu shite orimasu.**	Leider ist meine Mutter nicht zu Hause.

178 Resultative Lesart von Adverbien

Durch ein Adverb kann auch das Ergebnis eines Prozesses näher beschrieben werden:

部屋をきれいにしましょう。 **Heya o kirei ni shimashō.**	Lasst uns das Zimmer sauber machen.
娘さんは大きくなりましたね。 **Musume-san wa ōkiku narimashita ne.**	Ihre Tochter ist aber groß geworden, nicht wahr?
壁を白く塗った。 **Kabe o shiroku nutta.**	Ich strich die Wand weiß an.

Besondere Adverbien

179 Modale Adverbien

1. Folgende Adverbien können nur in verneinten Sätzen vorkommen:

あまり	**amari**	kaum
ほとんど	**hotondo**	kaum, beinahe (nichts)
決して	**kesshite**	keinesfalls
必ずしも	**kanarazushimo**	(nicht) immer, (nicht) zwangsläufig
全く	**mattaku**	überhaupt (nicht)
めったに	**metta ni**	selten
さっぱり	**sappari**	überhaupt (nicht)
全然	**zenzen**	überhaupt (nicht)
絶対	**zettai**	absolut (nicht)
なかなか	**nakanaka**	einfach (nicht)
別に	**betsu ni**	(nicht) besonders

2. Folgende Adverbien stehen in einem konditionalen Nebensatz:

もし	**moshi**	falls
例えば	**tatoeba**	wenn beispielsweise

3. Folgende Adverbien stehen in Bitten oder Absichtserklärungen:

是非	**zehi**	unbedingt
なんとか	**nantoka**	irgendwie, mit allen Mitteln
どうぞ	**dōzo**	bitte

4. Folgende Adverbien stehen mit Ausdrücken der Vermutung (vgl. §§ 241-244):

多分	**tabun**	vielleicht
きっと	**k$_{i}$tto**	sicherlich
おそらく	**osoraku**	wahrscheinlich
もしかすると	**moshi ka suru to**	möglicherweise

Anmerkung: Den deutschen Satz *Vielleicht kommt er.* mit 彼は多分来る **Kare wa tabun kuru.** zu übersetzen, reicht nicht. Am Satzende muss ein Ausdruck der Vermutung stehen.

もう mō 180

Mit もう **mō** drückt man aus, dass ein Ereignis bzw. eine Handlung zum betrachteten Zeitpunkt bereits abgeschlossen ist. In bejahten Sätzen wird もう **mō** mit *schon*, in verneinten mit *nicht mehr* übersetzt:

明子はもう帰りました。 **Akiko wa mō kaerimash$_{i}$ta.**	Akiko ist schon nach Hause gegangen
お腹がもう空いていますか。 **O-naka ga mō suite imas$_{u}$ ka.**	Haben Sie schon Hunger?
明子はもういません。 **Akiko wa mō imasen.**	Akiko ist nicht mehr hier.

お腹がもう空いていません。 **O-naka ga mō suite imasen.**	Ich habe keinen Hunger mehr.

181 まだ mada

1. Mit まだ **mada** drückt man aus, dass ein Ereignis bzw. eine Handlung schon angefangen hat, aber zum betrachteten Zeitpunkt noch nicht abgeschlossen ist und insofern noch andauert. まだ **mada** kann man mit *noch* oder *erst* übersetzen:

明子はまだいます。 **Akiko wa mada imasu.**	Akiko ist noch da.
明子はまだいません。 **Akiko wa mada imasen.**	Akiko ist noch nicht da.
まだ早いです。まだ六時です。 **Mada hayai desu. Mada rokuji desu.**	Es ist noch früh. Es ist erst 6 Uhr.

2. Da まだ **mada** eine nicht abgeschlossene Handlung beschreibt, ist das Adverb nicht mit dem Suffix -た **-ta**, das ja Abgeschlossenheit bedeutet, kombinierbar, auch wenn im Deutschen das Perfekt steht:

Nein, sie ist noch nicht gekommen.	いいえ、まだ来ません。 **Iie, mada kimasen.**
Ich habe dieses Buch noch nicht gelesen.	その本はまだ読んでいない。 **Sono hon wa mada yonde inai.**
Ich habe noch nicht mit dem Lehrer darüber gesprochen.	先生にはまだ話していません。 **Sensei ni wa mada hanashite imasen.**

Anmerkung: Bei Ereignisverben nimmt man die verneinte Nicht-Abgeschlossenheitsform, bei Handlungsverben die verneinte **te iru**-Form.

Lautmalerische Worte **182**

1. Das Japanische verfügt über eine große Anzahl von Adverbien, welche die Art und Weise einer Handlung (*gehen*, *weinen*), eines Ereignisses (*regnen*) bzw. eines Gefühlzustands (*nervös sein*) lautmalerisch wiedergeben (擬態語 **gitaigo** und 擬声語 **giseigo**).

2. Viele lautmalerische Worte zeichnen sich durch Verdoppelung der Moren aus:

ぱくぱく食べる **pak$_u$paku taberu**	mit großem Appetit essen
がつがつ食べる **gatsugatsu taberu**	fressen
むしゃむしゃ食べる **mushamusha taberu**	fressen
かりかり食べる **karikari taberu**	nagen
くちゃくちゃ食べる **k$_u$chak$_u$cha taberu**	schmatzen
ばりばり食べる **baribari taberu**	knuspern

Anmerkung: Die durch das lautmalerische Adverb ausgedrückte Art und Weise ist oft in der Bedeutung der deutschen Verben bereits enthalten.

3. Häufig ist auch ein Konsonant verdoppelt:

はっきり話してください。 **Hakkiri hanash$_i$te kudasai.**	Sprechen Sie bitte deutlich!
朝食をたっぷり食べた。 **Chōshoku o tappuri tabeta.**	Ich habe ausgiebig gefrühstückt.
基準がさっぱり分からない。 **Kijun ga sappari wakaranai.**	Ich habe nicht die geringste Ahnung, was die Kriterien sind.

4. Im Unterschied zum Deutschen gehören diese lautmalerischen Worte nicht der Kindersprache an, sondern kommen auch in literarischen Texten vor.

Kapitel 24 Die Steigerungsformen

Der Komparativ

Wenn man zwei Gegenstände oder Personen miteinander vergleicht und ausdrücken will, dass X besser/schlechter ist als Y, verwendet man den Komparativ. Im Japanischen gibt es zwei Formen für den Komparativ, eine für den bejahten und eine für den verneinten Vergleich.

183 Vergleichsfragen

Fragen danach, welches von den betrachteten Objekten X und Y besser ist, stellt man mit der Konstruktion X と Y とではどちら ... か。 **X to Y to de wa dochira ... ka.** *was (ist besser), X oder Y?* Welche Partikel dem Fragepronomen どちら **dochira** folgt, hängt von seiner Funktion im Satz ab, ob es Subjekt ist oder direktes Objekt etc.:

漢字と仮名とではどちらが古いか。 **Kanji to kana to de wa dochira ga furui ka.**	Was ist älter, Kanji oder Kana?
英語とフランス語とではどちらをよく話しますか。 **Eigo to furansugo to de wa dochira o yoku hanashimas$_u$ ka.**	Was sprechen Sie öfter, Englisch oder Französisch?
大学と専門学校とではどちらへ進んだほうがいいですか？ **Daigaku to senmon gakkō to de wa dochira e susunda hō ga ii des$_u$ ka.**	Sollte ich besser auf die Universität oder eine Fachschule wechseln?

Anmerkung 1: Mit では **de wa** markiert man die Objekte, die miteinander verglichen werden. で **de** hat begrenzende Funktion (vgl. § 65), は **wa** dient zur Betonung (vgl. § 78).

Anmerkung 2: In der Umgangssprache kann statt どちら **dochira** auch どっち **dotchi** verwendet werden.

Der bejahte Vergleich 184

1. Für den bejahten Vergleich verwendet man die Konstruktion X のほう（が）Y より ... **X no hō (ga) Y yori ...** *X ist verglichen mit Y* ... (vgl. § 30):

日本語のほうがドイツ語より難しい。 **Nihongo no hō ga doitsugo yori muzukashii.**	Japanisch ist schwieriger als Deutsch.
妹のほうが姉より年上に見える。 **Imōto no hō ga ane yori toshiue ni mieru.**	Meine kleinere Schwester sieht älter aus als meine größere Schwester.
私は肉より魚のほうが好きだ。 **Watashi wa niku yori sakana no hō ga s$_u$ki da.**	Ich mag Fisch lieber als Fleisch.
今年は去年より良くできました。 **Kotoshi wa kyonen yori yoku dekimash$_i$ta.**	Dieses Jahr habe ich besser abgeschnitten als letztes Jahr.

Anmerkung: X kann auch direkt mit は **wa** markiert werden, wenn es sich um eine bekannte Information handelt.

2. Welche Partikel auf ほう **hō** folgt, hängt von der Funktion im Satz ab, ob es Subjekt ist oder direktes Objekt etc. Meistens folgt die Partikel が **ga**, da das Prädikat ein Adjektiv ist, das ein Subjekt als Ergänzung zu sich nimmt. Es können jedoch auch andere Partikeln stehen:

それは子供によりも大人のほうに難しい。 **Sore wa kodomo ni yori mo otona no hō ni muzukashii.**	Für Erwachsene ist das schwieriger als für Kinder.
彼女は洋画より日本画(のほう)に詳しいです。 **Kanojo wa yōga yori nihonga (no hō) ni kuwashii des$_u$.**	Sie kennt sich mit japanischer Malerei besser aus als mit westlicher.

185 Der verneinte Vergleich

Ist das Prädikat des Satzes verneint, verwendet man die Konstruktion X は Y ほど ... ない。 **X wa Y hodo ... nai** *X ... nicht so ... wie Y*. Das Objekt X, das bei dem Vergleich schlechter dasteht, wird mit der Kontrastpartikel は **wa** markiert, das Vergleichsobjekt Y, das besser dasteht, schließt man mit ほど **hodo** *in dem Maß wie* an:

ドイツの米は日本の米ほどおいしくないです。 **Doitsu no kome wa nihon no kome hodo oish$_i$ku nai des$_u$.**	Deutscher Reis ist nicht so schmackhaft wie japanischer.
沖縄は北海道ほど寒くありません。 **Okinawa wa hokkaidō hodo samuku arimasen.**	Auf Okinawa ist es nicht so kalt wie auf Hokkaidō.
僕は田中君ほど速く走れない。 **Boku wa tanaka-kun hodo hayaku hashirenai.**	Ich kann nicht so schnell laufen wie Tanaka.

186 Die bloße Steigerungsform

Einfache Steigerungsformen, ohne dass ein Vergleich angestellt wird, bildet man, indem man もっと **motto** *mehr* vor das Adjektiv oder Adverb stellt:

沖縄にはもっと高い山がある。 **Okinawa ni wa motto takai yama ga aru.**	Auf Okinawa gibt es höhere Berge.
もっとゆっくり話してください。 **Motto yukkuri hanash$_i$te kudasai.**	Bitte sprechen Sie langsamer!
もっと知りたい。 **Motto shiritai.**	Ich will noch mehr wissen.

Der Superlativ 187

Der Superlativ drückt aus, dass jemand/etwas innerhalb einer betrachteten Menge der-, die- bzw. dasjenige mit der besten Eigenschaft ist. Die betrachtete Menge kennzeichnet man mit der Partikel で **de** (vgl. § 65) oder ausführlicher mit ... の中で **... no naka de** *unter...* . Vor das Adjektiv bzw. Adverb, welches diese herausragende Eigenschaft beschreibt, stellt man 一番 **ichiban** *Nummer 1* oder もっとも **mottomo** *äußerst*:

日本ではどこが一番暑いですか。 **Nihon de wa doko ga ichiban atsui desu ka.**	Wo in Japan ist es am heißesten?
(日本では)沖縄が一番暑いです。 **(Nihon de wa) okinawa ga ichiban atsui desu.**	(In Japan) ist es auf Okinawa am heißesten.
学生の中で、森さんが一番よくできた。 **Gakusei no naka de, mori-san ga ichiban yoku dekita.**	Von den Studenten war Herr Mori der beste.
アマゾン川が地球でもっとも長い川です。 **Amazon-gawa ga chikyū de mottomo nagai kawa desu.**	Der Amazonas ist der längste Fluss der Erde.
日本で最も古い町はどこですか。 **Nihon de mottomo furui machi wa doko desu ka.**	Welches ist die älteste Stadt Japans?

Kapitel 25 Konjunktionen

188 Vorbemerkung

1. Konjunktionen (接続詞 **setsuzok$_{u}$shi**) verbinden zwei Hauptsätze oder einen inhaltlich weniger wichtigen Nebensatz mit einem wichtigen Hauptsatz. Man kann diese Wortklasse aufteilen in

- reine Konjunktionen wie から **kara** *weil* oder あとで **ato de** *nachdem*, die zwei Sätze zu einem Satzgefüge verbinden, und
- Konjunktionaladverbien wie だから **dakara** *deswegen* oder その後 **sono ato** *danach*, die einen Hauptsatz einleiten und ihn zum Vortext in Bezug setzen.

2. Die „reinen“ Konjunktionen stehen immer am Ende des Teilsatzes, auf den sie sich beziehen. Der Nebensatz steht immer vor dem Hauptsatz:

<Hauptsatz Konjunktion, Hauptsatz>

<Nebensatz Konjunktion, Hauptsatz>

3. Die Reihenfolge der Satzglieder im Nebensatz ändert sich nicht.

4. Ist das Subjekt der beiden Teilsätze identisch, wird es zum Thema des Gesamtsatzes und steht am Satzanfang:

明子は新聞を読んでから、大学に行く。 **Akiko wa shinbun o yonde kara, daigaku ni iku.**	Nachdem Akiko die Zeitung gelesen hat, geht sie zur Uni.
日本人はご飯を食べる前に「いただきます」と言います。 **Nihonjin wa gohan o taberu mae ni "itadakimas$_{u}$" to iimas$_{u}$.**	Bevor Japaner mit dem Essen anfangen, sagen sie „itadakimasu“.

5. Sind die Subjekte unterschiedlich, so wird das Nebensatzsubjekt mit が **ga** markiert. Ein Nebensatzsubjekt kann nie mit は **wa** markiert werden,

da es nicht das wichtige Thema des Gesprächs ist. Das Hauptsatzsubjekt kann, wenn es Thema des Gesprächs ist, ganz am Satzanfang stehen:

明子は雨が止んでから、遊びました。 **Akiko wa ame ga yande kara, asobimashita.** 雨が止んでから、明子は遊びました。 **Ame ga yande kara, akiko wa asobimashita.**	Akiko spielte, nachdem es zu regnen aufgehört hatte.

6. Einige der Konjunktionen bestehen aus einem Substantiv und einer Partikel. Das Prädikat des Nebensatzes vor der Konjunktion steht daher – wie jeder normale Relativsatz – in der Attributivform:

証明が必要な場合、ご相談ください。 **Shōmei ga hitsuyō na baai, go-sōdan kudasai.**	Wenden Sie sich an uns, falls Sie eine Bestätigung brauchen.

7. Häufig muss das Nebensatzprädikat in einer bestimmten Form stehen, in der **i**-Stufe, in der **te**-Form, in der Abgeschlossenheitsform etc. Ob der Gesamtsatz im neutralen oder im höflichen Stil steht, ob die im Gesamtsatz beschriebene Situation in der Vergangenheit, Gegenwart oder Zukunft stattfindet, wird dann am Hauptsatzprädikat markiert:

明子は勉強してから、遊びました。 **Akiko wa benkyō shite kara, asobimashita.**	Nachdem Akiko gelernt hatte, spielte sie.
明子は勉強してから、遊びます。 **Akiko wa benkyō shite kara, asobimasu.**	Nachdem Akiko gelernt hat, spielt sie. [höflich]
明子は勉強してから、遊ぶ。 **Akiko wa benkyō shite kara, asobu.**	Nachdem Akiko gelernt hat, spielt sie. [neutral]

Zeitliche Konjunktionen

189 時(に) toki (ni)

1. 時 **toki** ist formal ein Substantiv und bedeutet *Zeit*. Um auszudrücken, dass die Nebensatzhandlung in irgendeiner zeitlichen Beziehung mit der Hauptsatzhandlung steht, benutzt man 時 **toki** zusammen mit der Partikel に **ni**. Vor 時 **toki** kann man KY, KYD, Substantive oder Verben in der Attributivform verwenden:

若い時に、お金がありません。 **Wakai toki ni, o-kane ga arimasen.**	Wenn man jung ist, hat man kein Geld.
暇な時に何をしていますか。 **Hima na toki ni nani o sh$_i$te imas$_u$ ka.**	Was machen Sie, wenn Sie frei haben?
子供の時に、お金がなかった。 **Kodomo no toki ni, o-kane ga nakatta.**	Als ich ein Kind war, hatten wir kein Geld.
寝る時目覚まし時計をかけた。 **Neru toki mezamashi dokei o kaketa.**	Bevor ich einschlief, stellte ich den Wecker.

2. Steht vor 時 **toki** ein Verb, so ist dessen zeitlicher Aspekt für die Interpretation wichtig. Steht das Verb in der Abgeschlossenheitsform (vgl. § 120), so findet die Hauptsatzhandlung statt, nachdem die Nebensatzhandlung abgeschlossen ist. Ob der Gesamtsatz in der Gegenwart, Vergangenheit etc. stattfand bzw. stattfindet, wird am Hauptsatzprädikat ausgedrückt:

授業が終わった時に、家に帰った。 **Jugyō ga owatta toki ni, ie ni kaetta.**	Nachdem der Unterricht zu Ende war, ging ich heim.
ご飯を食べた時、手を洗います。 **Gohan o tabeta toki, te o araimas$_u$.**	Nachdem ich gegessen habe, wasche ich mir die Hände.

ご飯を食べた時、手を洗いました。 **Gohan o tabeta toki, te o araimash$_{i}$ta.**	Nachdem ich gegessen hatte, wusch ich mir die Hände.

Anmerkung: 時 **toki** ist hier durch 後で **ato de** *nachdem* ersetzbar (vgl. § 194).

3. Steht das Verb vor 時 **toki** in der Nicht-Abgeschlossenheitsform, so findet die Hauptsatzhandlung statt, bevor die Nebensatzhandlung beginnt:

ご飯を食べる時、手を洗います。 **Gohan o taberu toki, te o araimas$_{u}$.**	Bevor ich esse, wasche ich mir die Hände.
ご飯を食べる時、手を洗いました。 **Gohan o taberu toki, te o araimash$_{i}$ta.**	Bevor ich aß, wusch ich mir die Hände.
日本人は家に入る時に靴を脱ぎます。 **Nihonjin wa ie ni hairu toki ni k$_{u}$tsu o nugimas$_{u}$.**	Japaner ziehen die Schuhe aus, wenn/bevor sie ein Haus betreten.

Anmerkung: 時 **toki** ist hier durch 前に **mae ni** *bevor* ersetzbar (vgl. § 195).

4. Drückt das vorangehende Prädikat einen Zustand aus und besteht also aus Zustandsverben oder Handlungsverben in der **te iru-**Form, so laufen beide Handlungen gleichzeitig ab:

子供が学校に行っている時、何をしていますか。 **Kodomo ga gakkō ni itte iru toki, nani o sh$_{i}$te imas$_{u}$ ka.**	Was machen Sie, wenn die Kinder in der Schule sind?
電車を待っている時に携帯がなった。 **Densha o matte iru toki ni keitai ga natta.**	Als ich auf den Zug wartete, klingelte mein Handy.

Anmerkung 1: 時 **toki** entspricht hier 間 **aida** *während* (vgl. § 197).

Anmerkung 2: に **ni** wird weggelassen, wenn Haupt- und Nebensatz andauernde Handlungen beschreiben. Drückt der Hauptsatz aber ein einmaliges Ereignis aus, muss に **ni** stehen.

190 際(に) sai (ni)

際(に) **sai (ni)** ist wie 時 **toki** eine zeitliche Konjunktion, mit der man je nach zeitlichem Aspekt des vorangehenden Prädikats Gleich-, Vor-, oder Nachzeitigkeit ausdrücken kann. Das Prädikat vor 際 **sai** steht in der Attributivform; Verneinung und Abgeschlossenheitsform sind möglich:

運賃はバスを降りる際に、運賃箱へお入れください。 **Unchin wa basu o oriru sai ni, unchinbako e o-ire kudasai.**	Werfen Sie das Fahrgeld bitte in den Münzkasten ein, bevor Sie aus dem Bus aussteigen.
バスを降りた際に、道を聞きました。 **Basu o orita sai ni, michi o kikimashita.**	Nachdem ich aus dem Bus ausgestiegen war, fragte ich nach dem Weg.
診断書の必要な際にご連絡ください。 **Shindansho no hitsuyō na sai ni go-renraku kudasai.**	Melden Sie sich bitte, wenn Sie ein Attest brauchen.
受験の際に身分証明書が必要です。 **Juken no sai ni mibun shōmeisho ga hitsuyō desu.**	Wenn Sie die Prüfung ablegen, brauchen Sie Ihren Personalausweis.

Anmerkung: Im Unterschied zu 時 **toki** ist 際 **sai** formeller und enthält die Bedeutungsnuance *Gelegenheit*, *Anlass*.

191 と to

1. と **to** bedeutet *als*. Das Prädikat des Nebensatzes steht immer in der neutralen Nicht-Abgeschlossenheitsform. Hat と **to** zeitlichen Charakter, so steht das Hauptsatzprädikat in der Abgeschlossenheitsform:

先生に聞くと、すぐに分かった。 **Sensei ni kiku to, sugu ni wakatta.**	Als ich meinen Lehrer fragte, habe ich es sofort verstanden.

彼の元気な顔を見ると安心した。 **Kare no genki na kao o miru to anshin shita.**	Als ich seinen munteren Gesichtsausdruck sah, war ich beruhigt.

Anmerkung: と **to** hat auch konditionale Bedeutung (vgl. § 219).

2. Man verwendet と **to** ferner, wenn man im Hauptsatz eine überraschende Entdeckung ausdrücken möchte. Der Hauptsatz drückt dann einen Zustand aus (vgl. auch -たら **-tara** § 192.2):

図書館に行くと、閉まっていた。 **Toshokan ni iku to, shimatte ita.**	Als ich zur Bibliothek kam, war diese geschlossen.
家に帰ると、夫が昼ご飯を作ってくれていた。 **Ie ni kaeru to, otto ga hirugohan o tsukutte kurete ita.**	Als ich nach Hause kam, hatte mein Mann das Mittagessen gekocht.
ドアを開けると、誰もいませんでした。 **Doa o akeru to, dare mo imasen deshita.**	Als ich die Tür öffnete, stand niemand davor.

-たら -tara 192

1. -たら **-tara** bedeutet *als*. Die Konjunktion wird wie das Suffix -た **-ta** (vgl. § 120) an die geschwächte **i**-Stufe der Verben (音便形 **onbinkei**) angehängt. Hat -たら **-tara** zeitlichen Charakter, so steht das Hauptsatzprädikat in der Abgeschlossenheitsform:

薬を飲んだらよく眠れた。 **Kusuri o nondara yoku nemureta.**	Als ich die Medizin genommen hatte, konnte ich gut schlafen.
買い物をしていたら、同級生に偶然会いました。 **Kaimono o shite itara, dōkyūsei ni gūzen aimashita.**	Als ich Einkäufe machte, traf ich zufällig einen Schulkameraden.

勉強していたら電話がかかってきた。 **Benkyō sh$_i$te itara denwa ga kakatte k$_i$ta.**	Als ich lernte, bekam ich einen Anruf.

Anmerkung: -たら **-tara** hat auch konditionale Bedeutung (vgl. § 220).

2. Wie と **to** (vgl. § 191.2) kann man auch -たら **-tara** verwenden, um eine überraschende Entdeckung zu beschreiben. Der Hauptsatz drückt dann einen Zustand aus:

図書館に行ったら、閉まっていた。 **Toshokan ni ittara, shimatte ita.**	Als ich zur Bibliothek kam, war diese geschlossen.
帰ったら晩ご飯が出来ていた！ **Kaettara bangohan ga dek$_i$te ita.**	Als ich nach Hause kam, war das Essen fertig.
箱を開けたら何も入っていなかった。 **Hako o aketara nani mo haitte inakatta.**	Als ich die Kiste öffnete, war nichts drin.

193 から kara

1. Mit から **kara** drückt man die zeitliche Aufeinanderfolge zweier Handlungen oder Ereignisse aus. Das Verb vor から **kara** steht in der **te**-Form (vgl. § 126). Ob die Gesamtsituation in der Gegenwart oder Vergangenheit stattfindet, wird am Hauptsatzprädikat ausgedrückt:

家に帰ってから宿題をする。 **Ie ni kaette kara sh$_u$kudai o suru.**	Wenn ich heimgekommen bin, mache ich die Hausaufgaben.
家に帰ってから宿題をした。 **Ie ni kaette kara sh$_u$kudai o sh$_i$ta.**	Nachdem ich heimgekommen war, machte ich Hausaufgaben.

朝ご飯を食べてから、学校に行きます。 **Asagohan o tabete kara, gakkō ni ikimasu.**	Nachdem ich gefrühstückt habe, gehe ich in die Schule.

Anmerkung 1: Steht das Verb nicht in der **te**-Form, bedeutet から **kara** *weil* (vgl. § 203).

Anmerkung 2: Im Hauptsatz muss ein Verb stehen, das eine Handlung oder ein Ereignis beschreibt, das im Einflussbereich des Sprechers liegt. Ein Verb wie *regnen* ist also nicht möglich. Hierfür muss man 後で **ato de** (vgl. § 194) verwenden.

2. Die im Hauptsatz ausgedrückte Situation umfasst die ganze Zeitspanne ab dem Ende der Nebensatz-Situation. Daher kann man から **kara** auch mit *seit* übersetzen:

日本に来てから、何年になりますか。 **Nihon ni kite kara, nannen ni narimasu ka.**	Wie viele Jahre werden es, seit Sie nach Japan gekommen sind?
高校生になってから暇な時間が減った。 **Kōkōsei ni natte kara hima na jikan ga hetta.**	Seitdem ich Oberschülerin geworden bin, habe ich weniger Freizeit.

後で ato de 194

後で **ato de** *nachdem* drückt die zeitliche Aufeinanderfolge zweier Handlungen oder Ereignisse aus. Da 後 **ato** formal ein Substantiv ist, steht das vorangehende Prädikat des Nebensatzes in der Attributivform. Verben müssen zudem immer in der Abgeschlossenheitsform stehen:

仕事の後で飲みに行かないか。 **Shigoto no ato de nomi ni ikanai ka.**	Kommst du nach der Arbeit mit einen trinken?
掃除をした後で、買い物に行きます。 **Sōji o shita ato de, kaimono ni ikimasu.**	Nachdem ich geputzt habe, werde ich einkaufen gehen.

掃除をした後で、買い物に行きました。 **Sōji o shita ato de, kaimono ni ikimashita.**	Nachdem ich geputzt hatte, ging ich einkaufen.

Anmerkung 1: Vor 後 **ato** kann auch その **sono** stehen. その後 **sono ato** *danach* greift dann die Zeit des vorangehenden Satzes auf.

Anmerkung 2: In der Umgangssprache kann das で **de** nach 後 **ato** wegfallen.

195 前に mae ni

前 **mae** ist formal ein Substantiv. 前に **mae ni** drückt aus, dass die Hauptsatzhandlung ausgeführt wird, bevor die Nebensatzhandlung anfängt bzw. anfing. Vor 前 **mae** können Substantive und Verben in der Attributivform vorkommen. Verben müssen zudem in der Nicht-Abgeschlossenheitsform stehen:

(私は)日本へ行く前に、日本語を習います。 **(Watashi wa) nihon e iku mae ni, nihongo o naraimasu.**	Bevor ich nach Japan gehe, werde ich Japanisch lernen.
日本へ行く前に、日本語を習いました。 **Nihon e iku mae ni, nihongo o naraimashita.**	Bevor ich nach Japan ging, lernte ich Japanisch.
映画が終わる前に、帰りました。 **Eiga ga owaru mae ni, kaerimashita.**	Ich ging nach Hause, bevor der Film zu Ende war.

Anmerkung 1: Auch wenn im deutschen Nebensatz die Vergangenheit steht, steht im Japanischen die Nicht-Abgeschlossenheit.

Anmerkung 2: Vor 前 **mae** kann auch その **sono** stehen. その前 **sono mae** *davor* greift dann die Zeit des vorangehenden Satzes auf.

196 -ながら -nagara

Mit -ながら **-nagara** *während* verbindet man Sätze, deren Handlungen gleichzeitig ablaufen. Das Verb vor -ながら **-nagara** steht in der **i**-Stufe (vgl. § 117) und beschreibt eine länger andauernde, vom Subjekt aktiv ausgeführte Handlung. Haupt- und Nebensatzsubjekt müssen identisch sein und stehen als Thema am Anfang des Satzes:

田中さんはいつも新聞を読みながら朝ご飯を食べる。 **Tanaka-san wa itsu mo shinbun o yominagara asagohan o taberu.**	Frau Tanaka liest immer, während sie frühstückt, die Zeitung.
山田さんは笑いながら私の話しを聞いていた。 **Yamada-san wa warainagara watashi no hanashi o kiite ita.**	Herr Yamada hörte sich lachend meine Geschichte an.
歌を歌いながらシャワーを浴びます。 **Uta o utainagara shawā o abimas$_u$.**	Beim Duschen singe ich.
ぶつぶつ言いながら部屋から出た。 **Butsubutsu iinagara heya kara deta.**	Missmutig vor sich hin murmelnd verließ er den Raum.

Anmerkung 1: -ながら **-nagara** kann auch mit einer Präpositionalkonstruktion (*beim Frühstück*) oder einem Partizip Präsens z.B. *lachend* übersetzt werden.

Anmerkung 2: Sind die Subjekte der Teilsätze nicht identisch, verwendet man 間(に) **aida (ni)** (vgl. § 197).

Anmerkung 3: Steht vor -ながら **-nagara** ein Zustandsausdruck (also ein Adjektiv oder Zustandsverb), hat es die Bedeutung von *obwohl* (vgl. § 228).

間(に) aida (ni) 197

間 **aida** ist formal ein Substantiv. Mit 間(に) **aida (ni)** *während* drückt man die Gleichzeitigkeit zweier Handlungen oder Ereignisse aus. Das Prädikat des Nebensatzes muss einen Zustand beschreiben, kann also aus einem Adjektiv, Substantiv, Zustandsverb oder Handlungsverb in der

te iru-Form (vgl. § 157) bestehen. Das Prädikat steht in der Attributivform. Die Zeit des Gesamtsatzes wird am Hauptsatzverb markiert:

休みの間に「タンポポ」という映画を見た。 **Yasumi no aida ni "tanpopo" to iu eiga o mita.**	In den Ferien habe ich den Film „Tampopo“ gesehen.
痛みが強い間は足を動かさないようにしてください。 **Itami ga tsuyoi aida wa ashi o ugokasanai yō ni sh$_i$te kudasai.**	Solange der Schmerz stark ist, sollten Sie Ihr Bein nicht bewegen.
日本にいる間日本語を勉強している。 **Nihon ni iru aida nihongo o benkyō sh$_i$te iru.**	Während ich in Japan bin, lerne ich Japanisch.
掃除をしている間に友達が来ました。 **Sōji o sh$_i$te iru aida ni tomodachi ga kimash$_i$ta.**	Während ich putzte, kam ein Freund.

Anmerkung: Wenn im Hauptsatz ein punktuelles Ereignis beschrieben wird, so muss man die Partikel に **ni** verwenden. Dauert die Handlung des Hauptsatzes jedoch parallel zur Nebensatzhandlung an, lässt man に **ni** weg.

198 うちに uchi ni

1. うちに **uchi ni** bedeutet *während* bzw. *solange, wie*. Der Nebensatz vor うちに **uchi ni** beschreibt einen Zustand, kann also aus einem Adjektiv, Substantiv, Zustandsverb, einem verneinten Verb oder Handlungsverb in der **te iru**-Form bestehen. Da うち **uchi** formal ein Substantiv ist, steht das vorangehende Prädikat des Nebensatzes in der Attributivform:

若いうちに旅行をしておきなさい。 **Wakai uchi ni ryokō o sh$_i$te okinasai.**	Reise (vorsorglich) solange du noch jung bist!

今のうちに買っちゃいましょうね。 **Ima no uchi ni katchaimashō ne.**	Lasst uns das jetzt kaufen!
話しているうちに話題を忘れてしまった。 **Hanash$_i$te iru uchi ni wadai o wasurete shimatta.**	Während wir uns unterhielten, vergaß ich das Gesprächsthema.
忘れないうちに部屋を片付けましょう。 **Wasurenai uchi ni heya o katazukemashō.**	Lass uns das Zimmer aufräumen, bevor wir es vergessen!

2. Im Unterschied zu 間 **aida** darf der im Nebensatz beschriebene Zustand nicht kontrollierbar sein, sein Ende liegt nicht im Einflussbereich des Subjekts:

赤ちゃんが寝ているうちに家事していました。 **Akachan ga nete iru uchi ni kaji sh$_i$te imash$_i$ta.**	Ich machte den Haushalt, während/solange das Baby schlief.

途中で tochū de 199

途中 **tochū** bedeutet ursprünglich *der halbe Weg* und ist formal ein Substantiv. Als Konjunktion bedeutet 途中で **tochū de**, dass die im Nebensatz ausgedrückte Handlung oder Bewegung noch nicht abgeschlossen ist, wenn das Hauptsatzereignis eintritt. Das Nebensatzprädikat kann aus einem Substantiv oder einem Verb in der Attributivform bestehen. Ereignisverben stehen immer in der Nicht-Abgeschlossenheitsform, Handlungsverben in der **te iru**-Form (vgl. § 157). Die zeitliche Einordnung des Gesamtsatzes wird am Hauptsatzprädikat ausgedrückt:

旅の途中で写真を撮りました。 **Tabi no tochū de shashin o torimash$_i$ta.**	Auf der Reise habe ich Fotos gemacht.

ホテルに帰る途中で、舞妓さんに会った。 **Hoteru ni kaeru tochū de, maiko-san ni atta.**	Auf dem Rückweg zum Hotel sind wir einer Geisha begegnet.
映画を見ている途中で眠くなった。 **Eiga o mite iru tochū de nemuku natta.**	Auf der Hälfte des Films wurde ich müde.

200 度に tabi ni

度に **tabi ni** bedeutet *jedes Mal, wenn*. Da 度 **tabi** ein Substantiv ist, steht das vorangehende Prädikat – Verben oder Substantive – in der Attributivform. Verben stehen zudem immer in der Nicht-Abgeschlossenheitsform:

(私が)帰る度に母はおいしい料理を作ってくれます。 **(Watashi ga) kaeru tabi ni haha wa oishii ryōri o ts$_u$kutte kuremas$_u$.**	Jedes Mal, wenn ich nach Hause fahre, kocht meine Mutter leckere Gerichte.
最近、遠足の度に雨に降られています。 **Saikin, ensoku no tabi ni ame ni furarete imas$_u$.**	In letzter Zeit regnet es immer, wenn ich einen Ausflug mache.

201 Weitere zeitliche Konjunktionen

V-た上で	**V-ta ue de**	nachdem, nach
V-て以来	**V-te irai**	seit
V-る以前	**V-ru izen**	vor

202 Zeitliche Konjunktionaladverbien

そして	**sosh$_i$te**	daraufhin
そこで	**soko de**	da
それから	**sore kara**	danach, seitdem

その後（で）	**sono ato (de)**	danach
その前に	**sono mae ni**	davor

Kausale Konjunktionen

から kara 203

1. から **kara** bedeutet *weil*. Der Nebensatz vor から **kara** liefert den Grund für den im Hauptsatz ausgedrückten Sachverhalt. Das Prädikat des Nebensatzes steht in der Satzendform im neutralen Stil, Verneinung und alle Zeitformen sind möglich:

今日はもう遅いから帰ります。 **Kyō wa mō osoi kara kaerimas$_u$.**	Weil es schon spät ist, gehe ich für heute nach Hause.
食事の用意は大変だから外で食べましょう。 **Shokuji no yōi wa taihen da kara soto de tabemashō.**	Lass uns etwas essen gehen, denn das Essen vorzubereiten ist so aufwendig.
料理を作るのはあまり好きではないから、よく外で食べます。 **Ryōri o ts$_u$kuru no wa amari s$_u$ki dewa nai kara, yoku soto de tabemas$_u$.**	Weil ich nicht gerne koche, esse ich oft auswärts.
もういいから何も言わないでくれ。 **Mō ii kara nani mo iwanaide kure.**	Ist schon gut. Sei daher so nett, und sag nichts mehr.

Anmerkung 1: Steht vor から **kara** die te-Form, so bedeutet die Konjunktion *nachdem, seit* (vgl. § 193).

Anmerkung 2: Steht im Hauptsatz eine Aufforderung, so kann die Konjunktion nur schwer mit *weil* oder *da* ins Deutsche übersetzt werden.

2. Daneben gibt es noch die Konjunktionaladverbien だから **dakara** bzw. ですから **des$_u$kara**, die aus der Kopula im neutralen bzw. höflichen Stil

und から **kara** bestehen. Die Kopula fungiert als Platzhalter für den vorhergehenden Satz, der den Grund angibt:

母が来る。だから掃除をする。 **Haha ga kuru. Dakara sōji o suru.**	Meine Mutter kommt. Daher putze ich. [neutral]
母が来ます。ですから掃除をします。 **Haha ga kimas$_{u}$. Des$_{u}$kara sōji o shimas$_{u}$.**	Meine Mutter kommt. Daher putze ich. [höflich]

204 ので node

ので **node** bedeutet *weil*. Im Nebensatz vor ので **node** gibt man den Grund für die Aussage des Hauptsatzes an. Das Prädikat des Nebensatzes steht in der Attributivform. Allerdings werden nicht nur KYD, sondern auch Substantive vor ので **node** mit -な **-na** angeschlossen:

車が出入りするので危ないです。 **Kuruma ga de´iri suru node abunai des$_{u}$.**	Weil Autos rein- und rausfahren, ist es gefährlich.
本が高かったので、買わなかった。 **Hon ga takakatta node, kawanakatta.**	Weil das Buch teuer war, habe ich es nicht gekauft.
温泉が好きなので、よく行きます。 **Onsen ga s$_{u}$ki na node, yoku ikimas$_{u}$.**	Da ich heiße Quellen mag, gehe ich oft hin.
(私は)学生なので、暇がある。 **(Watashi wa) gak$_{u}$sei na node, hima ga aru.**	Weil ich Student bin, habe ich Freizeit.

Anmerkung 1: の **no** dient ursprünglich zur Substantivierung (vgl. § 28). で **de** ist die **te**-Form der Kopula だ **da**, die ganze Konstruktion ist mittlerweile jedoch erstarrt.

Anmerkung 2: ので **node** ist schriftsprachlich und höflicher als から **kara** (vgl. § 203). Es hat objektiveren Charakter. Im Hauptsatz stehen daher selten Befehle, Absichten oder Wünsche.

ため（に） tame (ni) 205

Das Formalsubstantiv ため **tame** bedeutet *Grund*, *Ursache*. Der Nebensatz vor ため **tame** beschreibt entweder einen Zustand oder eine Handlung bzw. ein Ereignis in der Vergangenheit. Das Nebensatzprädikat kann daher aus einem Adjektiv, einem Substantiv oder einem Zustands- bzw. einem Handlungsverb in der Abgeschlossenheitsform bestehen:

病気のため会社を休んだ。 **Byōki no tame kaisha o yasunda.**	Wegen Krankheit bin ich nicht zur Arbeit gegangen.
あまりにも暑いため窓を開けて寝た。 **Amari nimo atsui tame mado o akete neta.**	Weil es allzu heiß war, schlief ich bei offenem Fenster.
問題が発生したため、プログラムを終了します。 **Mondai ga hassei shita tame, puroguramu o shūryō shimasu.**	Da ein Fehler aufgetreten ist, wird das Programm beendet.

Anmerkung: Steht das Handlungs- bzw. Ereignisverb in der Nicht-Abgeschlossenheitsform, hat ため **tame** die Bedeutung von *Zweck*, ist also mit *um zu* oder *damit* zu übersetzen (vgl. § 209).

せいで sei de und おかげで okage de 206

Die beiden Konjunktionen haben ebenfalls kausale Bedeutung; せいで **sei de** *wegen* gibt einen negativ bewerteten und おかげで **okage de** *dank* einen positiv bewerteten Grund an. Da beide Konjunktionen aus einem Substantiv und der Partikel で **de** bestehen, steht das Prädikat des vorangehenden Nebensatzes in der Attributivform:

先生のおかげで成績が上がりました。 **Sensei no okage de seiseki ga agarimashita.**	Dank meines Lehrers verbesserten sich meine Leistungen.

みんなに手伝ってもらったおかげで何とか終わらせることができた。 **Minna ni tetsudatte moratta okage de nantoka owaraseru koto ga dekita.**	Weil mir alle geholfen haben, konnte ich die Sache irgendwie beenden.
お菓子を食べ過ぎたせいで一キロほど太ってしまいました。 **O-kashi o tabesugita sei de ichikiro hodo futotte shimaimashita.**	Weil ich zu viele Süßigkeiten gegessen habe, habe ich leider circa 1 kg zugenommen.
弟のせいでばれてしまいました。 **Otōto no sei de barete shimaimashita.**	Wegen meines kleinen Bruders flog ich auf.

207 ゆえに yue ni

ゆえに **yue ni** bedeutet *weil* und hat schriftsprachlichen Charakter. Davor steht ein Substantiv in der Attributivform. ゆえに **yue ni** kann jedoch auch alleine einen Satz einleiten:

貧乏のゆえに学校に行けない。 **Binbō no yue ni gakkō ni ikenai.**	Weil sie arm sind, können sie keine Schule besuchen.
北の地域は寒い。ゆえに、お米があまり収穫できない。 **Kita no chiiki wa samui. Yue ni, o-kome ga amari shūkaku dekinai.**	Die nördlichen Regionen sind kalt. Deswegen kann man kaum Reis ernten.

208 Kausale Konjunktionaladverbien

それで	**sore de**	deshalb
そこで	**soko de**	deshalb
そのために	**sono tame ni**	deswegen
したがって	**shitagatte**	folglich
その結果	**sono kekka**	folglich, also, deshalb

それゆえに	**sore yue ni**	deswegen
だからといって	**da kara to itte**	aber deshalb
なぜなら	**naze nara**	denn
というのは	**to iu no wa**	denn

Finale Konjunktionen

ため（に） tame (ni) 209

Das Formalsubstantiv ため **tame** bedeutet *Ziel*, *Zweck* und ist mit *um zu*, *damit* oder *für* zu übersetzen. Der Nebensatz vor ため **tame** drückt den Zweck aus, zu dem man etwas tut. In dieser Bedeutung kann vor ため **tame** ein Substantiv + の **no** oder ein Verb in der Nicht-Abgeschlossenheitsform stehen. Das Verb drückt eine willentliche Handlung aus:

(私は)会社のために頑張ります。 **(Watashi wa) kaisha no tame ni ganbarimasu.**	Ich strenge mich für meine Firma an.
森さんのために送別会を開いた。 **Mori-san no tame ni sōbetsukai o hiraita.**	Wir machten für Frau Mori eine Abschiedsparty.
研究するために、日本に来た。 **Kenkyū suru tame ni, nihon ni kita.**	Ich bin nach Japan gekommen, um zu forschen.
鉛筆は字を書くために使う。 **Enpitsu wa ji o kaku tame ni tsukau.**	Einen Bleistift benutzt man zum Schreiben.
海外旅行をするために、お金を貯めています。 **Kaigai ryokō o suru tame ni, o-kane o tamete imasu.**	Ich spare, um eine Auslandsreise zu machen.

Anmerkung 1: ため **tame** kann auch *weil* bedeuten (vgl. § 205).

Anmerkung 2: Das Subjekt von Haupt- und Nebensatz muss gleich sein. Andernfalls verwendet man ように **yō ni** (vgl. § 211).

210 のに noni

のに **noni** verwendet man, um den Zweck, zu dem man etwas tut, auszudrücken. Im Nebensatz vor のに **noni** stehen nur bejahte Verben in der Attributivform, in der Nicht-Abgeschlossenheitsform:

歯を磨くのに歯ブラシを使います。 **Ha o migaku noni haburashi o ts$_u$kaimas$_u$.**	Eine Zahnbürste benutzt man zum Zähneputzen.
ハイヒールは歩き回るのに不便だ。 **Haihīru wa arukimawaru noni fuben da.**	Stöckelschuhe sind zum Herumgehen unbequem.

Anmerkung 1: のに **noni** besteht aus dem Nominalisierer の **no** (vgl. § 28) und der Partikel に **ni**, die generell das Ziel einer Handlung oder Bewegung markiert.

Anmerkung 2: Im Unterschied zu ために **tame ni** verwendet man のに **noni** nur, wenn im darauffolgenden Hautpsatz Verben oder Adjektive stehen, die *benutzen* oder *benötigen* bedeuten.

Anmerkung 3: のに **noni** kann auch *obwohl* bedeuten (vgl. § 226).

211 ように yō ni

1. Auch das Formalnomen よう **yō** (vgl. § 31) kann man zusammen mit der Partikel に **ni** verwenden, um das Ziel einer Handlung zu kennzeichnen. Im Nebensatz vor ように **yō ni** steht ein Verb in der Attributivform. Das Verb steht in der Nicht-Abgeschlossenheitsform – es kann bejaht oder verneint sein – oder in der Potentialform:

なんとか間に合うように頑張ります。 **Nantoka ma ni au yō ni ganbarimas$_u$.**	Ich bemühe mich, pünktlich zu sein.
ガラスが割れないように気をつけます。 **Garasu ga warenai yō ni ki o ts$_u$kemas$_u$.**	Ich passe auf, dass das Glas nicht zerbricht.

いい大学に入れるように、一生懸命勉強しました。 **Ii daigaku ni haireru yō ni, isshō kenmei benkyō shimash$_{i}$ta.**	Ich lernte mit aller Kraft, um den Eintritt in eine gute Universität zu schaffen.

Anmerkung: ように **yō ni** kommt auch als Zitatpartikel bei indirekten Aufforderungen vor (vgl. § 239).

2. Vor ように **yō ni** kann man auch Verben verwenden, die keine willentliche Handlung ausdrücken. Das Hauptsatzverb dagegen muss eine willentliche Handlung beschreiben:

みんなが幸せになるように祈ります。 **Minna ga shiawase ni naru yō ni inorimas$_{u}$.**	Ich bete, dass alle glücklich werden.
良い年になるように頑張ろう！ **Yoi toshi ni naru yō ni ganbarō!**	Lasst uns uns anstrengen, dass es ein gutes Jahr wird!

3. Im Unterschied zu ために **tame ni** (vgl. § 209) können bei ように **yō ni** das Subjekt des eingebetteten Nebensatzes und das des Hauptsatzes auch verschieden sein. Drücken sowohl Nebensatz- als auch Hauptsatzverb eine willentliche Handlung aus, so sollte man ために **tame ni** verwenden:

(私は)学生が読めるように字を大きく書きます。 **(Watashi wa) gak$_{u}$sei ga yomeru yō ni ji o ōk$_{i}$ku kakimas$_{u}$.**	Ich schreibe die Zeichen groß, damit die Studenten sie lesen können.
(私は)戦争が起こらないように祈ります。 **(Watashi wa) sensō ga okoranai yō ni inorimas$_{u}$.**	Ich hoffe, dass kein Krieg ausbricht.

Aneinanderreihende Konjunktionen

212 まま mama

Mit まま **mama** drückt man aus, dass das Ergebnis der im Nebensatz beschriebenen Handlung unverändert bestehen bleibt, während die Hauptsatzhandlung stattfindet. Formal ist まま **mama** ein Substantiv, das Prädikat des vorangehenden Nebensatzes steht also in der Attributivform. Verben stehen zudem in der Abgeschlossenheitsform:

窓を開けたまま寝てしまった。 **Mado o aketa mama nete shimatta.**	Ich schlief bei geöffnetem Fenster ein.
靴を履いたまま日本の家に入ってはいけません。 **Kutsu o haita mama nihon no ie ni haitte wa ikemasen.**	Man darf japanische Häuser nicht mit Schuhen betreten.
目をつぶったまま、うなずきました。 **Me o tsubutta mama, unazukimashita.**	Er nickte mit geschlossenen Augen.
そのままでいいです。 **Sono mama de ii desu.**	Das können Sie so lassen, wie es ist.

213 し shi

Die Konjunktion し **shi** verwendet man, um Prädikate aufzuzählen. Im Unterschied zu der **te**-Form (vgl. § 129) hat die Aufzählung mit し **shi** Steigerungscharakter, man setzt mit der Aufzählung dem bisher Gesagten noch eins drauf. Das Prädikat vor し **shi** steht in der Satzendform (vgl. § 111) im neutralen Stil. Die Höflichkeit wird am Hauptsatzprädikat ausgedrückt:

東京にも行ったし、京都にも行った。 **Tōkyō ni mo itta shi, kyōto ni mo itta.**	Ich war in Tokio, (und) ich war in Kyoto.

箱根は温泉もあるし、食べ物もおいしいらしいから、行ってみたいな。 **Hakone wa onsen mo aru shi, tabemono mo oishii rashii kara, itte mitai na.**	Weil es in Hakone heiße Quellen gibt und das Essen auch lecker sein soll, möchte ich gerne mal hinfahren.
あの人は頭もいいし、お金もあるし、すごくいい人ですよ。 **Ano h$_i$to wa atama mo ii shi, o-kane mo aru shi, sugoku ii h$_i$to des$_u$ yo.**	Er ist klug, und Geld hat er auch noch, er ist wirklich eine gute Partie.

Anmerkung 1: Die vergleichbaren Ergänzungen der Verben und Adjektive werden mit も **mo** *auch* (vgl. § 79) markiert.

Anmerkung 2: Die Konjunktion 上に **ue ni** und das Konjunktionaladverb しかも **sh$_i$kamo** haben die gleiche steigernde Bedeutung.

...-たり ...-たり する -tari ...-tari suru 214

Wenn man Handlungen, Ereignisse oder Zustände aufzählt, die in einem gewissen Zeitraum gleichzeitig oder abwechselnd eintreten, verwendet man ...-たり ...-たり する **-tari ...-tari suru**. -たり **-tari** wird wie das Suffix der Abgeschlossenheit -た **-ta** an die **i**-Stufe bzw. **onbinkei** der Verben (vgl. § 120) und Adjektive (vgl. § 169) angehängt:

本を読んだり、テレビを見たりします。 **Hon o yondari, terebi o mitari shimas$_u$.**	Ich lese oder schaue fern.
お風呂は熱かったりぬるかったりする。 **O-furo wa ats$_u$kattari nurukattari suru.**	Manchmal ist das Bad heiß, manchmal ist es dann wieder lauwarm.
話題は時に真面目であったり、ユーモアであったりと変化に富んでいる。 **Wadai wa toki ni majime de attari, yūmoa de attari to henka ni tonde iru.**	Die Gesprächsthemen sind sehr abwechslungsreich, manchmal ernst, manchmal humorvoll.

あの人は行ったり来たりしています。 **Ano hito wa ittari kitari shite imasu.**	Er läuft auf und ab.

Anmerkung: -たり **-tari** an sich trägt keine Information über den Höflichkeitsstil oder die Zeit. Dies wird am Hauptsatzprädikat, das nur aus dem Verb する **suru** besteht, markiert.

215 -ずに -zu ni

-ずに **-zu ni** bedeutet *ohne zu* und besteht aus -ず **-zu**, einem leicht antiquierten Suffix, das wie -ない **-nai** Verneinung ausdrückt, und der Partikel に **ni**. Man hängt -ず **-zu** an die **a**-Stufe der Verben an:

家に帰らずに映画を見に行きました。 **Ie ni kaerazu ni eiga o mi ni ikimashita.**	Ohne vorher nach Hause zu gehen, bin ich direkt ins Kino gegangen.
彼女は僕の返事を待たずに電話を切った。 **Kanojo wa boku no henji o matazu ni denwa o kitta.**	Sie beendete das Telefonat, ohne auf meine Antwort zu warten.
連絡せずに欠席してすみません。 **Renraku sezu ni kesseki shite sumimasen.**	Entschuldigen Sie, dass ich gefehlt habe, ohne Bescheid zu geben.

Anmerkung 1: する **suru** wird zu せず **sezu**.
Anmerkung 2: In der Umgangssprache verwendet man -ないで **-naide** (vgl. § 129.3).

216 Die te-Form

Das Suffix -て **-te** stellt die grundlegende Möglichkeit dar, Prädikate aufzuzählen (vgl. § 129):

テレビを見て寝ました。 **Terebi o mite nemashita.**	Ich schaute fern und ging dann schlafen.

Die Renyōkei 217

Prädikate in der **renyōkei** (vgl. § 115 für Verben und § 165 für Adjektive) kann man wie die **te**-Form zur Aufzählung verwenden. Die **renyōkei** ist verglichen mit der **te**-Form eher schriftsprachlich:

この部屋は広く、家賃が安い。	Dieses Zimmer ist groß,
Kono heya wa hiroku, yachin ga yasui.	und die Miete ist billig.
新聞を読み、ニュースを見よう。	Lasst uns die Zeitung lesen
Shinbun o yomi, nyūsu o miyō.	und Nachrichten schauen.

Aneinanderreihende Konjunktionaladverbien 218

そして	**sosh$_{i}$te**	und
それから	**sore kara**	und
しかも	**sh$_{i}$kamo**	darüber hinaus
その上に	**sono ue ni**	darüber hinaus
それに	**sore ni**	außerdem

Konditionale Konjunktionen

と to 219

と **to** *wenn* steht nach einem Nebensatz, der eine zeitliche und logische Vorbedingung für die Aussage des folgenden Hauptsatzes ist. Das Prädikat des Nebensatzes steht immer in der neutralen Nicht-Abgeschlossenheit. Mit と **to** verbindet man natürliche, allgemein gültige Bedingungen. Der Hauptsatz darf keine Aufforderung oder Willensbekundung ausdrücken:

うまく行くといいですね。	Es wäre schön, wenn alles
Umaku iku to ii des$_{u}$ ne.	glatt läuft.

9に1を足すと10になる。	9 plus 1 gibt 10.
Kyū ni ichi o tasu to jū ni naru.	
醤油を入れると、おいしくなる。	Wenn man Sojasauce daran
Shōyu o ireru to, oishiku naru.	gibt, schmeckt es besser.

Anmerkung 1: と **to** hat Ähnlichkeit mit -たら **-tara** (vgl. § 220). -たら **-tara** verwendet man jedoch für einmalige Zusammenhänge, と **to** ist schriftsprachlicher als -たら **-tara**.

Anmerkung 2: vgl. auch § 191, と **to** in zeitlicher Bedeutung.

220 -たら -tara

1. -たら **-tara** bedeutet *falls* und wird wie -た **-ta** an die **i**-Stufe bzw. **onbinkei** der Verben (vgl. § 120) und Adjektive (vgl. §169) angehängt:

Verb + -た **-ta**	Verb + -たら **-tara**
行った **itta**	行ったら **ittara**
食べた **tabeta**	食べたら **tabetara**
良かった **yokatta**	良かったら **yokattara**
静かだった **shizuka datta**	静かだったら **shizuka dattara**

2. Man verwendet -たら **-tara** bei einmaligen Wenn-dann-Beziehungen. Im Hauptsatz können daher auch Befehle, Aufforderungen, Wünsche, Fragen und Absichtserklärungen stehen:

雨が降ったら、迎えに来てね。	Wenn es regnet, dann komm
Ame ga futtara, mukae ni kite ne.	mich abholen, ja?
安かったら欲しいなぁ。	Wenn es billiger wäre, hätte ich
Yasukattara hoshii nā.	es gerne.
先生と話したらどうですか。	Wie wäre es, wenn du mit dem
Sensei to hanashitara dō desu ka.	Lehrer sprichst?

Anmerkung 1: Die Situation des Nebensatzes muss abgeschlossen sein, bevor die des Hauptsatzes beginnt; darin unterscheidet sich -たら **-tara** von den anderen konditionalen Konjunktionen.

Anmerkung 2: vgl. auch § 192, -たら **-tara** in zeitlicher Bedeutung.

なら nara 221

1. なら **nara** ist die **e**-Stufe (仮定形 **kateikei**) der Kopula だ **da,** hat sich mittlerweile jedoch zu einer konditionalen Konjunktion verselbständigt. Man hängt なら **nara** an die neutrale Form von Verben und KY bzw. direkt an ein Substantiv oder KYD an:

行くなら	**iku nara**	wenn du gehst
食べないなら	**tabenai nara**	wenn du nicht isst
いいなら	**ii nara**	wenn es gut ist
静かなら	**shizuka nara**	wenn es ruhig ist
冬なら	**fuyu nara**	wenn es Winter ist
それなら	**sore nara**	in diesem Fall

2. Das Ereignis des Nebensatzes braucht nicht zeitlich vor dem des Hauptsatzes zu liegen, beide Ereignisse können auch gleichzeitig ablaufen. Der Hauptsatz kann auch Aufforderung, Wunsch oder Vermutung ausdrücken. Insofern sind -ば **-ba** (vgl. § 222) und なら **nara** gleich:

お暇なら読んでね。 **O-hima nara yonde ne.**	Lies es, wenn Du mal Zeit hast.
明日京都へ行くなら、切符を買っておいたほうがいいと思う。 **Ashita kyōto e iku nara, kipppu o katte oita hō ga ii to omou.**	Wenn du tatsächlich morgen nach Kyoto fährst, dann solltest du besser schon die Fahrkarte kaufen.
実家に帰るなら、夏休みとかに長い間帰ろうと思います。 **Jikka ni kaeru nara, natsuyasumi toka ni nagai aida kaerō to omoimasu.**	Wenn ich schon nach Hause fahre, dann möchte ich in den Sommerferien oder so für länger fahren.

3. Verwendet der Sprecher なら **nara**, so glaubt er, dass das Nebensatzereignis schon der Fall ist oder mit hoher Sicherheit eintreten wird, also *wenn … tatsächlich; wenn es stimmt, dass …; angenommen dass …:*

雨が降ったのなら、試合がなかったでしょう。 **Ame ga f$_u$tta no nara, shiai ga nakatta deshō.**	Wenn es tatsächlich geregnet hat, dann dürfte das Spiel nicht stattgefunden haben.
片付けるなら捨てないとだめなんですよね。 **Katazukeru nara s$_u$tenai to dame nan des$_u$ yo ne.**	Wenn man tatsächlich aufräumen will, muss man auch etwas wegwerfen.

4. Meistens steht ein Satz mit なら **nara** nicht urplötzlich am Gesprächsanfang, sondern der Sprecher nimmt auf etwas Gesagtes oder aus der Situation Erschließbares Bezug. なら **nara** ähnelt somit der Themapartikel は **wa** (vgl. § 77) und ist vor allem nach Substantiven damit austauschbar:

A:ないなぁ。 B:はさみならここにありますよ。 **A : Nai nā.** **B : Hasami nara koko ni arimas$_u$ yo.**	A: Hm, sie ist nicht da. B: Wenn du die Schere suchst, die liegt hier.
A: 今日はちょっと行けません。 B: お金なら貸しましょうか。 **A: Kyō wa chotto ikemasen.** **B: O-kane nara kashimashō ka.**	A: Heute kann ich leider nicht mitgehen. B: Wenn es sich ums Geld dreht, soll ich dir welches leihen?

-ば -ba

1. -ば **-ba** *wenn*, *falls* hängt man an die **e**-Stufe (仮定形 **kateikei**) der Verben und Adjektive an. Ausnahmsweise ändern sogar die einstufigen Verben ihren letzten Auslautvokal:

Einstufige Verben		
寝る **ne-ru**	寝れば **ne-re-ba**	wenn man schläft
食べる **tabe-ru**	食べれば **tabe-re-ba**	wenn man isst
起きる **oki-ru**	起きれば **oki-re-ba**	wenn man aufsteht
見る **mi-ru**	見れば **mi-re-ba**	wenn man schaut
Fünfstufige Verben		
書く **kak-u**	書けば **kak-e-ba**	wenn man schreibt
入る **hair-u**	入れば **hair-e-ba**	wenn man betritt
読む **yom-u**	読めば **yom-e-ba**	wenn man liest
話す **hanas-u**	話せば **hanas-e-ba**	wenn man spricht
待つ **mats-u**	待てば **mat-e-ba**	wenn man wartet
Ausnahmen		
来る **ku-ru**	来れば **ku-re-ba**	wenn man kommt
する **su-ru**	すれば **su-re-ba**	wenn man macht
KY		
高い **taka-i**	高ければ **taka-kere-ba**	wenn es teuer ist
早い **haya-i**	早ければ **haya-kere-ba**	wenn es früh ist
良い **yo-i/i-i**	良ければ **yo-kere-ba**	wenn es gut ist
短い **mijika-i**	短ければ **mijika-kere-ba**	wenn es kurz ist
KYD		
変だ **hen da**	変ならば **hen nara-ba**	wenn es komisch ist
暇だ **hima da**	暇ならば **hima nara-ba**	wenn man frei hat
Kopula		
だ **da**	ならば **nara-ba**	wenn ... ist

2. -ば **-ba** hat wie と **to** (vgl. § 219) allgemein gültigen Charakter. Man findet -ば **-ba** daher oft in Sprichwörtern und Redewendungen:

ニにニをかければ四になる。 **Ni ni ni o kakereba yon ni naru.**	Zwei mal zwei gibt vier.
楽あれば苦あり。 **Raku areba ku ari.**	Auf Freud folgt Leid.

3. Bei -ば **-ba** kann das Ereignis des konditionalen Nebensatzes auch gleichzeitig mit dem Hauptsatzereignis ablaufen:

車で行けば、３０分ぐらいかかる。 **Kuruma de ikeba, sanjuppun gurai kakaru.**	Wenn man mit dem Auto fährt, braucht man ca. 30 Minuten.
夕方までに帰って来られれば参加できますよ。 **Yūgata made ni kaette korarereba, sanka dekimas$_u$ yo.**	Wenn wir es bis zum späten Nachmittag zurück schaffen, dann kann ich daran teilnehmen.

4. Im Unterschied zu と **to** kann der Hauptsatz auch die Absicht des Sprechers oder eine Aufforderung enthalten:

お酒がなければ、ビールをください。 **O-sake ga nakereba, bīru o kudasai.**	Wenn Sie keinen Sake haben, dann geben Sie mir bitte ein Bier.
大阪には時間があれば行きたいと思っています。 **Ōsaka ni wa jikan ga areba ik$_i$tai to omotte imas$_u$.**	Wenn ich Zeit habe, möchte ich nach Osaka fahren.
やり方が分からなければ聞いてください。 **Yarikata ga wakaranakereba kiite kudasai.**	Wenn Sie die Vorgehensweise nicht verstehen, dann fragen Sie bitte.

5. Steht der Hauptsatz in der Abgeschlossenheitsform, so drückt der Gesamtsatz einen irrealen Sachverhalt in der Vergangenheit aus:

もっと安ければ、買いましたが。 **Motto yasukereba, kaimashita ga.**	Wenn es billiger gewesen wäre, hätte ich es gekauft.
あの人に会わなければ、良かった。 **Ano hito ni awanakereba, yokatta.**	Wäre ich ihm doch nie begegnet!
行こうと思えば行けました。 **Ikō to omoeba ikemashita.**	Wenn ich gewollt hätte, hätte ich gehen können.

場合 baai 223

場合 **baai** bedeutet *wenn*, *falls*, *im Falle, dass* .... Da 場合 **baai** formal ein Substantiv ist, steht das Prädikat des vorangehenden Nebensatzes in der Attributivform:

ゼミを休む場合は連絡して下さい。 **Zemi o yasumu baai wa renraku shite kudasai.**	Bitte geben Sie Bescheid, wenn Sie nicht zum Seminar kommen.
相手の名前を知らない場合、何と書いたらいいですか。 **Aite no namae o shiranai baai, nan to kaitara ii desu ka.**	Welche Anrede sollte man benutzen, wenn man den Namen des Gegenübers nicht kennt?
証明が必要な場合はご相談ください。 **Shōmei ga hitsuyō na baai wa go-sōdan kudasai.**	Wenden Sie sich an uns, falls Sie eine Bestätigung brauchen.
お留守の場合は「ご不在連絡票」を郵便受けに入れておきます。 **O-rusu no baai wa, "go-fuzai renraku hyō" o yūbin'uke ni irete okimasu.**	Falls niemand zu Hause ist, werfen wir eine „Benachrichtigung“ in den Briefkasten ein.

224 -ても -te mo bzw. -でも -de mo

1. Die Konjunktion -ても **-te mo** bzw.-でも **-de mo** bedeutet *auch wenn*. Im vorangehenden Nebensatz steht eine Bedingung X. Wenn diese erfüllt ist, sollte eigentlich Y eintreten. Im darauf folgenden Hauptsatz wird ausgedrückt, dass Y eben nicht eintritt. -でも/-ても **-de mo/-te mo** wird wie das Suffix -て**-te** (vgl. §§ 125-127) an die (geschwächte) **i**-Stufe des Nebensatzprädikats angeschlossen:

たくさん食べても太りません。 **Tak$_{u}$san tabete mo f$_{u}$torimasen.**	Auch wenn ich viel esse, nehme ich nicht zu.
犬の名前を呼んでも来ない。 **Inu no namae o yonde mo konai.**	Auch wenn ich meinen Hund rufe, er kommt nicht.
高くても、買います。 **Takak$_{u}$te mo kaimas$_{u}$.**	Ich werde es kaufen, auch wenn es teuer ist.
難しくても、時間がたくさんかかっても、日本語を勉強します。 **Muzukash$_{i}$k$_{u}$te mo, jikan ga tak$_{u}$san kakatte mo, nihongo o benkyō shimas$_{u}$.**	Ich werde Japanisch lernen, auch wenn es schwierig ist und man viel Zeit dafür braucht.

Anmerkung: Häufig findet man im Nebensatz ein Fragepronomen, die Konstruktion kann man mit *egal (wer, was ...)* übersetzen.

2. -ても **-te mo** bzw. -でも **-de mo** hat hypothetischen Charakter. Der Hauptsatz kann daher nur in der Gegenwartsform stehen und sich auf zukünftige oder gewohnheitsmäßige Sachverhalte beziehen, nicht auf bereits Passiertes:

毎日食べても飽きない。 **Mainichi tabete mo akinai.**	Auch wenn man es täglich isst, bekommt man es nicht über.
行かなくてもいいです。 **Ikanak$_{u}$te mo ii des$_{u}$.**	Es ist in Ordnung, auch wenn du nicht gehst.

Anmerkung: Für vergangene Sachverhalte verwendet man のに **noni** *obwohl* (vgl. § 226).

Entgegensetzende Konjunktionen

が ga 225

1. が **ga** verbindet zwei Aussagen, die in leicht gegensätzlicher Bedeutung stehen, und kann in vielen Fällen mit *aber* übersetzt werden. Beide Teilsätze sollten einheitlich im höflichen oder neutralen Stil stehen:

この本は面白いですが、高いです。 **Kono hon wa omoshiroi des$_u$ ga, takai des$_u$.**	Dieses Buch ist zwar interessant, aber teuer. [höflich]
この本は面白いが、高い。 **Kono hon wa omoshiroi ga, takai.**	Dieses Buch ist zwar interessant, aber teuer. [neutral]

2. Manchmal hat が **ga** auch aneinander reihende Funktion und bedeutet *und*:

前にはよく会っていましたが、面白い人ですよ。 **Mae ni wa yoku atte imash$_i$ta ga, omoshiroi h$_i$to des$_u$ yo.**	Früher habe ich ihn oft getroffen, er ist ein interessanter Mensch.
何度か食べましたがおいしいです。 **Nando ka tabemash$_i$ta ga oishii des$_u$.**	Ich habe es einige Male gegessen, es ist lecker.

3. Einen Nebensatz mit が **ga** kann man als Einleitung für eine Frage oder Bitte verwenden:

すみませんが、切手がありますか。 **Sumimasen ga, k$_i$tte ga arimas$_u$ ka.**	Entschuldigung, aber haben Sie Briefmarken?
お手数ですが、再送をお願い致します。 **O-tesū des$_u$ ga, saisō o o-negai itashimas$_u$.**	Entschuldigen Sie die Umstände, aber ich bitte Sie, es nochmals zu schicken.

4. Der nachfolgende Hauptsatz kann oft weggelassen werden, der Hörer muss ihn sich dazu denken:

意味が分からないのですが・・・。 **Imi ga wakaranai no desu ga ... .**	Ich verstehe die Bedeutung nicht, aber ... .
何もありませんが…。 **Nani mo arimasen ga ... .**	Es gibt nichts Besonderes, aber ... (greifen Sie zu!)

226 のに noni

のに **noni** *obwohl* drückt aus, dass entgegen der im Nebensatz ausgedrückten Erwartungen, die Aussage des Hauptsatzes zutrifft. Im Hauptsatz können keine Willens- oder Absichtserklärungen stehen:

明日試験なのに、勉強をしない。 **Ashita shiken na noni, benkyō o shinai.**	Obwohl er morgen Prüfung hat, lernt er nicht.
雨が降ったのに、川に水が全くない。 **Ame ga futta noni, kawa ni mizu ga mattaku nai.**	Obwohl es geregnet hat, führt der Fluss überhaupt kein Wasser.
寝る時間が遅いのに、朝早く起きなければならない。 **Neru jikan ga osoi noni, asa hayaku okinakereba naranai.**	Obwohl ich spät schlafen gehe, muss ich morgens früh aufstehen.
この家は交通が不便なのに、家賃が高い。 **Kono ie wa kōtsū ga fuben na noni, yachin ga takai.**	Obwohl das Haus verkehrstechnisch ungünstig liegt, ist die Miete teuer.

Anmerkung 1: の **no** dient ursprünglich zur Substantivierung, das Prädikat des Nebensatzes vor の **no** steht in der Attributivform. Eine Ausnahme bilden Substantive, die nicht wie sonst の **no**, sondern -な **-na** zu sich nehmen.

Anmerkung 2: のに **noni** hat auch finale Bedeutung (vgl. § 210).

227 ものの mono no

ものの **mono no** ist ein schriftsprachlicher Ausdruck für *aber*. Das Prädikat vor ものの **mono no** steht in der Attributivform:

写真では見たことがあるものの、実物を見てビックリ！ **Shashin de wa mita koto ga aru mono no, jitsubutsu o mite bikkuri!**	Ich habe es schon auf einem Foto gesehen, aber als ich das Original sah, war ich überrascht.
学校で習ったものの，忘れてしまった。 **Gakkōde naratta mono no, wasurete shimatta.**	Ich habe es zwar in der Schule gelernt, aber völlig vergessen

Anmerkung: ものの **mono no** kann nur für vergangene oder gegenwärtige Sachverhalte verwendet werden. Für die Zukunft verwendet man のに **noni** (vgl. § 226).

-ながら -nagara 228

−ながら **-nagara** *obwohl* und verbindet zwei gegensätzliche Aussagen. Der Nebensatz vor −ながら **-nagara** beschreibt einen Zustand. Daher kann man davor nicht nur Verben in der **i**-Stufe verwenden, sondern auch KY in der Lexikonform, sowie Substantive und KYD:

先生ながら、生徒と友達のように接している。 **Sensei nagara, seito to tomodachi no yō ni sesshite iru.**	Obwohl er ihr Lehrer ist, begegnet er seinen Schülern wie ein Freund.
この曲は速いながらも耳に馴染みやすい。 **Kono kyoku wa hayai nagara mo mimi ni najimiyasui.**	Dieses Lied ist zwar schnell, aber leicht eingängig.
事務所は東京の中心にありながら、緑に囲まれている。 **Jimusho wa tōkyō no chūshin ni arinagara, midori ni kakomarete iru.**	Obwohl sich unser Büro im Zentrum von Tokio befindet, liegt es im Grünen.

Anmerkung 1: Nach -ながら **-nagara** kann man zur Verstärkung zusätzlich die Partikel も **mo** verwenden.

Anmerkung 2: -ながら **-nagara** kann auch *während* bedeuten (vgl. § 196).

229 Entgegensetzende Konjunktionaladverbien

でも	**demo**	aber
だが	**daga**	aber
けれども	**keredomo**	aber
け（れ）ど	**ke(re)do**	aber [ugs.]
しかし	**sh$_{i}$kashi**	aber
それなのに	**sore na noni**	trotzdem
それにしても	**sore ni sh$_{i}$temo**	trotzdem
ところが	**tokoro ga**	allerdings
もっとも	**mottomo**	allerdings

Weitere Konjunktionen

230 につれて ni tsurete und とともに to tomo ni

につれて **ni tsurete** und とともに **to tomo ni** verbinden zwei Teilsätze, die parallel verlaufende Prozesse oder Veränderungen ausdrücken. Vor den Konjunktionen steht ein Substantiv, das einen Wandel ausdrückt, oder ein Verb in der Nicht-Abgeschlossenheitsform:

経済発展につれて、エネルギー消費も増加する。 **Keizai hatten ni tsurete, enerugī shōhi mo zōka suru.**	Mit der wirtschaftlichen Entwicklung steigt auch der Energieverbrauch.
経済が発展するにつれて、エネルギー消費も増加する。 **Keizai ga hatten suru ni tsurete, enerugī shōhi mo zōka suru.**	Je stärker sich die Wirtschaft entwickelt, desto mehr steigt der Energieverbrauch.

Anmerkung: Hier zeigt sich, dass der Übergang zwischen Konjunktionen, und zusammengesetzten Partikeln (vgl. § 74), die nach Substantiven stehen, manchmal fließend ist.

かわりに kawari ni 231

かわりに **kawari ni** wird in der Bedeutung von *anstatt* verwendet. Davor können Substantive und bejahte oder verneinte Verben in der Attributivform stehen. Die zeitliche Einordnung des Gesamtsatzes wird am Hauptsatzprädikat ausgedrückt:

課長のかわりに会議に出る。 **Kachō no kawari ni kaigi ni deru.**	Anstelle meines Chefs nehme ich an der Besprechung teil.
彼は音楽会へ行くかわりにCDを買った。 **Kare wa ongak$_{u}$kai e iku kawari ni shī dī o katta.**	Anstatt zum Konzert zu gehen, kaufte er sich eine CD.
文句を言うかわりに、どうすれば良くなるのかを提案すればよい。 **Monku o iu kawari ni, dō sureba yoku naru no ka o teian sureba yoi.**	Anstatt rumzunörgeln, sollte man Vorschläge machen, wie man es verbessern kann.

限り kagiri 232

Mit 限り **kagiri** *soweit*, *solange* wird eine Einschränkung gemacht. Davor stehen ein Substantiv oder ein Verb in der Attributivform; Verneinung, Vergangenheit und **te iru**-Form sind möglich:

私が知っている限り、ドイツでは冷たいコーヒーは飲まない。 **Watashi ga sh$_{i}$tte iru kagiri, doitsu de wa tsumetai kōhī wa nomanai.**	Soweit ich weiß, trinkt man in Deutschland keinen kalten Kaffee.
政策が変わらない限り, その国はEUには入れない。 **Seisaku ga kawaranai kagiri, sono kuni wa ī yū ni wa hairenai.**	Solange sich die Politik nicht ändert, kann dieses Land nicht der EU beitreten.

できる限り協力したい。 **Dekiru kagiri kyōryoku sh$_i$tai.**	Ich möchte Sie, soweit ich kann, unterstützen.
力の限り頑張ります。 **Ch$_i$kara no kagiri ganbarimas$_u$.**	Ich bemühe mich nach Kräften.

233 通りに tōri ni

通りに **tōri ni** *genauso wie* verbindet zwei Sätze, wobei der vorangehende Nebensatz ein Verb des Sagens oder Denkens enthält:

親の言う通りに大学へ進んだ。 **Oya no iu tōri ni daigaku e susunda.**	Ich bin auf die Uni gegangen, wie meine Eltern es sagten.
自分の思う通りに生きることが一番良いことです。 **Jibun no omou tōri ni ikiru koto ga ichiban yoi koto des$_u$.**	Das Beste ist es, wenn man so lebt, wie man es sich selbst vorstellt.
その通りですね。 **Sono tōri des$_u$.**	Es ist genau so (wie Sie sagen).

Anmerkung: 通りに **tōri ni** ist synonym zu ように **yō ni** (vgl. § 31.5).

Kapitel 26 Direkte und indirekte Rede

Die direkte Rede 234

1. Die direkte Rede ist die Wiedergabe tatsächlich gesprochener Worte. Diese Worte werden in Klammern 「」 gesetzt und mit der Zitatpartikel と **to** in den Hauptsatz eingebettet:

<Direkte Rede Zitatpartikel Verb des Sagens>

2. Bei der direkten Rede wird die Perspektive der Person, welche diese ursprünglich geäußert hat, beibehalten. Am Satzbau und am Höflichkeitsstil des eingebetteten Satzes ändert sich daher nichts. Das Subjekt des Hauptsatzes kann entweder als Thema am Satzanfang stehen, oder aber es steht nach der Zitatpartikel:

昇は「明子さんは来ますか。」と聞きました。 **Noboru wa "Akiko-san wa kimas$_u$ ka." to kikimash$_i$ta.**	„Akiko, kommst du?“, fragte Noboru.
「明子さんは来ますか。」と昇は聞きました。 **"Akiko-san wa kimas$_u$ ka." to noboru wa kikimash$_i$ta.**	„Akiko, kommst du?“, fragte Noboru.
「今日はいいお天気ですね。」と森さんは言いました。 **"Kyō wa ii o-tenki des$_u$ ne." to mori-san wa iimash$_i$ta.**	„Heute ist schönes Wetter!“, sagte Frau Mori.
先生は「黙りなさい。」と命令した。 **Sensei wa "damarinasai." to meirei sh$_i$ta.**	Der Lehrer befahl: „Schweig!“

235 Die indirekte Rede

1. Bei der indirekten Rede wird die Äußerung nicht wörtlich wiedergegeben, sondern aus der Perspektive des aktuellen Sprechers. D.h., Personalpronomina wie *ich* oder *du* müssen bei der Redewiedergabe der neuen Perspektive angepasst werden. Der eingebettete Satz steht im neutralen Stil. Er wird mit der entsprechenden Zitatpartikel, die sich je nach Satztyp unterscheidet, vor das Verb des Sagens eingebettet:

<Indirekte Rede   Zitatpartikel   Verb des Sagens>

2. Sind Haupt- und Nebensatzsubjekt unterschiedlich, wird das Nebensatzsubjekt mit der Subjektpartikel が **ga** markiert. Sind die beiden Subjekte identisch, wird das Nebensatzsubjekt ausgelassen:

彼は明子が試験をパスしたと言いました。 **Kare wa akiko ga shiken o pasu shita to iimashita.**	Er sagte, dass Akiko die Prüfung bestanden hat.
彼は試験をパスしたと言いました。 **Kare wa shiken o pasu shita to iimashita.**	Er sagte, dass er die Prüfung bestanden hat.
昇は明子が行くかどうか知らない。 **Noboru wa akiko ga iku ka dō ka shiranai.**	Noboru weiß nicht, ob Akiko gehen wird.
昇は行くかどうか分からない。 **Noboru wa iku ka dō ka wakaranai.**	Noboru weiß nicht, ob er gehen wird.

3. Wenn die beiden Subjekte gleich sind, das Nebensatzsubjekt jedoch betont werden soll, kann man 自分 **jibun** im Nebensatz einsetzen:

昇は自分が正しいと思っています。 **Noboru wa jibun ga tadashii to omotte imasu.**	Noboru denkt, er (selbst) hat Recht.

Der Aussagesatz 236

Indirekte Aussagen werden mit der Zitatpartikel と **to** eingebettet. Das Verb des Hauptsatzes ist ein Verb der Mitteilung oder des Denkens:

彼は時間がないと言った。 **Kare wa jikan ga nai to itta.**	Er sagte, er habe keine Zeit.
その本は面白いと思います。 **Sono hon wa omoshiroi to omoimas**$_u$**.**	Ich denke, das Buch ist interessant.
彼はその本が面白いと思っています。 **Kare wa sono hon ga omoshiroi to omotte imas**$_u$**.**	Er denkt, dass dieses Buch interessant ist.

Anmerkung 1: と **to** kann in der Umgangssprache durch って **tte** ersetzt werden.

Anmerkung 2: 思う **omou** kann nur die 1. Person als Subjekt zu sich nehmen. Aussagen über die 3. Person müssen mit 思っている **omotte iru** gemacht werden.

Ja-Nein-Fragen 237

Ja-Nein-Fragen werden mit der Zitatpartikel かどうか **ka dō ka** *ob* eingebettet. Das Verb des Hauptsatzes ist ein Verb des Fragens oder Wissens:

リサさんに日本料理が好きかどうか聞いてください。 **Risa-san ni nihon ryōri ga s**$_u$**ki ka dō ka kiite kudasai.**	Frag Lisa bitte, ob sie japanisches Essen mag!
問題があるかどうか調べています。 **Mondai ga aru ka dō ka shirabete imas**$_u$**.**	Ich untersuche, ob es ein Problem gibt.

238 Ergänzungsfragen

Handelt es sich bei dem einzubettenden Fragesatz um eine Ergänzungsfrage mit einem Fragepronomen, so bettet man den Fragesatz mit か(と) **ka (to)** vor dem Hauptsatzverb ein. Das Hauptsatzverb ist ein Verb des Fragens oder Wissens:

書類がどこにあるか(と)聞きました。 **Shorui ga doko ni aru ka (to) kikimashita.**	Ich fragte, wo sich die Unterlagen befinden.
飛行機がいつ到着するか分からない。 **Hikōki ga itsu tōchaku suru ka wakaranai.**	Ich weiß nicht, wann das Flugzeug ankommt.
友達にどんなプレゼントがいいか尋ねた。 **Tomodachi ni donna purezento ga ii ka tazuneta.**	Ich fragte meinen Freund, was für ein Geschenk er haben wollte.

239 Aufforderungen

Aufforderungen bettet man mit der Zitatpartikel ように(と) **yō ni (to)** vor einem Verb des Aufforderns ein. Da sich Aufforderungen auf zukünftige Handlungen beziehen, steht das Verb vor ように **yō ni** in der Nicht-Abgeschlossenheitsform:

彼は従業員に救急車を呼ぶように(と)頼んだ。 **Kare wa jūgyōin ni kyūkyūsha o yobu yō ni (to) tanonda.**	Er bat den Angestellten, einen Krankenwagen zu rufen.
学生に漢字を調べてくるように言いました。 **Gakusei ni kanji o shirabete kuru yō ni iimashita.**	Ich sagte den Studierenden, dass sie die Kanji zu Hause nachschlagen sollten.
ゴミを捨てないように注意しました。 **Gomi o sutenai yō ni chūi shimashita.**	Ich wies darauf hin, keinen Müll wegzuwerfen.

Kapitel 27 Sprechereinstellungen

Die Einstellung des Sprechers zu dem Gesagten, mit welcher Wahrscheinlichkeit es zutrifft bzw. aus welcher Quelle die Information stammt, wird im Japanischen durch Suffixe und andere Konstruktionen hinter dem Hauptsatzprädikat am Satzende ausgedrückt.

のだ no da 240

のだ **no da** bzw. im höflichen Stil のです **no des$_u$** verwendet man am Satzende, um zu signalisieren, dass die Äußerung im Zusammenhang mit dem vorher Gesagten oder mit der Gesprächssituation steht. Das Prädikat vor dem Substantivierer の **no** steht in der Attributivform. Substantive nehmen -な **-na** zu sich. Der Sprecher verwendet のだ **no da** also

1. in Fragen und Bitten um Erklärungen:

渋谷から浅草へはどう行ったらいいのですか。 **Shibuya kara asak$_u$sa e wa dō ittara ii no des$_u$ ka.**	Wie komme ich denn von Shibuya nach Asakusa?
どうしたんですか? 顔色が悪いですよ。 **Dō sh$_i$ta n des$_u$ ka. Kaoiro ga warui des$_u$ yo.**	Was ist denn passiert? Sie sind ja ganz bleich!

Anmerkung: In der Umgangssprache wird の **no** zu ん **n** verkürzt.

2. in Antworten, die eine Erklärung liefern:

A:どうしたのですか? B: 頭が痛いのです。 **A: Dō sh$_i$ta no des$_u$ ka.** **B: Atama ga itai no des$_u$.**	A: Was ist denn mit Ihnen los? B: Ich habe Kopfschmerzen.

3. bei Umformulierungen:

あの人は否定形さえ作れない。つまり、基礎が分かっていないのだ。 **Ano hito wa hiteikei sae tsukurenai. Tsumari, kiso ga wakatte inai no da.**	Er kann nicht einmal die Verneinung bilden. Kurzum, er hat die Grundlagen nicht verstanden.

4. bei vorangestellten oder nachgeschobenen Erklärungen:

パスワードを忘れてしまったのですが、どうすればいいですか? **Pasuwādo o wasurete shimatta no desu ga, dō sureba ii desu ka.**	Ich habe mein Passwort vergessen. Was soll ich machen?
渋谷へ行きたいのですが、どう行けばいいでしょうか。 **Shibuya e ikitai no desu ga, dō ikeba ii deshō ka.**	Ich möchte nach Shibuya, wie komme ich dahin?
今日は時間がありません。会議があるのです。 **Kyō wa jikan ga arimasen. Kaigi ga aru no desu.**	Ich habe heute keine Zeit. Ich habe nämlich eine Besprechung.

Anmerkung: Manchmal kann man die Konstruktion mit *nämlich* ins Deutsche übersetzen, のだ **no da** wird aber viel häufiger verwendet als *nämlich*.

5. nach Verben des Wünschens, um den Wunsch abzuschwächen:

万年筆を買いたいのですが … **Mannenhitsu o kaitai no desu ga ...**	Ich möchte gerne einen Füller kaufen....
領収書(りょうしゅうしょ)が欲しいのですが。 **Ryōshūsho ga hoshii no desu ga.**	Ich hätte gerne eine Quittung.

Vermutungen

Ist man sich eines Sachverhalts nicht sicher, so muss man diesen als Vermutung kennzeichnen. Während im deutschen Kommunikationsverhalten sicheres Auftreten gefragt ist und abmildernde Ausdrücke wie *vielleicht* oder der Konjunktiv eher zu vermeiden sind, tendiert man in Japan dazu, Aussagen vage zu halten.

だろう **darō** 241

1. Mit der Kopulavariante だろう **darō** im neutralen bzw. でしょう **deshō** im höflichen Stil kann man eine Aussage als Vermutung kennzeichnen. Das Prädikat vor だろう **darō** steht in der neutralen Satzendform. Alle Zeiten, Verneinung etc. sind möglich:

ドイツは今寒いでしょう。 **Doitsu wa ima samui deshō.**	In Deutschland wird es jetzt (wohl) kalt sein.
その靴はきっと高かっただろう。 **Sono kutsu wa kitto takakatta darō.**	Diese Schuhe waren sicher teuer.
橋本さんはまだ来るでしょう。 **Hashimoto-san wa mada kuru deshō.**	Herr Hashimoto wird wohl noch kommen.
簡単だっただろう。 **Kantan datta darō.**	Es war wahrscheinlich einfach.
彼女は幸せではなかっただろう。 **Kanojo wa shiawase dewa nakatta darō.**	Sie war wohl nicht glücklich.

2. Besteht das Prädikat aus einem KYD oder einem Substantiv in der bejahten Nicht-Abgeschlossenheitsform, wird だろう **darō** direkt daran angehängt:

あの人は先生だろう。 **Ano hito wa sensei darō.**	Er wird wohl Lehrer sein.

そうでしょう。 **Sō deshō.**	Das ist (doch) wohl so.
コンピューターが使えれば便利でしょう。 **Konpyūtā ga ts$_{u}$kaereba benri deshō.**	Es wäre sicher praktisch, wenn ich den Computer benutzen könnte.

Anmerkung: Den Vermutungscharakter der Äußerung kann man durch Adverbien wie 多分 **tabun** *vielleicht* oder きっと **k$_{i}$tto** *sicher* etc. (vgl. § 179.4) verstärken.

242 まい mai

まい **mai** hängt man an die Satzendform der Verben an, um auszudrücken, dass etwas wahrscheinlich nicht der Fall sein wird. Substantive und KYD werden mit である **de aru**, KY mit KY くある **-ku aru** angeschlossen:

都会人には分かるまい。 **Tokaijin ni wa wakaru mai.**	Ein Großstädter wird das wohl nicht verstehen.
民主党が法案に反対するまい。 **Minsh$_{u}$tō ga hōan ni hantai suru mai.**	Die Demokratische Partei wird wohl nicht gegen den Gesetzentwurf sein.
理論的に不可能であるまい。 **Rironteki ni f$_{u}$kanō de aru mai.**	Theoretisch ist das wohl nicht unmöglich.
悪くあるまい。 **Waruku aru mai.**	Es ist wohl nicht schlecht.

Anmerkung 1: Bei einstufigen Verben kann まい **mai** auch an die **i**-Stufe angehängt werden.

Anmerkung 2: まい **mai** wird eher in der Schriftsprache verwendet und entspricht in der gesprochenen Sprache -ないだろう **-nai darō**.

Anmerkung 3: まい **mai** kann nach Handlungsverben *den Entschluss, ... nicht (mehr) zu machen* ausdrücken.

かもしれない kamo shirenai 243

1. Um die Überzeugung auszudrücken, dass ein Ereignis mit geringer Wahrscheinlichkeit eintritt, bettet man die Aussage mit かもしれない **kamo shirenai** bzw. im höflichen Stil mit かもしれません **kamo shiremasen** ein. Das vorangehende Prädikat steht in der Satzendform, im neutralen Stil. Verneinung, Abgeschlossenheitsform etc. sind möglich:

もう遅いかもしれない。 **Mō osoi kamo shirenai.**	Vielleicht ist es schon zu spät.
彼は日本へ行くかもしれません。 **Kare wa nihon e iku kamo shiremasen.**	Er wird wahrscheinlich nach Japan fahren.
これ、前にも言ったかもしれない。 **Kore, mae ni mo itta kamo shirenai.**	Ich habe das vielleicht schon früher gesagt.
それは本当の名前ではないかもしれない。 **Sore wa hontō no namae dewa nai kamo shirenai.**	Das ist vielleicht nicht sein richtiger Name.
夢だったかもしれません。 **Yume datta kamo shiremasen.**	Vielleicht war es ein Traum.

Anmerkung 1: かもしれない **kamo shirenai** ist aus der Fragepartikel か **ka**, der Partikel も **mo** und der verneinten Potentialform des Verbes 知る **shiru** *wissen* entstanden. Es bedeutet also *man kann auch nicht wissen, ob ....*

Anmerkung 2: In der Umgangssprache wird かもしれない **kamo shirenai** zu かも **kamo** verkürzt.

2. Besteht das Prädikat aus einem KYD oder einem Substantiv in der bejahten Nicht-Abgeschlossenheitsform wird die Kopula weggelassen und かもしれない **kamo shirenai** direkt daran angehängt:

解決は簡単かもしれない。 **Kaiketsu wa kantan kamo shirenai.**	Die Lösung ist vielleicht einfach.
これは日本映画かもしれません。 **Kore wa nihon eiga kamo shiremasen.**	Das ist vielleicht ein japanischer Film.

244 にちがいない ni chigai nai

Um auszudrücken, dass ein Ereignis mit großer Wahrscheinlichkeit eintritt, bettet man die Aussage mit にちがいない **ni chigai nai** bzw. im höflichen Stil mit にちがいありません **ni chigai arimasen** ein. にちがいない **ni chigai nai** steht hinter dem Prädikat, das in der Satzendform im neutralen Stil steht. Alle Zeitformen, Verneinung etc. sind möglich. Bei KYD und Substantiven fällt in der bejahten Nicht-Abgeschlossenheit die Kopula aus:

これを考えた人は天才にちがいない。 **Kore o kangaeta hito wa tensai ni chigai nai.**	Derjenige, der sich das ausgedacht hat, muss ein Genie sein.
後悔する時が来るにちがいない。 **Kōkai suru toki ga kuru ni chigai nai.**	Es kommt sicher die Zeit, da ich es bereue.
名前はきっと思い出せないにちがいない。 **Namae wa kitto omoidasenai ni chigai nai.**	Er kann sich sicherlich nicht mehr an den Namen erinnern.
騙されたにちがいありません。 **Damasareta ni chigai arimasen.**	Ich wurde sicherlich betrogen.
皆さんのほうが詳しいにちがいありません。 **Mina-san no hō ga kuwashii ni chigai arimasen.**	Sie kennen sich alle sicher besser darin aus.
駅の売店は日用品までそろっているから便利にちがいない。 **Eki no baiten wa nichiyōhin made sorotte iru kara benri ni chigai nai.**	Da der Bahnhofskiosk sogar Waren für den alltäglichen Bedarf hat, ist er sicher praktisch.

Die Weitergabe von Wissen und Vermutungen

らしい rashii 245

1. らしい **rashii** hängt man an einen Satz an, um das Gesagte als Vermutung zu kennzeichnen. Diese Vermutung basiert meist auf Gehörtem oder Gelesenem. Das Prädikat vor らしい **rashii** steht in der Satzendform, im neutralen Stil. Verneinung, alle Zeitformen etc. sind möglich:

教室が足りないらしい。 **Kyōshitsu ga tarinai rashii.**	Die Klassenräume scheinen nicht auszureichen.
試験は難しかったらしい。 **Shiken wa muzukashikatta rashii.**	Die Prüfung scheint schwer gewesen zu sein.
彼は元気らしい。 **Kare wa genki rashii.**	Er scheint, wie man hört, gesund zu sein.
それは噂らしい。 **Sore wa uwasa rashii.**	Das ist anscheinend ein Gerücht.

Anmerkung 1: Substantive oder KYD werden in der bejahten Nicht-Abgeschlossenheitsform ohne Kopula eingebettet.

Anmerkung 2: Im Unterschied zu そうだ **sō da** des Hörensagens (vgl. § 249) gibt man nicht bloß Gehörtes oder Gelesenes weiter, sondern man baut darauf eine Vermutung auf.

2. らしい **rashii** selbst verhält sich wie ein KY, d.h., im höflichen Stil hängt man wie bei allen KY です **desu** an:

東京は停電で大混乱だったらしいです。 **Tōkyō wa teiden de daikonran datta rashii desu.**	In Tokio herrschte wegen Stromausfalls anscheinend ein großes Chaos.
キンは国に帰るらしいです。 **Kin wa kuni ni kaeru rashii desu.**	Kim geht anscheinend (bald) nach Hause zurück.

246 ようだ yō da

ようだ **yō da** verwendet man am Satzende, um die eigene Einstellung zum Gesagten auszudrücken, nämlich dass man – meistens aufgrund einer Beobachtung – *die starke Vermutung hegt, dass ..., dass es so aussieht, als ob ...* . Das Prädikat vor よう **yō** steht in der Attributivform:

雪子さんは風邪を引いたようです。 **Yukiko-san wa kaze o hiita yō desu.**	Yukiko sieht so aus, als ob sie sich erkältet hat.
彼はもう来ないようです。 **Kare wa mō konai yō desu.**	Es sieht so aus, als ob er nicht mehr kommt.
あの人は先生のようだ。 **Ano hito wa sensei no yō da.**	Er sieht aus, als ob er Lehrer ist.
トムさんはお魚が嫌いなようです。 **Tomu-san wa o-sakana ga kirai na yō desu.**	Tom scheint Fisch nicht zu mögen.
この時計は高いようです。 **Kono tokei wa takai yō desu.**	Diese Uhr sieht teuer aus.
A: 左藤さんはもう帰りましたか。 B: はい、そのようです。 **A: Satō-san wa mō kaerimashita ka.** **B: Hai, sono yō desu.**	A: Ist Frau Satō schon nach Hause gegangen? B: Ja, es sieht so aus.

Anmerkung: Im Vergleich zu そうだ **sō da** (vgl. § 248) kann vor ようだ **yō da** auch die **ta**-Form stehen, d.h., man kann auch Vermutungen über die Vergangenheit anstellen.

247 みたいだ mitai da

1. みたいだ **mitai da** wird ähnlich wie ようだ **yō da** (vgl. § 246) an eine Aussage angehängt, um diese als Vermutung aufgrund einer Wahrnehmung zu kennzeichnen. Das vorangehende Prädikat steht in der Satzendform, im neutralen Stil. Verneinung, alle Zeitformen etc. sind möglich.

Substantive oder KYD werden in der bejahten Nicht-Abgeschlossenheitsform direkt, ohne Kopula eingebettet:

日本人は漢字が好きみたいだ。 **Nihonjin wa kanji ga suki mitai da.**	Japaner scheinen Kanji zu mögen.
健二が入院したみたいだ。 **Kenji ga nyūin shita mitai da.**	Kenji ist anscheinend ins Krankenhaus gekommen.

2. みたい **mitai** selbst verhält sich wie ein KYD:

日曜日は暖かくないみたいです。 **Nichiyōbi wa atatakaku nai mitai desu.**	Am Sonntag soll es nicht so warm sein.
馬鹿みたいに笑った。 **Baka mitai ni waratta.**	Er lachte wie blöd.

そうだ sō da der Beobachtung 248

1. Eine Vermutung, die man aufgrund einer Beobachtung hegt, bettet man mit そうだ **sō da** ein. Die Konstruktion benutzt man, um Vorahnungen und Voraussagen zu formulieren. Vor そう **sō** können Verben in der **i**-Stufe, KY ohne -い **-i** oder KYD stehen, jedoch keine Substantive:

雨が降りそうですね。 **Ame ga furisō desu ne**	Es sieht nach Regen aus.
あの靴は高そうですね。 **Ano kutsu wa taka sō desu ne.**	Die Schuhe dort sehen teuer aus, nicht wahr?
明日も天気は良さそうです。 **Ashita mo tenki wa yosa sō desu.**	Es sieht auch für morgen nach gutem Wetter aus.
山田くんは真面目そうですね。 **Yamada-kun wa majime sō desu ne.**	Yamada macht einen fleißigen Eindruck, nicht?

Anmerkung: いい **ii** *gut* wird zu よさそう **yosasō** und -ない **-nai**, das Suffix der Verneinung, zu なさそう **nasasō**.

2. そう **sō** verhält sich im Satz wie ein KYD und kann mit der Kopula だ **da** das Prädikat bilden. そう **sō** kann zusammen mit -な **-na** ein Substantiv oder mit der Partikel に **ni** ein Verb näher bestimmen:

真面目そうな人ですね。	Er scheint ein anständiger
Majime sō na hito desu ne.	Mensch zu sein.
成功しそうな気がするんですよ。	Ich habe das Gefühl, dass
Seikō shi sō na ki ga suru n desu yo.	wir Erfolg haben werden.
「いいよ。」と明子が嬉しそうに答えた。	„Geht in Ordnung!", ant-
"Ii yo" to akiko ga ureshi sō ni kotaeta.	wortete Akiko glücklich.
あの人は自信がなさそうに話をしている。	Er redet so, als ob er kein
Ano hito wa jishin ga nasa sō ni	Selbstvertrauen hat.
hanashi o shite iru.	

249 そうだ sō da des Hörensagens

1. Informationen, die man gehört oder gelesen hat, muss man als solche mit そうだ **sō da** am Satzende kenntlich machen. Das davor eingebettete Prädikat steht in der Satzendform, im neutralen Stil. Man kann auch Substantive zusammen mit der Kopula als Prädikat verwenden:

会長が退任するそうです。	Der Vorsitzende soll
Kaichō ga tainin suru sō desu.	anscheinend zurücktreten.
学生が大勢集まったそうだ。	Es sollen sich viele Stu-
Gakusei ga ōzei atsumatta sō da.	denten versammelt haben.
京都の夏は暑いそうです。	Der Sommer in Kyoto soll
Kyōto no natsu wa atsui sō desu.	heiß sein.
あの人は相撲が好きだそうです。	Sie soll Sumo mögen.
Ano hito wa sumō ga suki da sō desu.	

Anmerkung: そうだ **sō da** des Hörensagens kann man nur am Ende eines Hauptsatzes verwenden, es kann nicht als Adverb oder als Attribut verwendet werden.

2. Die Informationsquelle wird mit ...によると **...ni yoru to** *laut*, *gemäß* in den Satz eingebunden, der Gesamtausdruck steht am Satzanfang:

ニュースによると、地震があったそうです。 **Nyūsu ni yoru to, jishin ga atta sō des$_{u}$.**	Den Nachrichten zufolge soll es ein Erdbeben gegeben haben.
天気予報によると、雨が降るそうだ。 **Tenki yohō ni yoru to, ame ga furu sō da.**	Laut dem Wetterbericht soll es regnen.

3. Nur an der Form des Prädikats vor そう **sō** erkennt man, um welches そう **sō** es sich handelt, um das der Beobachtung (vgl. § 248) oder das des Hörensagens:

雨が降りそうです。 **Ame ga furisō des$_{u}$.**	Es sieht nach Regen aus.
雨が降るそうです。 **Ame ga furu sō des$_{u}$.**	Ich habe gehört, dass es regnen soll.
この店のケーキはおいしそうです。 **Kono mise no kēki wa oish$_{i}$ sō des$_{u}$.**	Die Kuchen in diesem Geschäft sehen lecker aus.
この店のケーキはおいしいそうです。 **Kono mise no kēki wa oishii sō des$_{u}$.**	Die Kuchen in diesem Geschäft sollen lecker sein.

4. Andere Konstruktionen zur Wiedergabe von gehörten oder gelesenen Informationen sind:

…という。	**... to iu.**	
…ということだ。	**... to iu koto da.**	Es heißt, dass ....
…とのことだ。	**... to no koto da.**	Es soll ...
…と言われている。	**... to iwarete iru.**	

Register

Abkürzungsverzeichnis

Adj.	Adjektiv
Anm.	Anmerkung
indir.	indirekt
jdm.	jemandem
jdn.	jemanden
Konj.	Konjunktion
KY	keiyōshi (i-Adjektiv)
KYD	keiyōdōshi (na-Adjektiv)
u.	und
ugs.	umgangssprachlich
V	Verb
vgl.	vergleiche
[]	beinhaltet Angaben zum Sprachstil
()	beinhaltet fakultative Ergänzungen
<>	beinhaltet Satzmuster
/	beziehungsweise